人物群像×遺跡考察×學術發展×觀念演變
從上古至近代，推動歷史進程的湘楚氣魄

嶽麓書聲

湖南文脈 ── **理學思潮的崛起與傳播**

王佩良，張茜，曾獻南　編著

【賈誼】　〈治安策〉洋洋六千言，奠定漢室四百年的基業
【魏源】　《海國圖志》初無人問津，卻深刻影響明治維新
【何鳳山】　人稱中國的辛德勒，發簽證拯救萬千猶太難民

從蠻荒古國到文化重鎮，埋藏多少未解之謎？
帝王將相、詩人學者、豪傑義士，一篇篇震撼人心的傳奇！

目 錄

前言 　　　　　　　　　　　　　　　　　　　　　　005

第一章
湖湘肇源：上古傳說與先秦遺跡　　　　　　　　　007

第二章
湖湘風雲：秦漢帝國與湖湘英傑　　　　　　　　　041

第三章
湖湘文脈：魏晉至唐代的詩書風雅　　　　　　　　089

第四章
湖湘書院：五代十國至兩宋的學術與武風　　　　　139

第五章
湖湘群雄：元明清的興替與英傑　　　　　　　　　181

第六章
湖湘變局：晚清至民國的風雨動盪　　　　　　　　251

目錄

前言

　　一提到資源，人們常會想到礦山、森林、油田、水力、海洋生物乃至自然環境，而對古老的建築、精巧的民間絕活、美妙的傳統歌舞等，大多不太關注。殊不知，這些無形文化遺產具有更大的開發潛力，是取之不盡、用之不竭的寶藏。湖南獨特的鄉土文化尤其如此。

　　湖南歷史悠久，鄉土文化資源豐富，開發潛力巨大。湖南不僅葬有炎帝、蚩尤和舜帝三位華夏始祖，而且還產生了一系列璀璨文化，如青銅時代的大禾古國和大庸古國，屈原的浪漫文學，里耶秦簡，馬王堆漢墓，蔡倫造紙，歐陽詢楷書，銅官釉下彩，南嶽禪宗，梅山武術，瀟湘八景，嶽麓書院，湖湘理學，江永女書，明代藩王府，洪江古商城，曾國藩湘軍，黎氏八駿，芷江受降，國際義士何鳳山……

　　旅遊和文化密不可分，文化是旅遊之魂。湖南旅遊業不僅需要更多的具有鄉土文化特色的旅遊產品，也需要大力提高旅遊從業者的文化素養。現在人們的生活已上升到了文化生活層面，一種為觀念和方式而生活和旅遊的層面，而不是生活和旅遊本身；需要那種事物和方式的意味而不是事物和方式的本身。旅遊業只有抓住了文化，尤其是獨具魅力的鄉土文化，才能抓住市場。

　　本書從經世致用的角度，精選湖南自古以來若干精采的亮點，撰寫百餘篇短文。有些文章融入中國內外最新研究成果，推陳出新，具有較高的學術價值；有些文章與當今旅遊、休閒、創意產業緊密結合，實踐性強。全書力求嚴謹，去蕪存菁，濃縮精華，雅俗共賞，通俗易懂，避

> 前言

免書齋味和學究氣，集科學性、思想性和趣味性於一體。因作者才疏學淺，時間倉促，難免掛一漏萬，敬請讀者指正。在寫作中參考了《湖南通史》等文獻，學生歐明耿、曹宏亮等參與了資料的收集與整理，在此致以最誠摯的謝意。

王佩良

第一章

湖湘肇源：上古傳說與先秦遺跡

第一章　湖湘肇源：上古傳說與先秦遺跡

三湘四水

　　湖南位於中國南部，地處長江中游以南、南嶺以北。東鄰江西，西毗川、黔，南接兩廣，北連湖北。地理座標為東經 108 度 47 分至 114 度 15 分，北緯 24 度 39 分至 30 度 8 分，屬副熱帶地區。省境東西寬 667 公里，南北長 774 公里，土地總面積 21.18 萬平方公里，占中國土地面積的 2.2%，在各省區中居第 11 位。湖南多山，有「七山二水一分田」之說。西邊的武陵山脈和雪峰山脈海拔在 1,000～1,500 公尺之間，雪峰山是湖南東、西部的自然和經濟分界線。南邊的南嶺山脈海拔在 1,000 公尺以上，是長江和珠江兩大水系的分水嶺。東部湘贛邊界有幕阜、連雲、武功、羅霄等山脈，海拔在 1,000 公尺左右，是洞庭湖水系和鄱陽湖水系的分水嶺。瀏陽大圍山有 200 萬年前第四紀冰川時期留下的 U 形谷、冰斗、巨型漂礫、冰窖、羊背石、葫蘆谷、懸谷等冰川遺跡，在中國極為罕見，極具科學考察價值，堪與世界地質公園廬山第四紀冰川地質遺跡媲美。

　　湖南東、南、西三面環山，中北部低平，向北開口。按傳統風水原理，湖南如同一把太師椅，韶山即處在這把座椅的中央，因此出現了不少曠世偉人。同時，這種馬蹄形地形造成了湖南冬冷夏熱的地域氣候。尤其春夏之交有長期的梅雨季節，溼氣重，真菌容易滋生，因而造就了湖南人「嗜辣」和「足浴」的風習。湖南人吃辣椒名聞天下，長沙也被戲稱為中國的「足都」。

　　湖南簡稱「湘」。「湘」字最早出現在《楚辭》中，《史記》有「食湘波之魚」、「浩浩沅湘兮」的語句。據考證，「湘」由「相」發展而來，「相」即看管幫助之意。商代武丁有子封於相（今河北臨漳縣西，北魏曾於此

建相州），周時戰亂，相人外遷，因此在河南上蔡、湖南境內出現了湘水的地名，湖南因而出現了帶「湘」字的地名。「相人」後來融入土家族，是今天「向」姓的先祖。西元前221年，秦始皇於長沙設湘縣；前202年，漢高祖將其改為臨湘縣。此後，長沙地區一直是湖南的政治、經濟、文化中心。

湖南又有「三湘四水」之謂。關於「三湘」具體所指，卻有諸種說法。第一種認為，「三湘」指灕湘、瀟湘、蒸湘。第二種認為，「三湘」指瀟湘、資湘、沅湘。第三種認為，「三湘」指湘潭、湘鄉、湘陰。關於第三種說法，因為近代這些地方出現了一個湘軍群體。還有一種說法認為，「三湘」指湘東、湘北和湘西。「三湘」到底指什麼，恐怕沒有誰能說清楚。但對於「四水」所指，即湘水、資水、沅水、澧水，卻沒有異議。

湘水，又稱湘江，發源於廣西興安縣境內的海洋山，流經廣西興安、全州及湖南的東安、永州、祁陽、衡陽、株洲、湘潭、長沙、望城等縣市，至湘陰縣濠河口分東、南兩支匯入洞庭湖，沿途匯集瀟水、蒸水、耒水、漣水、涓水、淥水、瀏陽河、撈刀河、溈水、汨羅江等，幹流全長856公里，在湖南境內有670公里，流域面積9.64萬平方公里，多年平均徑流量664.9億立方公尺。

資水，又稱資江，分南源與西源。南源夫夷水，源於廣西資源縣越城嶺北麓，流經廣西資源、湖南新寧、邵陽等縣市。西源郝水，源於湖南城步青山黃馬界，流經武岡、隆回等縣市。二水在邵陽縣雙江口匯合後始稱資水。資水流經邵陽、新邵、冷水江、新化、安化、桃江等縣市，至益陽甘溪港注入洞庭湖。幹流全長653公里，多年平均徑流量217.4億立方公尺。

第一章　湖湘肇源：上古傳說與先秦遺跡

　　沅水，又稱沅江，有南北二源。南源龍頭江，發源於貴州都雲縣雲霧山；北源重安江，發源於貴州麻江縣。兩江在螃蟹山汶河口匯合後稱清水江。清水江在貴州流經合江、劍河、錦屏、天柱等縣至鑾山入湖南芷江縣境，東流至洪江市托口鎮與渠水匯合始稱沅江。在湖南境內流經芷江、會同、洪江、懷化、漵浦、瀘溪、桃源、常德等縣市，沿途接納渠水、巫水、辰水、漵水、潕水和酉水等支流，最後在常德德山注入洞庭湖，全長 1,033 公里，在湖南境內有 568 公里，多年平均徑流量 393.3 億立方公尺。

　　澧水有北、中、南三源。北源源於桑植縣杉木界，中源源於桑植縣八大公山，南源源於永順縣龍家寨，三源於桑植縣南岔匯合後東流，沿途接納婁水、溇水、道水和涔水等支流，最後至津市小渡口注入洞庭湖。幹流全長 388 公里，多年平均徑流量為 131.2 億立方公尺。

神農氏創耒

　　中國人常說自己是「炎黃子孫」，即炎帝、黃帝是華人始祖。中國人歷來講究名分，「炎黃」之稱謂，說明炎帝要麼在年代上早於黃帝，要麼在地位上高於黃帝。

　　關於炎帝出生地，以前學界眾說紛紜，先後有「陝西寶雞說」、「湖北隨縣說」、「山西高平說」、「河南南陽說」，最近又有學者提出「湖南會同連山說」，並言之鑿鑿，從史料、民族、方言、易學、民俗、地理、物候等方面提出了令人信服的證據。民俗專家何光岳，在研究《伍氏族譜》中發現，湘西伍氏是神農氏後裔，戰國時期著名的軍事家伍子胥祖籍常

德,即神農氏之後。他還發現,湘黔邊界的漢、苗、土家、布依等族伍姓都是神農氏之後。

民俗學者陽國勝,在此基礎上進一步推斷湘西吳氏也是神農氏後裔。至今湘西吳、伍兩姓互不通婚的習俗就是因為曾有伍姓先民觸犯族規,被迫改姓吳,從此兩族分道揚鑣,世代為仇。他還發現,湘西地區的伍、吳兩姓呈飛鳥狀分布,即靖州、會同、洪江等地為鳥身,會同處於飛鳥心臟部位,吳、伍兩姓最多,自古就有「十里不離伍,五里不離吳」之說。東邊的城步、綏寧、武岡、洞口等地為鳥的左翼,以伍姓為主,兼有吳姓。西邊的天柱、芷江、新晃、吉首等地為鳥的右翼,以吳姓為主,兼有伍姓。據1988年族譜調查,會同64姓73部族譜中,有72部族譜始祖由外地遷入,唯獨《伍氏族譜》例外。

民族學專家石宗仁曾說:「在構成民族的四大要素中,以語言最具穩定性;而在語言要素中,又以民族母語最最穩定。」方言是文化的「活化石」,獨特的方言是解讀古代文明的一把「鑰匙」。會同如果真是神農氏後裔繁衍地,在會同語言中肯定可以找到證據。據調查,會同方言與東邊邵陽「老湘話」、周邊的「西南官話」明顯不同。會同方言語調平直、呆板,聲調多為陰平,少上聲和去聲,原始性強;古音較多,如「中」念「通」,「是」念「舌」,「昌」念「湯」,「也」念「啞」,「舍」念「灑」。

會同方言母語與苗族古語自稱同出一轍。會同方言中最具特色的是「帶古」(這個)、「咯估」(那個)、「門的古」或「猛的古」(這樣子、那樣子),南方苗族古語自稱「句芒」、「句吒」、「根牟」、「荊(古讀為根)蠻」、「仡蒙」、「仡模」、「仡芒」、「仡貓」、「苗」,可見會同方言中的「門」、「猛」和苗族自稱中的「蒙」、「模」、「吒」、「芒」、「牟」、「蠻」、「貓」、「苗」同出一轍,「咯」、「估」、「古」和苗族自稱中的「仡」、「句」、「根」同出一轍,

第一章　湖湘肇源：上古傳說與先秦遺跡

有的只一聲之轉或發音口形略有變化。

　　古地名也包含不少相關資訊。炎帝神農氏又名連山氏，會同境內有「連山」古地名，可見炎帝因出生地得姓氏。史載，炎帝首創《連山易》，發明了「連山八卦」。連山的地名、廟宇和各方位的地貌特徵與「八卦」的含義完全吻合。在八卦中，艮卦代表山和南方，連山南面正好有艮山口地名，山上有山神廟；離卦代表火和北方，連山北面正好是火神坡，坡上有火神廟；震卦代表雷和東方，連山東面正好有雷公山，山上有雷神廟；乾卦代表天和西方，連山西邊正好有天柱地名，並有盤古廟，即炎帝祖先盤古「歸西天」之意；坎卦代表水和西南方，連山西南方正好有河水流入，並有鎮江廟；兌卦代表澤（不流動的水）和西北方，連山西北方正好有一片上百萬年的天然水澤「蓮花塘」；巽卦代表風和東南方，連山東南方地勢開闊，有利於東南風吹入，並有風神寨及風神廟。這麼多地名、地貌與「連山八卦」相對應，絕不是巧合，這正是炎帝長期仰觀天象、俯察地理，根據連山特殊的地貌特徵創造的結果。

　　當地的民俗與傳說也與炎帝密切相關。傳說炎帝為火師，有「太陽神」和「火神」之稱，精通製陶，連山附近有「太陽坪」和「火神坡」兩處古地名，洪江岔頭鄉發現了7,400年前的高廟陶文化遺址，陶器上有「乾坤八卦」、「太陽神」、「雙鳳朝禾」等圖案，與神農氏族特徵相吻合。傳說炎帝神農氏嘗百草，發明中醫藥，有「藥王」之稱。連山境內有藥王洞，在易經庵中曾立有藥王菩薩塑像，當地老百姓每年4月28日有敬祀「藥王菩薩」的習俗，一些世代為醫的郎中每月初一、十五都要燒香敬祀「藥王菩薩」。至今連山一帶仍有崇尚易學、建新房時在中堂和屋梁上畫「陰陽太極圖」的風俗。當地侗、苗、瑤、土家等族的「古歌」、「族歌」中也包含關於炎帝的傳說。如侗族古歌〈人的來歷〉唱道：「……南方有個炎

帝號神農,他能擒龍捉虎栽種五穀治病除魔整妖仙⋯⋯炎帝南奔過揚子江,帶領眾族住回次州羅霄武陵和神州會稽山;挖土墾荒開田地,刀耕火種水田穀黃金燦燦。」古歌中提到的「武陵」就是湘西武陵山。會同連山到底是不是炎帝故里,炎帝到底是不是湖南老鄉,還有待專家深入考證。

中國的農耕文明源遠流長,「民以食為天」是婦孺皆知的古訓。炎帝在促進農耕文明發展和教民熟食方面也有著傑出貢獻,他教民造耒耜,種五穀,改善飲食結構。《周易·繫辭》:「包犧氏沒,神農氏作,斫木為耜,揉木為耒,耒耨之利,以教天下。」《白虎通義》:「古之人民皆食禽獸肉,至於神農,人民眾多,禽獸不足,於是,神農因天之時,分地之利,製耒耜,教民農作,神而化之,使民宜之,故謂之神農也。」《論衡》:「神農之撓木為耒,教民耕耨,民始食穀,穀始播種,耕土以為田,鑿地以為井,井出水以救渴,田出穀以拯飢,天地鬼神所欲為也。」這些文獻記載了炎帝教民耕種的豐功偉業,還揭示了他獲得神農氏稱謂的緣由。

神農氏創耒耜是人類稻作文化的「第一次革命」,促進了生產力的發展,在中華發展史上具有重要地位。今天湖南境內耒水、耒陽、嘉禾等地名都與炎帝創耒有關。炎帝還教民製陶器,做斤斧,改善生活條件。《周書》載:「神農耕而作陶。」《資治通鑑外紀》載:「神農⋯⋯作陶,冶斤斧。」陶器的發明是人類歷史上一項重要革新。在此之前,食物主要是生吃或燒烤吃。發明陶器後,出現了蒸、煮的烹飪方式,熟食潔淨爽口,也利於消化、吸收,促進了人類體能的提高和壽命的延長。

炎帝曾嘗百草,創醫藥,成為中醫鼻祖。《淮南子·修務》載:「神農嘗百草之滋味,一日而遇七十毒。」《帝王世紀》:「神農嘗味草木,宣

藥療疾，救夭傷人命。」《路史·外紀》載：神農氏「磨蜃鞭茇，察色腥，嘗草木，而正名之。審其平毒，旌其燥寒，察其畏惡，辨其臣使，厘而三之，以養其性命而治病，一日間而遇七十毒。」這些文獻生動描述了神農氏為民治病不斷探索醫藥知識的情景。古人在採集漁獵生活中逐漸發現誤食某些動植物會導致嘔吐、腹痛、昏迷甚至死亡，而吃了另一些動植物卻能夠減輕或消除病痛。經過長期實踐，人們累積了許多經驗，掌握了許多動植物的藥性和療效。由於人們的藥物學知識是從嘗試植物開始取得，中藥又以植物類為主，因此古人稱醫藥著作為「本草」，並將第一部醫藥專著稱為《神農本草經》，以紀念神農氏對中醫的開創之功。

關於炎帝陵的記載，最早見於晉皇甫謐所著《帝王世紀》：「炎帝神農氏在位一百二十年而崩，葬長沙。」宋王象之所作《輿地紀勝》載：「炎帝陵，縣南一百里康樂鄉白鹿原。」宋代羅泌所作《路史》記載：炎帝「崩葬長沙茶鄉之尾，是曰茶陵」。南宋茶陵縣析置炎陵縣，因此炎帝陵在今株洲炎陵縣鹿原陂。自古以來，官方和民間對炎帝陵的祭祀活動綿延不絕。據文獻記載，盛大的祭典活動在宋代是「三歲一舉」，在明代不少於15次，清代有38次。1988年，炎帝陵再次修繕，前來祭祀的社會各界及海外僑胞更是絡繹不絕。2006年，炎帝陵祭典入選第一批國家級非物質文化遺產名錄。此外，耒陽奉神農氏為「齊天鼻祖」，大年初一和嘗新節都要舉行隆重的祭祀活動。四月二十七日是神農氏生日，耒陽還要舉行「拜神農章」的祭祀典儀。

種糯人唱儺戲

　　中國自古以來形成了三個主要的飲食文化帶，北方草原游牧民族，以畜肉為主食；中原地區種植麥、粟等，以麵為主食；南方各地種植水稻，以米飯為主食。水稻喜暖畏寒，宜水忌旱，適合在北緯30度左右的平原和沼澤地區生長。據專家考證，湖南是稻作文化的重要發祥地。在遠古時代，湖南各地有許多野生稻禾。1981年，茶陵堯水鄉艾里村還發現野生稻禾，專家稱為「茶陵野生稻」；江永，至今還有成片的野生稻禾。湖南先民就是將這些野生稻培育成水稻，成為世界上最早栽培水稻的民族。1995年，道縣玉蟾岩出土了15,000年前的人工栽培稻穀殘粒。1988年，澧縣彭頭山發現了9,100年前的古代稻田，堪稱世界「第一稻田」。此外，茶陵獨嶺坳發掘了7,000年前的早期稻作遺址，懷化五溪地區發掘了12處5,000年前的稻作文化遺址，靖州新廠斗篷坡遺址出土了大量炭化的稻穀以及竹製飯簍等。這件幾千年前的竹飯簍竟然和今天農家使用的飯簍一模一樣。

　　新化水車鎮奉家山紫鵲界有八萬畝古老的梯田，相傳秦氏先民為逃避苛政來此絕境，並改「秦」姓為「奉」姓，2,000餘年來漢、苗、瑤、侗等民族在此繁衍生息，不斷開發。紫鵲界梯田，其規模之大，地勢之高，形態之美，堪稱世界之最；其自流灌溉系統堪稱人類最偉大的水田工程，比最早為世人所知的雲南紅河哈尼梯田和廣西桂林龍勝梯田的歷史還要久遠，與1995年列入《世界遺產名錄》、被譽為「世界第八大古代奇蹟」的菲律賓科迪勒拉的水稻梯田相比毫不遜色。

　　民俗專家林河提出，湘西「儺戲」是一種古時農耕時代的原始風習，祭祀儺神的「儺文化」實際上是古代農耕民族祭祀農神、崇拜鳥雀、祈求

第一章 湖湘肇源：上古傳說與先秦遺跡

豐收的「糯文化」和「鸞文化」。「儺」字來源於侗臺語族，念「挪」，但聲調稍有變化。「儺」由「亻」、「堇」、「隹」三字合成，是一個形聲字，其中「堇」是聲旁，表「記」音；「亻」和「隹」是形旁，分別表示人和鳥。「儺」的本義包含有稻、田、鳥、人、民族等意義。因此，祭「儺神」也就有祭稻神、田神、水神、鳥神、祖神等含義，而其中「糯」和「鳥」的文化特徵最明顯。

在歷史上，湖南先民栽培的水稻曾有過三次較大的改進。最早栽種的是原始糯稻，原始糯稻雖然味道好，但產量很低，脫粒困難。於是又培育出產量較高、容易脫粒的「粳稻」，即「中國粳」。最後又推廣了產量更高、可用機械脫粒的「秈稻」。現在人們將最早栽培的稻子叫「糯」，隨後栽培的稻子命名為「粳」（古讀「更」，今讀「京」），最後推廣的稻子命名為「秈」。因秈稻有「秈」、「糯」兩種，為了進一步區分，便將原始糯命名為「粳糯」，將秈稻中的糯命名為「秈糯」。因此，遠古時期的「儺文化」即「糯文化」，是種糯民族創造出來的文化。古籍稱南方民族為「雒民」、「倭人」、「僚人」、「駱越人」，都是「糯」字的音變。

雀、鸞是一音之轉，鳥在古籍中有雀、鸞、丹雀、綵鸞、鸞鳳、丹鳳、鳳凰等稱謂。水稻栽培的最大特點是需要春耕夏耘，只有這樣水稻才長勢良好，獲得豐收。在遠古時代，春天大象等猛獸將沼澤地的泥土踩爛，如同春耕，促使稻子發芽；夏天裡鳥雀常去沼澤地裡捉蟲，將水稻鬚根踩斷，如同耘田，促其分蘖（樹木砍伐後長出的新芽）。有了鳥獸的助耕助耘，野生稻得到了豐收。遠古人們不懂科學，便把這些助耕助耘的鳥獸當作神鳥神獸加以崇拜，用「大象」和「鳥雀」作為圖騰。這就是遠古人們喜好像牙、並崇拜鳳凰等鳥雀的原因。可見，「儺戲」也是古代農耕民族的「神雀祭」。

在某種意義上講，人類稻作文化的歷史就是儺文化的歷史。人們在風調雨順時要還儺願娛神，在遭遇天災人禍時要表演儺戲求神消災，疾病久治不癒或婚後多年不育也要舉行跳香、滾刺床、單刀雲梯、蹚火池等儺祭，請儺神保佑。現在湘西仍有儺戲民俗，並形成了土家族「舍巴日」、苗家「椎牛」、瑤族「梅山儺」和「五溪蠻儺」四個儺文化圈。其中，被譽為「中國戲劇活化石」的新晃「咚咚推」儺戲歷史最為悠久。沅陵作為古黔中郡政治中心，儺文化最為濃郁，全縣現存儺殿1,200多個。個別村寨在每年秋收後還有男人脫光衣服，在後半夜集體「敬儺神」的習俗，儀式古老而粗獷，表現了農耕部落的原始特徵。

苗瑤始祖蚩尤

新化縣城西北七十餘公里的圳上鎮有一座號稱「（中國）國家4A級原始次森林」和「湘中物種基因庫」的大熊山。大熊山總面積為17.7萬畝，林海茫茫，古樹參天，有植物1,800餘種，中華金星鳳丫蕨在中國只有這裡才能找到。大熊山古寺內有一株高達28.5公尺、胸徑2公尺、樹齡1,400多年的銀杏樹，堪稱「中華銀杏王」。大熊山最高峰九龍池，海拔1,622公尺，其山勢險峻，有一夫當關、萬夫莫開之勢。大熊山南麓春姬坳谷盆裡有蚩尤寨，依山傍水，冬暖夏涼，傳說苗瑤始祖「有熊氏」蚩尤就出生並歸葬於此。在當地土著的陳、李、方姓族譜中也有「蚩尤屋場」的記載。如《李氏族譜》載：「始祖吉祚公歿於乾隆癸未，葬蚩尤屋場之上麓」，《陳氏族譜》載：「陳公諱顯聰，歿於大清同治丁卯，葬於蚩尤屋場之蝻蛇。」1982年，大熊山林場場部築圍牆時挖出許多古碑，其中一塊刻有「黃帝與蚩尤戰三月」字樣。

第一章　湖湘肇源：上古傳說與先秦遺跡

　　傳說，蚩尤之母哈霧是當地氏族首領，生有九子，蚩尤居長。蚩尤從小智力超人，成年後身高八尺，力拔千鈞，擅長巫術和攻戰，能呼風喚雨，驅使毒蛇猛獸作戰，被稱為「蚩尤蠻子」。顧名思義，「蚩」即「山中一大蟲」，「大蟲」就是百獸之王老虎；「尤」即「特異，突出」的意思。現代漢語將「蠻」釋為「無知、野性、強橫」，而在大熊山方言中「蠻」卻是「最」的意思，如「蠻好」、「蠻大」、「蠻漂亮」就是「最好」、「最大」和「最漂亮」的意思。因此，「蚩尤蠻子」就是「非同凡響的人中英傑」的意思。智勇雙全的蚩尤，被推為九黎苗蠻部落聯盟首領，威震天下。

　　《世本》載：「蚩尤，神農臣也」，即蚩尤曾是炎帝部下，炎帝故里可能就在會同，兩個部落為爭奪生存空間難免發生衝突，最終爆發戰爭。據《逸周書‧嘗麥解》載：「蚩尤乃逐帝，爭於涿鹿之阿，九隅無遺。」即蚩尤與炎帝交鋒，炎帝大敗，其疆域被蚩尤霸占。此後，蚩尤曾臣服於黃帝部落，為其製造兵器，討伐各路諸侯。據《龍魚河圖》載：「天遣玄女下授黃帝兵信神符，制服蚩尤，帝因使之主兵，以制四方。」《管子‧地數篇》載：黃帝「修教十年，而葛盧之山發而出水，金從之。蚩尤受而製之，以為劍、鎧、矛、戟，是歲相兼者諸侯九。」蚩尤部落逐漸強大，不甘於屈從地位，起兵反叛。與炎黃部落大戰於涿鹿之野，黃帝善驅旱魃，且人多勢眾，結果蚩尤兵敗戰死。據《史記‧五帝本紀》載：「軒轅之時，諸侯咸來賓從。蚩尤最為暴，莫能伐。蚩尤作亂，不用帝命，於是黃帝乃征師諸侯，與蚩尤戰於涿鹿之野，遂擒殺蚩尤。」而後，黃帝乘勝追擊，蚩尤殘部節節敗退，一直被追到蚩尤的老巢大熊山。

　　千百年來，蚩尤後裔在大熊山繁衍生息，與其他部族不斷融合，由五代的「莫徭」發展到唐宋時期的「梅山蠻」，演化為今天的苗、瑤、土家、侗等少數民族，並輾轉外遷到東南亞、美國和法國等地。因此，當

年的蚩尤殘部就是今天苗、瑤等族的先祖。這在湖南地方民俗中可以找到不少證據。如湘西苗族祭祖時有殺豬供奉「剖尤」的遺俗。在苗方言中,「剖」即「公公」,「剖尤」即「尤公」,也就是蚩尤。《山海經‧大荒南經》載:「有宋山者……有木生山上,名曰楓木。楓木,蚩尤所棄其桎梏,是為楓木。」湖南及貴州等地的苗族一直崇尚祭「楓神」,崇拜楓木樹。冷水江西部有楓神山,民俗專家認為這裡曾是蚩尤部落冶鐵、製陶、採礦、墓葬的遺址。

新化大熊山等地至今有表演「蚩尤戲」和「椎牛祭」以驅邪禳災的遺俗。相傳蚩尤每次出征,出於祈神和禦敵的考慮,總要戴上裝有金牛角和劍戟狀金屬片的頭盔。後人演「蚩尤戲」時也要戴這種面具。「椎牛祭」中,有黃帝送來蜀布兩匹、客布兩匹、金銀若干、大旗七桿作為禮物,與蚩尤議和、吃牛、吃豬的場面。湘西苗區流傳「恰相」(即趕傷亡鬼)的儀式,苗巫頭戴生鐵製作的三腳炊具,面塗鍋灰,身穿紅色法衣,右手握巫刀,左手持簸箕,表演蚩尤驅鬼。

蚩尤作為南方梅山文化始祖,受後人敬仰。秦始皇曾在泰山封禪,祭祀「八神」,蚩尤名列第三,並將蚩尤故里大熊山封為「神山」。2006年10月,中國民間文藝家協會授予新化「中國蚩尤故里文化之鄉」和「中國梅山文化藝術之鄉」的稱號,同時在毗鄰的冷水江建立了「中國蚩尤文化保護基地」,這對促進蚩尤文化的研究和開發具有重要意義。

第一章　湖湘肇源：上古傳說與先秦遺跡

舜帝南巡

《尚書》記載：「德自舜明。」《史記》載：「天下明德，皆自虞舜始。」舜帝在炎帝和黃帝創立的農耕文明和政體文明的基礎上，開始關注更高級的心靈世界，將中華文明發展到了新的高度——道德文明。他由此成為華夏道德文明鼻祖。其貢獻主要展現在三方面：

一是講究孝悌仁愛的家庭倫理道德。他忍辱負重，仁愛敬孝，推行「父義、母慈、兄友、弟恭、子孝」五常教育，首次建立人倫道德體系，並竭力將其推廣於四境。

二是恪守謙恭禮讓、誠實守信的社會道德。他曾去歷山種地，去雷澤捕魚，總是將最好的土地和水面讓給別人，自己挑最差的。那些本來爭吵不休的農民、漁夫深受教化，也謙讓起來，並非常樂意與他毗鄰而居。《史記》載：舜帝「耕歷山，歷山之人皆讓畔；漁雷澤，雷澤之人皆讓居；陶河濱，河濱器皆不苦窳。一年而所居成聚，二年成邑，三年成都」。

三是推行勤政為民的施政道德。他舉賢任能，用人唯德唯才，「舉八愷，用八元」，「流四凶族」，善惡分明。他廣開言路，「闢四門，明通四方耳目，命十二牧論帝德，行厚德，遠佞人」。他對南方三苗部族推行以和為貴、以德教化的方略，使他們棄惡從善，出現了「九族親睦」、「合和萬邦」的「舜日堯天」大同盛世。舜在晚年雖然將帝位禪讓給治水有功的禹，但仍以考察民情、宣揚教化為己任，不辭辛苦，巡狩四境。

舜帝善於用禮樂來推行其主張。他創作的韶樂非常優美，孔子說它是「盡美矣，又盡善矣」，以至於聞後「三月不知肉味」。舜帝在南巡途中，曾被三苗蠻族圍困，在危難之際他演奏韶樂，手執武器的苗蠻被優

美的樂曲感化，竟隨著節奏翩翩起舞，干戈化為玉帛。這就是「簫韶九成，鳳皇來儀」的典故，今天韶山的引鳳山、引鳳亭、韶峰、鳳儀亭、鳳音橋等景點大都與此有關。在湖南新寧縣境內有座美麗的丹霞山，舜帝巡遊此地，讚嘆不已，稱為「山之良者，崀山也」，崀山由此得名。他還考察南嶽，留下了舜廟、舜溪、舜溝等遺址。最後舜帝來到了今臨武鍾水流域，教導當地瑤蠻耕種釀造，飼養雞鴨。今天的臨武特產「瑤王美酒」和「舜華鴨」就與他有關。

據《史記・五帝本紀》載，舜帝「踐帝位三十九，南巡狩，崩於蒼梧之野，葬於江南九嶷，是為零陵」。相傳，舜帝巡視南方未歸，娥皇、女英二妃追至洞庭湖，突然聞此噩耗，傷心痛哭，帶血的淚珠灑落竹上，留下點點斑痕。至今君山二妃墓旁斑竹叢生，青翠欲滴，令人遐想不已。李淑一曾作〈斑竹怨〉：「二妃昔追帝，南奔湘水間。有淚灑湘竹，至今湘竹斑。雲深九嶷廟，日落蒼梧山。餘恨在湘水，滔滔去不還。」聰慧美豔、多情貞烈的二妃形象與今天以「多情」著稱的湘女肯定有或多或少的關聯。

為紀念這位偉大的道德始祖，早在夏代就有人在今寧遠縣大陽洞白鶴觀前修築了舜帝陵和舜廟。據考古發掘，舜帝陵遺址呈南北向，正殿和兩邊廂房為九開間五進式，展現出古代帝陵「九五至尊」的建築規制。1972年，長沙馬王堆漢墓出土的帛書地圖中在九根柱狀物間繪有五個「A」形屋頂，旁注「帝舜」，這是關於舜帝陵廟最早的文字記載。後因年久失修，陵廟塌毀。西元1371年，明政府撥款在舜源峰下重建舜帝陵，此後又多次增修，規模越益宏大，有頭門、儀門、拜殿、正殿、廂房、碑亭及寢殿，四周垣有宮牆。

1935年，當地亂民為洩私憤將舜帝陵付之一炬。1942年，省政府撥

款 3 萬法朗稍作修復，規模大不如前。「文革」時期，舜帝陵又被破壞得面目全非，只剩下刻有「帝舜有虞氏之陵」七字的陵碑和「撫瑤頌碑」。1986～1999 年，舜帝陵再次得以重修，占地 9,000 平方公尺，號稱「華夏第一陵」。巍巍九嶷因舜帝葬於斯，成為海內外華夏子孫心中的一座「聖山」。宗親族譜顯示，舜帝後裔衍生了 360 多個姓氏，其中直系後裔陳、王、胡、孫、姚、虞、田、袁等姓，人口達 2.5 億，遍布全世界各地。每年清明，許多海內外華人前來參謁，尋根問祖。

衡湘禹跡

大禹治水，曾「七年聞樂不聽，三過家門而不入」，跑遍了三山五嶽。南嶽廣濟寺對面有「禹王城」石碑，相傳禹治水時曾在此駐蹕。當時，禹治水七年無功，聽說南嶽藏有一部關於治水的「金簡玉牒天書」，於是來到南嶽宰殺白馬祭天。當晚，他在夢中得到仙人「蒼水使者」指點，獲得「金簡玉書」。按照天書諭示，禹率領蒼生鑿山疏道，將洪水引入江湖大海。大禹在南嶽勒石記功，因此留下了禹王碑。

因年代久遠，禹王碑已不知去向，歷代文人卻對此屢有記述。晉代耒陽人羅含在其著作《湘中記》中第一次記述了禹王碑，稱「岣嶁山上有神禹碑」。南北朝徐靈期在《衡山記》中記載更為詳細：「雲密峰有禹治水碑，皆蝌蚪文字。碑下有石壇，流水縈之，最為勝絕。」劉禹錫曾曰：「嘗聞祝融峰，上有神禹銘。古石琅千姿，祕文螭虎形。」南宋陳田夫在《南嶽總勝集》中寫道：「雲密峰西有大禹巖，峰半有禹碑。」王象之在《輿地紀聞》中稱：「禹碑在岣嶁峰，又傳在雲密峰。」宋代張世南在《遊宦

紀聞》中記載了蜀人何致在西元 1212 年遊南嶽發現禹王碑，並將其拓鏤在長沙嶽麓山雲麓宮響鼓嶺岩壁上的詳細經過。此後，禹碑拓本又流向外地，除何致將其帶到四川外，張明道還將拓本傳到紹興禹廟，並建亭刻碑。

現存的嶽麓山禹王碑高 1.84 公尺，寬 1.40 公尺。碑上鏤七十七字，字體奇古，若蝌蚪拳身，故稱「蝌蚪文」，難於辨認。傳說碑文是天書，凡人不得相認，否則就會引發滔天洪水。有學者提出大膽假設，認為「蝌蚪文」是一種比甲骨文更早、曾被古代越族人普遍使用的文字。相傳倉頡創造漢字，「蝌蚪文」也許正是倉頡創造的古文字。如果弄懂了「蝌蚪文」，也許就掌握了一把打開史前文明的金鑰匙。為了讀懂這部「天書」，歷代不少文人不惜皓首窮經，考釋碑文，如明代楊慎、沈鎰、楊時橋、郎瑛，清代杜一，當代長沙人童文傑、杭州人曹錦炎、株洲人劉志一等先後作〈岣嶁碑釋文〉。其中，明代楊慎的釋文最早，他認為禹碑七十七字是這樣的：「承帝日諮：『翼輔佐卿，洲渚與登，鳥獸之門。參身洪流，而明發爾興。』久旅忘家，宿嶽麓庭。智營形折，心罔弗辰。往求平定，華嶽泰衡。宗疏事裒，勞餘神禋。鬱塞昏徙，南瀆衍亨。衣製食備，萬國其寧。竄舞永奔！」可算得上是湖南最早的文獻。

至今，南嶽還有許多關於大禹治水的傳說。人們稱禹殺馬祭天的山峰為「白馬峰」，稱掘出寶書的山峰為「金簡峰」，稱那塊摩崖石碑為「岣嶁碑」或「禹王碑」。岣嶁主峰原來建有禹王殿，殿內供奉大禹金像。唐代文人劉禹錫、韓愈曾在這裡暢遊吟詩。現存歷代碑刻八塊。

第一章　湖湘肇源：上古傳說與先秦遺跡

消逝的大庸古國

1994年4月，大庸市成功更名為張家界市。該市人們以自己不再是「大庸人」而奔走相告，因為庸人、庸碌、平庸、庸醫等都是貶義，庸人更是泛指沒有才幹、沒有理想、沒有智慧的人。然而，在上古時代，有一群「庸人」卻不平庸，他們建立了一個以「庸」為名的國家，該國疆域廣闊，文化燦爛，與黃河流域的殷商同為中華文化的搖籃。

從諸多文獻看，庸人與楚人、巴人、蜀人、秦人同屬於帝顓頊苗裔的分支，在夏時或更早就開始在湘西一帶活動。商朝時期，庸為群蠻之首，湘西、鄂西「百濮」都歸集在庸國的麾下。《尚書・牧誓》載，西元前1046年，武王興兵討紂，庸、蜀、羌、髳、微、盧、彭、濮八國以兵相從，戰於牧野。庸居八方國之首，為周武王滅商紂立下了赫赫戰功。庸也因此得到了封地，享有伯爵尊號。據《禮記・王制》：「王者之制祿爵，公侯伯子男，凡五等。」《儀禮》：「同姓大國則曰伯父，其異姓則曰伯舅。同姓小邦則曰叔父，其異姓小邦則曰叔舅。」庸國國君世代為侯伯，其他諸侯國「雖大，爵不過子，故吳、楚及巴皆曰子」。屈原作《離騷》開篇即言「帝高陽之苗裔兮，朕皇考曰伯庸」。周時分封制度嚴格，非伯者不能稱諸侯，庸為伯，為當時諸侯之一，為周王室控監南方蠻夷的主力和藩屏。

庸國疆域廣闊，超過早期的秦、巴，與楚國相當。周平王時，秦國轄地只有趙城；周早期，巴國囿於今四川東北及重慶東西北部，楚國控制江漢平原至鄂東南及湖南北部一帶。古庸國則橫跨長江至漢水，轄有今陝西、湖北、重慶及湖南許多地區。庸國有麇、儵、魚、夔等附屬小國。今鄂西、張家界、慈利、巴東、興山、秭歸、建始等縣為古夔國領

地，當然也是庸國轄地。《讀史方輿紀要》載：「四川首州府，周庸國地……四川大寧、奉節、雲陽、萬縣、開縣、梁山（今重慶梁平）皆其地也。」《華陽國志・漢中志》：「（漢中）本附庸國，屬蜀。」《魏書》載：「皇興四年置東上洛，永平四年改為上庸郡，轄商、豐陽二縣。」上庸郡即陝西商洛東部丹鳳、商南、山陽一帶。取名為庸郡，可能與該地曾為庸國管轄有直接關係。庸國都城在今湖北竹山縣文豐鄉皇城村，名曰「方城」。《括地志》載：「方城山，庸之都城。其山頂上平，四面險峻，山南有城，長十餘里，名曰方城。」竹溪縣縣河鎮曾發現3,000年前的西周庸國遺址，出土的文物中，陶製器皿為輪製，大板瓦為手工製作，紋飾以細繩紋為主，並雜有素面紋、刻劃紋、麥穗紋、凹陷紋、乳丁紋等，可見當時庸都陶業之發達。

　　商周時代，古庸人創造了燦爛的文化。古庸國盛產五金，庸人善於鑄造青銅器皿，故庸人被稱為「鏞人」。庸人因善於築城建房，又被稱為「墉人」。史載西元前1059年，周請庸人築都於雒邑。古庸方城遺址的城牆，歷經三千餘年風雨至今屹立不倒，顯示古庸人高超的建築技藝。文獻載：「茶風源於巴山楚水間」，庸人可能是中國最早飲茶的先民。竹山縣文化館藏有一件出土的青銅器，下為一小鼎，上有一銅碗，碗口邊有缺口。據專家初步考證，此青銅器即古人煮茶器具。庸人善於鑄造青銅武器，掌握了高超的軍事藝術，《古代戰事考》載：「唯庸人善戰，秦楚不敵也。」庸人發明了博弈，《通志・氏族略》載：「堯時，庸人善弈，性狂放狡黠。」

　　古庸國流行岩葬習俗，今三峽、漢水流域、重慶、四川、湖南、江西、福建等地懸棺葬與古庸國岩葬習俗有關。古庸國也是中國古代巫文化發祥地。長江三峽的巫山古稱靈山。《山海經・大荒西經》記載靈山

有「巫咸、巫即、巫盼、巫彭、巫姑、巫真、巫禮、巫抵、巫謝、巫羅十巫」，均為早期的庸人。《民俗博覽》載：「庸人好巫，端公療疾，其效神驗，乃上古遺風也。」古庸國所轄江漢各地至今仍保留許多巫文化，巫術也基本相同。巫文化與中醫文化密切相關，今鄂、渝、陝邊界地區民間中草藥頗具特色，即古庸國巫文化的延續與發展。庸國也是中國鹽文化的發源地。早在夏商時期，庸人在魚邑開發鹽泉，用以煮鹽，打開了通往楚、秦等地的鹽道，並從食鹽貿易中獲利頗豐。

春秋晚期，人類由青銅時代跨入黑鐵時代，生產力發展，部族之間為生存空間的爭鬥更加慘烈。庸國界於巴、秦、楚之間，獨霸一方，東威懾楚國崛起，西牽制秦國擴張。面對庸軍的咄咄逼人之勢，新即位的楚莊王韜光養晦，三年不鳴不飛。西元前 611 年，楚國出現嚴重災荒，餓殍遍野。庸君乘機聯合「江漢百濮」（湖南芷江、沅陵以北的濮人）集結在選（今湖北枝城一帶），準備進攻楚國都郢。楚王大驚，準備遷都。某大臣諫阻：「我能往，蠻亦能往」，建議進攻庸國都城，使其「群蠻無首」，必「將走各邑」。楚莊王依其計，親率楚軍主力，嚴陣以待。

鑑於庸軍的強大，楚將師叔建議用佯敗之計，以驕庸軍。他帶兵進攻，開戰不久即佯裝難以招架，向後敗退。如此一連幾次，楚軍節節敗退。庸軍七戰七捷，不再將楚軍放在眼裡，鬥志鬆懈，戒備鬆弛。其時，楚莊王率援兵趕來，師叔說：「我軍已七次佯裝敗退，庸人已十分驕傲，現正是發動總攻的絕好時機。」楚莊王將楚軍分成兩路，並聯合秦、巴兩國軍隊，四路出擊，對庸軍發起總攻。被勝利沖昏頭腦的庸軍毫無防備，被迫倉促應戰，抵擋不住。楚、秦、巴三國聯軍一舉攻破庸國都城，庸君自刎，千年庸國輝煌不再。

楚莊王「三年不飛，一飛衝天；三年不鳴，一鳴驚人」即出典於此。

庸國占有逐鹿中原而問鼎的最佳位置，伐楚未成反成楚之附庸，可謂「庸人自擾」。庸國滅亡，對春秋爭霸格局產生了深刻影響。梁啟超曾評價道：「楚莊即位三年，聯秦、巴之師滅庸，春秋一大事也。巴、庸世為楚病，巴服而庸滅，楚無內憂，得以全力爭中原。」此後，秦、楚兩霸接壤，連年征戰，雙方在今湖北十堰一帶展開拉鋸戰，反覆爭奪，許多地方「朝秦暮楚」。

金戈鐵馬將古庸人的家園撕成碎片。為了生存，庸人開始向外遷徙。一支遠走福建甌越山地，成為越人，因善於鑄造青銅兵器，又稱「鉞人」。一支南遷，在湘西等武陵山區與當地族群和諧共處，繁衍生息，過著與世無爭的隱居生活。隱逸也成為此後庸人的一種特質，鬼谷子、張良先後修隱於天門山和青岩山，更多的隱者湮滅於歷史的清風裡，不為後人所知。這種隱逸文化又促進了中國道教文化的興盛。

秦滅六國統一中國後，置郡縣。武陵地區隸屬於黔中郡慈姑縣，縣治在慈利縣塔坪（今蔣家坪鄉太平村）。西元1369年，明朝在此設定大庸縣；1735年，清朝在此置永定縣。1988年，置大庸市。1994年，更名為張家界市。如今，張家界境內居住有19個少數民族，土家族占主體，土家族即古代庸人後裔。庸人隱居的武陵仙境則成為國家級重點風景名勝區，並在1992年被列入聯合國教科文組織《世界自然文化遺產名錄》。張家界市中心解放路有大庸府城，這是在原大庸府衙舊址上興建的民俗博物館，展示著世代庸人創造的輝煌文化。在這裡，遊客可以觀賞大庸硬氣功、桑植民歌、澧水花燈、澧源儺戲等古庸國的「文化化石」，也可領略吊樓、蓑衣、鹽罐、便壺、石臼、磨碾、背簍等古大庸的「實物化石」，還可體驗跳喪、祭祖、上梁、結草、號樹、拜天、請神、求雨等古庸國的「習俗化石」。

第一章　湖湘肇源：上古傳說與先秦遺跡

大禾古國的青銅器

　　青銅是紅銅與錫的合金，硬度高，便於鑄造，因顏色呈青灰色而得名。商、周時期的中原人們已熟練掌握了青銅的冶煉、鑄造技術，凡生產、生活和戰爭所需諸種器物多由青銅鑄造。商代盤庚遷殷後，隨著其政治、軍事勢力的南擴，其精湛的青銅鑄造技術也傳入湖南境內。據考古發掘，湖南出土的商周青銅器，其數量之多、器形之美、花紋之精、品種之繁，在中國南方居於首位。

　　1938 年，寧鄉黃材月山鋪出土了四羊方尊，尊高 58.6 公分，重 34.5 公斤，是中國現存最大的商代青銅方尊。它造型雄奇，寓動於靜，喇叭狀的方形器口每邊長 52.4 公分，幾乎與高度一致。由於在尊的四角巧妙地設計了四隻山羊，又使方尊顯得很平穩。方尊邊角及每一面中心線的合範處都是長稜脊，可以掩蓋合範時對合不正的紋飾，同時也增強了造型氣勢。肩部的龍及羊的捲角採用了分鑄法，羊角是事先鑄成後配置在羊頭的陶範內，再合範澆鑄。如果沒有高超的合範冶煉技術，很難達到整器渾然一體的效果。四羊方尊集線雕、浮雕、圓雕於一體，將平面影像與立體浮雕、器物與動物形態整體融合，真是匠心獨運。在商代青銅器方尊中，此器形體端莊典雅，無與倫比。羊在古代寓意吉祥，四羊方尊以四羊四龍相對的造型展示了酒器的至尊氣象。同時以羊為飾的盛行，也說明了當時湖南已飼養羊群。

　　1959 年，寧鄉黃材又出土了「大禾」人面方鼎。鼎高 38.5 公分，四周裝飾人面浮雕，造型魁偉。鼎體上有銘文「大禾」，顯示當時湖南人已開始種植小米，並在那年獲得豐收。鼎上人面近方形，鼻梁尖削，碩大的耳部分張於兩側，扁大的嘴，凸出的唇，高凸的顴骨，表情嚴肅。這

與中原出土的司母戊大方鼎人像臉形和鼻子都很圓的風格迥異。

自1959年迄今，長沙地區先後出土了11件商代樂器大銅鐃，其中最重的達220.75公斤，最輕的也有50公斤。銅鐃上以虎、象等獸面紋為主紋，並飾以雲雷紋。銅鐃體形高大厚重，鑄製精緻，在當時用於軍旅、宴會和祭祀。據音樂專家測試，每個銅鐃有現代音階1～3聲，組合起來，竟能演奏現代音樂。據金相分析，其年代比湖北曾侯乙編鐘早1,000餘年，且大都由純銅鑄成。象紋大鐃銅成分為98.22％，錫0.002％，鉛0.058％，錫、鉛含量甚微，使青銅器質地柔韌，宜於製作敲擊樂器。如果錫、鉛含量高，則質地堅脆，不能製作打擊樂器，卻適合製兵器和禮器等。可見當時的匠人已能透過調節錫、鉛的比例，冶煉出堅韌程度不同的合金或純銅，滿足不同的需求。春秋戰國時期，湖南的青銅鑄鏡技術也很高，出土的銅鏡有羽狀紋、竹葉紋、花瓣紋、龍鳳紋等四十餘種紋飾，這些紋飾主要以四分法或二方連續法布局，既具實用價值又富有審美情趣。

湖南商周青銅器既顯示當時鑄造工藝的水準和人們的審美意識，也在一定程度上反映了該地區的社會風習。湖南出土大量的尊、卣、鐃等祭祀禮器就顯示當時人們迷信鬼神、崇拜祖先的風習。在鑄造過程中又非常虔誠，也傾注了大量心血，使祭祀禮器成了具有極高藝術價值的珍品。商代青銅器的紋飾多獸面、夔鳳和虎象等奇特威嚴的形象，展現一種超越世間的權威觀念，尤其是那齜牙咧嘴、怒目圓睜的饕餮紋飾，更使人感受到一種猙獰恐怖的神祕力量，象徵著統治者雄踞社會之上的權勢與威力。這種紋飾和堅實厚重的造型相配合，展現出一種難以言表的原始宗教理念，反映了那個「有虔秉鉞，如火烈烈」的血與火的野蠻年代。之後隨著西周末期理性、現世觀念的日漸蔓生，祭神祀祖的青銅器

第一章　湖湘肇源：上古傳說與先秦遺跡

皿日益改變以前的猙獰面目。到戰國時代，青銅器的風格逐漸由厚重轉向輕靈，由嚴正轉向奇巧，由深沉轉向浮淺，煊赫一時的青銅時代行將終結，湖南地區也隨之進入了一個新的歷史階段。

楚軍征湘

　　春秋時期，湖南地區盛產金、銅、錫等礦產品和琉璃、犀皮、象齒等珍奇奢侈品，又是魚米之鄉，是北方楚人嚮往的寶地。春秋以前，楚國勢力弱小，尚不能南擴。隨著楚國日益強大，統治者為稱雄天下，不斷對外擴張，湖南成為楚國南征的第一站。楚國對湖南的征戰分為前後兩期。春秋時期是蠶食滲透，戰國時期是全面征服。大約在兩周之際，楚國勢力便兵分東西兩路，進入湖南。西路自郢都（今湖北江陵）越江南下，進入洞庭湖西澧水、沅水下游地區；東路自鄂地沿洞庭湖東岸南下，進入岳陽地區。

　　楚成王奉行「北與中原結好，南則鎮夷越之亂」的外交政策，加強對南方的軍事擴張。至楚靈王時，楚在洞庭湖西北岸的統治已經穩固，先後占領了今常德、桃源和沅江下游地區，並溯沅水而上。西元前523年，楚平王採納費無極建議，「為舟師以伐濮」，將沅水流域納入楚國版圖，並折而向東攻占了資江流域，直達湘水中游。在這個新的版圖上，楚國設定了黔中郡。沅陵縣窯頭村出土了長500公尺、寬200公尺的大型楚人城址，在城址中心有繩紋圈底罐、豆、缽、鬲等陶器和繩紋磚、瓦當等。這可能是楚國黔中郡故城。

　　大量考古資料顯示，春秋中晚期，楚國軍隊從洞庭湖東、西兩岸沿

澧水、沅水和湘江向湖南腹地推進。在西路將勢力擴張至湘西、懷化等地。1988年，漵浦高低村發掘了陪葬有銅劍、矛、鏃等武器的楚墓。楚軍在東路自岳陽溯湘江而上攻占長沙。1958年，長沙南郊太子塚出土了大量春秋晚期楚人陶器遺物。長沙作為楚人擴張的策略基地，留下了大量楚墓。1952年，瀏城橋一號楚墓出土了52件陶器和10件陶鬲，說明墓主可能是士大夫級人物。東西兩路楚軍在長沙會合後，繼續向南擴張。大約在春秋、戰國之際，楚人勢力到達湘江上游和湘南地區。1953～1956年，在衡陽湘江東岸蔣家山、鐵路公山、公行山和周家墳山，發掘了107座春秋晚期楚墓。1973年，在郴州市高山背發掘了6座春秋戰國楚墓，這是迄今所見分布最南的楚墓。當時楚人在湘中的政治統治剛確立，但在湘南的地位仍不穩固。因此，湘中地區發掘出來的文物展現楚文化和越文化的相互影響，而在湘南地區則是越文化居主導地位，楚文化局限於湘江沿岸據點。

西元前385年，楚悼王用吳起為相。吳起推行改革，楚國迅速強大。為了鎮壓湖南越族的反抗，並繼續向南方擴張版圖，吳起發動了全面征戰，勢力到達兩廣一帶。史載「吳起相悼王，南並蠻越，遂有洞庭、蒼梧」。至今，湖南全省各地共發掘了數千座戰國中晚期的楚墓，可見當時楚國已基本控制了湖南。此後，楚國又將湖南作為繼續南擴西征的基地。楚威王曾派莊蹻率軍溯沅水西上，征服且蘭、夜郎等地，最後在雲南建立楚人統治，史稱「莊蹻王滇」。

在軍事征伐的同時，楚國也採取了系列措施，逐步加強對湖南地區的行政管理。

第一，在交通線上建立軍事據點，派兵駐守。春秋時期，楚人剛入湖南，勢力很弱，「蠻濮」、「夷越」土著經常造反，於是楚軍就在交通要

第一章 湖湘肇源：上古傳說與先秦遺跡

道設定軍事據點，建築城池，在長沙、益陽、常德、澧縣到郢都的交通線上建立了石門古城堤、澧縣白公城和桃源楚王城，在沅陵建置了黔中故城等。

第二，設定封君，建立封地。據方志記載，楚國大夫靳尚曾封於今湖南寧鄉，湘江支流靳江即由此得名，今坪塘境內有「靳尚墓」。1953 年長沙仰天湖 25 號戰國中期楚墓出土了一批竹簡，上載有「中君」和「舞陽公」。據考證，「中君」和「舞陽公」可能是當時湖南境內的封君。此外，在臨澧九里茶場附近有占地四平方公里的楚墓群，近 20 座楚墓封土底徑 30 公尺以上，這可能是當時分封於此的貴族墓地。

第三，建立郡縣制。據考古資料分析，約在春秋晚期楚平王「伐濮」完全征服沅水流域後，楚人設定了黔中郡。其轄區大體相當於今懷化、湘西和常德、桃源、漢壽以及貴州黔東等縣。楚國郡縣制的建立，使湖南第一次納入了封建王朝的行政管理體系。

第四，建立移民國。當時，楚人在北方擴張中吞併了大批方國。楚將這些方國的貴族遷往新闢的湖湘地區，在今岳陽地區建立「羅子國」和「麋子國」。楚平王還將「茄人」遷至臨湘。

羅子國，本是楚國同姓國，西周時期位於「今南漳東北、襄陽西南交界之處」。約西元前 7 世紀初年，楚武王滅羅子國，將其貴族南遷於郢都附近的枝江。《水經注》載：「枝江地，故羅國。」楚文王時，又將羅子國遺民南遷至今湖南汨羅。《水經注·靈水》載：江南羅縣有「羅侯城」。「羅侯」即羅國遺民中的統治者。據此可知，羅國遷湖南後，仍由其貴族統治，但臣服於楚政權。1957 年，湖南省博物館考古隊在汨羅屈原農場發掘了羅子國故城遺址。用黃土夯築而成的城垣長 490 公尺，寬 400 公尺，城北郭保存較好，牆基寬 14 公尺，高 3 公尺。城內西南部有長 25

公尺、寬7公尺的土臺，堆積有春秋時期的簡瓦、板瓦及繩紋鬲、細把豆和罐形器等，這些文物證明了文獻關於楚文王遷羅歷史的真實性。楚國遷羅與羅子國的建立，一方面解除了心腹之患，保證了郢都安全；另一方面又藉羅子國勢力屏藩楚邊，鎮撫和開拓湘東北「蠻越」地區。

糜子國，本是兩周時期楚的附庸國，「在今白河至鄖縣一帶」。約西元前7世紀末或前6世紀初年，楚莊王滅糜子國，將其遺民遷於今湖南岳陽市東三十里的糜城，即今梅溪大村梅子市。杜佑《通典》載：「巴陵糜子國。」《讀史方輿紀要》載：「（岳州）府東三十里，相傳古糜子國，有東西二城。」《左傳·定公五年》載：「吳師居糜」，與楚苦戰。吳師敗後，楚昭王「使王孫由於城糜」，即於糜地築城。可見，糜子國當時已成為楚國控制江南並與吳爭戰的重要軍事基地。

辰州趕屍

沅陵，自楚秦以來2,000多年間一直為湘西政治、經濟、文化和軍事的中心，有中國「西南重鎮」和「古代大都市」之稱，其文化博大精深、源遠流長。

戰國時期，楚國向南擴張，將沅水流域的「荊蠻」（黔語讀作Chinm）之地併入版圖，設定黔中郡。「荊」變為「黔」，並不是「荊蠻」被斬盡殺絕，被新的「黔」民族取代，而只是語言學上的音變而已。《史記·秦本紀》載：「楚自漢中，南有巴、黔（中）。」楚黔中郡轄地可能涵蓋湖南沅澧、湖北清江、四川黔江等流域以及貴州東北部，其中心可能在沅陵。1986年，考古專家在沅陵西南窯頭村沅、酉二水交會處發現一座龐

大的古城遺址。經初步探測，該古城曾有城牆、街道、宅院、祭祀臺、地下水道等建築體系。此外，還在古城遺址北側牧馬嶺發現了一千多座從戰國至秦、漢的古墓群，其中邊長 20～40 公尺的巨型墓葬有四十餘座，規模遠遠超過長沙馬王堆漢墓。其墓主絕非一般人物，可能是歷代黔中郡郡王或古夜郎國王。據史載，「沅陵」一詞始於漢高祖五年，當地人認為「沅陵」本義即「沅水邊的陵墓」。

沅陵原名辰州、辰陽。屈原在《楚辭·涉江》中寫道：「朝發枉渚兮，夕宿辰陽。」「辰」的古體字形如龍爪，在地支中代表龍。因此，沅陵辰文化也是龍文化。沅水亦名辰河，辰河就是龍河。從空中俯瞰湘西大地，夾在武陵山和雪峰山間的沅水如同一條巨龍從雲貴高原奔向洞庭湖。辰河沿岸有龍山、辰龍關、黃龍洞、坐龍溪、龍泉山、龍頭井、龍吟洲、龍吟塔、龍興講寺、龍舟廣場等帶「龍」字的名勝景點。沅陵人對龍的崇拜與熱愛也達到了如痴如醉的地步。老百姓建房看龍脈，正月裡耍龍燈，休閒時擺龍門陣，尤其是 5 月的賽龍舟更是熱烈異常，有「五月辰河看龍騰，方識沅陵人」的說法。沅陵的龍舟賽時間之長、運動員之多、觀眾之穩定可謂農民體育盛會，沅陵不愧為「中國傳統龍舟之鄉」。

沅陵縣城西北向三十里的烏宿鄉境內有酉水、酉溪，兩溪交會處有大、小兩座山，名曰「二酉山」。相傳，堯舜崇拜的大師「善卷」曾在此修煉苦讀，教化山民，死後葬於小酉山，山上曾建有「善卷堂」。小酉山峭壁上有「二酉洞」。這個不出奇的小洞卻是中國的文化聖殿。史載，西元前 213 年，「秦始皇以咸陽諸生是古非今，惑亂黔首，從李斯議，收天下之書，除秦紀及醫藥、卜筮、種樹之書，悉燒之」。咸陽博士伏勝冒著誅九族的危險，趕著五輛牛車將 2,000 卷書簡從京城祕密轉運至南方黔中郡，藏諸二酉洞。《方輿勝覽》載：「小酉山石穴有書千卷，相傳避秦

人所藏。」

秦朝滅亡後，西漢建立。伏勝將藏書進獻朝廷，漢高祖劉邦龍顏大悅。這就是「嬴氏烈焰中，大力負之走。茫茫九有州，選藏於小酉」的歷史。二酉洞猶如「諾亞方舟」，使先秦文化典籍倖免於焚書坑儒浩劫，3,000年的華夏文脈得以薪火相傳，在人類文化史上的地位絕不亞於當今的紐約國會圖書館。「學富五車，書通二酉」，「藏之名山，傳之後世」的典故由此而來。二酉洞這個文化聖地也成了天下讀書人神往的地方。歷代文人墨客前往拜謁者絡繹不絕，留下了大量詩文墨寶，其中清光緒年間湖南督學張亨嘉題鏞的「古藏書處」四字最為有名。

沈從文在〈沅陵的人〉中說：「對趕屍的傳說呢，說起來實在動人」，「經過辰州，那地方出辰砂，且有人會趕屍。若眼福好，必有機會看到一群死屍在公路上行走，汽車近身時，還不知道避讓在路旁，完全同活人一樣」。其實，真正的趕屍並不是這樣的。中國電視節目曾對湘西趕屍進行了全景揭祕。沅江上游地方貧瘠，窮人多赴川、黔山林中採藥為生，山中瘴氣重，瘧疾肆虐，以致常有客死異鄉的情況。中國人葉落歸根、運屍還鄉埋葬的傳統觀念根深蒂固。但數百里的崎嶇山路用車輛或擔架運輸非常困難，於是出現了奇特的「趕屍」行業。

趕屍一般有兩種情況。第一種情況是客死他鄉的人剛死不久，距離又近，趕屍匠迅速前往，將屍體簡單處理後直接背回來。第二種情況是死者距離遠，趕屍匠要帶徒弟一起去。他們只卸下屍體的頭和手、腳，用苗藥作防腐處理後，安裝在一個和死者高矮胖瘦相似的稻草人身上，將死者軀幹部分就地處理。趕屍匠師徒輪流將稻草人背回來後，死者親屬先要迴避。等趕屍匠為死者裝束好後，親屬看到了穿著衣服的死者有頭有手腳，也就信以為真了。可見，「趕屍」並不是真「趕」，而是趕屍匠

玩的一種障眼法。不過，趕屍匠用辰砂以及特殊的苗藥對屍體進行防腐處理卻有其高妙之處。

屈原憂憤沉江

楚王為加強對湖南地區的控制，除沿用吳起「令貴人往實廣虛之地」措施、委派大批江北貴族到湖南任職外，還將持不同政見或有某種過失的大臣貶謫湖南。愛國詩人屈原就是因為憂國憂民、勇於直諫而被流放於湖南。這是他個人的不幸，卻是湖南人的大幸，他為湖湘文化留下了寶貴的精神財富。

關於屈原故里，以前學界有「秭歸說」和「江陵說」。但最近學界又提出新觀點，認為屈原真正的出生地在今湖南漢壽滄港，並找到了許多令人信服的證據。迄今，漢壽發掘了1,800多座楚墓，出土了「武王之童督戈」青銅戈、「郢室畏戶之」青銅官印以及只有王室和諸侯才能享用的青銅鐃樂器、鹿角紋青銅鏡等罕見文物，顯示漢壽可能是武王令屈瑕開發的「濮地」，並將其作為屈氏封地。據歷代文獻記載，漢壽滄港等地原有屈原廟、三閭大夫祠、滄溪寺、天乙宮、屈家巷、濯纓橋、清斯亭、釣魚臺、江潭等紀念屈原的古蹟遺址（其中天乙宮內原有楚王殿，供奉楚王、屈原及其祖先18座塑像），還有《九歌》中描寫的祭神處七星堆、迎水橋、雞鳴井等。

屈原詩歌中也有很多相關證據。如〈招魂〉是屈原為先人屈匄招魂，詩中稱他為「掌楚」，即執掌洞庭湖楚澤的領主，呼喚他「魂兮歸來哀江南」。此外，屈原作品描寫了許多如「製芰荷以為衣兮，集芙蓉以為裳」

等沅、湘流域特有的民俗風情，出現了漢壽滄港、江潭坪、橘林洲等地名以及漢壽常見的蘭、芷、芰荷等芳草。漢壽處於西洞庭湖平原，澧水和沅水同時流過。「濟沅湘以南征兮」、「沅有芷兮澧有蘭」等名句都描寫漢壽的西洞庭湖平原特色。屈原的姓名字號為「原」、「平」、「靈均」、「正則」等，都有「平」的意思，可能正是描述他出生地的地理特點。因此，屈原故里很有可能在漢壽滄港。

屈原作為楚國貴族，楚懷王時曾官至左徒、三閭大夫，掌管王族事務，經常參與國家大事，因遭南后、令尹子蘭及同僚靳尚等親秦派的妒忌誣陷，被楚懷王免職，流放於漢北山野。至楚頃襄王時，屈原又被流放到湖南。當時，屈原從鄂東武昌出發，至岳陽後棄馬登舟，經水路過洞庭湖，至常德柱磯，又溯沅水西行，一直抵達辰州、溆浦等地，轉而順沅水回到洞庭湖；再溯湘江至長沙，登南嶽，上九嶷山，然後再順流而下，回到岳陽汨羅一帶。因羅國曾是北方遷來的方國，其貴族與楚國同宗，他們對屈原的不幸遭遇十分同情。因此，屈原在汨羅逗留的時間較長。

屈原輾轉於沅、湘流域，沿途考察民情風俗，有感於自己懷才不遇和楚國的危亡時局，創作了《九歌》、《楚辭》、《天問》等不朽名篇。其中〈湘君〉對湘水進行了帶有靈異色彩的人格化描寫，如「駕飛龍兮北征，邅吾道兮洞庭」，「望涔陽兮極浦，橫大江兮揚靈」。〈湘夫人〉中「帝子降兮北渚，目眇眇兮愁予。裊裊兮秋風，洞庭波兮木葉下」，抒寫了湘君對湘夫人的殷切思慕和無緣會合的怨悵，意象靈幻飄渺，情緒悵惘悽迷，氣氛冷落衰颯而神奇美妙，堪稱絕唱。〈大招〉所寫「魂乎歸來，無東無西，無南無北」，展現楚地的招魂習俗。屈原打破詩經四言體格式，創造了新的「楚辭」文學體裁，句法錯落，形式自由，是中國浪漫文學的

濫觴，其鴻篇巨制《楚辭》、《離騷》與北方現實主義文學《詩經》並稱中國先秦文學「南北並峙」的兩大高峰。

當楚國都城郢被秦將白起攻陷的噩耗傳來後，屈原作〈哀郢〉和〈懷沙〉，準備在長沙自沉來振奮楚人愛國之心，促使頃襄王醒悟。由於理想無法實現，時局日益急迫，屈原悲傷至極，於西元前 278 年五月初五自沉於汨羅江中。沿岸百姓聞訊趕來，紛紛引舟前去搶救，沿水招魂。為了不讓魚蝦啃食屈原遺體，他們以粽葉包裹糯米飯擲入江中。此後，每年這一天就是端午節，人們用賽龍舟、吃粽子的方式來表達對屈原的哀思。隋唐時，端午節習俗傳至朝鮮半島、日本等地。早在漢代，人們就在汨羅玉笥山上修建了屈子祠（亦稱三閭祠）。現存的屈子祠重建於西元 1754 年，佔地 1,300 餘平方公尺，三進磚木結構，莊嚴肅穆。玉笥山上還有獨醒亭、騷壇、屈原碑林、桃花洞、壽星臺、剪刀池、繡花墩、望爺墩等古蹟與屈原有關，五公里外的汨羅山上有屈原墓。

屈原志存高遠，憂國憂民，剛正不阿，矢志不移。他曾在〈涉江〉中寫道：「余幼好此奇服兮，年既老而不衰。帶長鋏之陸離兮，冠切雲之崔嵬。被明月兮珮寶璐。世溷濁而莫餘知兮，吾方高馳而不顧。駕青虯兮驂白螭，吾與重華遊兮瑤之圃。」用形象生動的語言勾勒出一幅形神兼備的自畫像，顯示自己高潔美好的品性，表達了絕不苟合流俗的志趣。司馬遷對屈原非常推崇，稱「其志潔，故其稱物芳。其行廉，故死而不容。自疏濯淖汙泥之中，蟬蛻於濁穢，以浮游塵埃之外，不獲世之滋垢，皭然泥而不滓者也。推此志也，雖與日月爭光可也」。

鬼崽嶺陰兵

　　永州道縣田廣洞村鬼崽嶺松林中，有許多神祕的石像。據清光緒年間徐詠所作碑文〈櫟頭源壇神記〉載：「有奇石土中出，俱類人形，高者不滿三尺，小者若在數寸，千形萬狀，不可勝紀。或曰：此陰兵也，夜從山下經過，聞雞鳴而化石。故有全身者，有半身者，有只露眉目者，而最奇者在樹上。」當地人將這些神祕石像稱為「鬼崽崽」，鬼崽嶺由此得名。「文革」期間，曾有不少石像被砸壞。後來，湖南省考古隊在鬼崽嶺地表下 2 公尺深處發掘出五層共 6,000 餘個「鬼崽」，這是繼秦始皇陵兵馬俑之後石雕人像的重大發現。這些石像大的約一公尺，小的約 30 公分，大都由整塊岩石雕成，形態各異，有的豎眉鼓眼，神態勇猛，酷似將軍戰士；有的慈眉善目，貌若女神；有的雙手插在腰間；有的兩腿散成弧形；有的蹲著；有的站著。雖然沒有秦始皇兵馬俑那樣精湛，但其年代可能要早得多。從石像雕琢痕跡來看，可分辨出早期和晚期兩類作品，早期石像輪廓模糊，大多是手工打磨，沒有使用鐵器工具，可見其打造年代可能在鐵器發明之前；後期石像工藝較精細，像身還有花紋，有鐵器鑿痕，其打造年代可能晚至唐代。

　　為什麼在這裡會有如此神祕詭異的石像呢？考古界眾說紛紜，提出了多種假設。有學者推斷，鬼崽嶺很可能是舜帝真正的墓葬之地，石像反映了夏、商、周時期祭祀舜帝的民俗民風。據司馬遷《五帝本紀》記載：「舜……南巡狩，崩於蒼梧之野，葬於江南九嶷。」今湖南九嶷山建有舜帝陵，但舜帝死於何處今天仍然是未解之謎。如果舜帝死於九嶷山，司馬遷應會直接記為：「崩於江南九嶷，遂葬之」，不會提到遠在廣西東南的蒼梧。況且，將一個死人從蒼梧抬到湘南山區埋葬，不要說在

古時無法辦到，即使在交通發達的今天也很困難。相傳，道縣鬼崽嶺附近的東河瑤山曾是舜帝南巡最後一站，也是他駕崩之地。以前鬼崽嶺山前兩側建有白象廟和舜王廟，惜在「文革」中遭到毀壞。這種假說是否正確，有待今後找到更多的證據。

另一種觀點認為，這些石雕可能是戰國末期楚軍與秦軍交鋒時誓師祭天所作的「陰兵」。史載，戰國末年秦、楚雙方在中原長期對峙。楚國將主力駐守在北方邊境，對楚西南黔中地區的戰略地位認知不夠，未布置重兵，這為秦軍從側面迂迴進攻提供了可乘之機。秦昭襄王派大將司馬錯、張若率軍攻取蜀地，溯烏江到達湘黔邊界，然後順酉水而下，偷襲楚黔中郡，出奇制勝。秦軍採用聲東擊西、避實擊虛的策略，在楚西南地區勢如破竹，迅速攻克了大片土地。楚國南疆突然從禦秦後方變為抗秦前線，鬼崽嶺可能是當時楚軍駐地。在強大的秦軍面前，楚軍孤立無援，只能祈求神佑，於是請巫師在鬼崽嶺雕刻一支龐大的「陰兵」團隊。然而，在擅長騎術的秦軍攻擊下，楚軍仍然免不了滅亡的命運。西元前223年，楚國最終滅亡。鬼崽嶺陰兵歷經殘酷的戰爭後，歲月將其凝固成一群荒涼的石雕，隨著歷史的變遷，種種美麗的傳說使之越發神祕。

第二章

湖湘風雲：秦漢帝國與湖湘英傑

第二章　湖湘風雲：秦漢帝國與湖湘英傑

秦皇治湘

　　秦始皇統一六國後，採取「行郡縣，修馳道，築長城，戍五嶺，統一幣制和度量衡，巡視各地」等一系列措施，以鞏固其統治。與此相適應，秦朝對湖南的控制也逐步強化，使湖南在政治、經濟和文化上與中原地區逐漸融為一體，成為統一多民族國家重要的組成部分。秦朝的統治雖短，卻對湖南的歷史產生了深遠影響。

　　隨著軍事勢力的推進，秦軍在湖南地區的行政建置也進一步完善，先後設定了黔中、長沙和洞庭郡。據考證，秦軍在統一六國之前就控制了湘西廣大的澧水和沅水流域，滅楚黔中郡，建立了秦黔中郡。據史載，西元前 281 年，魏冉「再任秦相」，翌年「使司馬錯發隴西，因蜀攻楚黔中，拔之」。司馬錯攻黔中，使秦國軍事勢力開始進入楚黔中郡腹地，即澧水和沅水中下游。前 277 年，秦蜀守張若「伐取巫郡及江南，為黔中郡」。據記載：「張若故城，在州（指朗州）東四十步。初，秦昭王使白起伐楚，遣張若築此城，以拒楚，並統五溪。」「五溪」即沅水及其支流。可見，張若曾駐軍今常德市，並正式設定秦黔中郡，直接控制了澧水和沅水流域廣大地區。

　　在東部湘江流域，秦軍勢力進入稍晚，但也在統一六國前深入長沙地區。1957 年，長沙左家塘秦墓出土了一件鑄有「四年相邦呂造」銘文的銅戈，「四年」指秦始皇四年，即西元前 243 年，「相邦呂」即丞相呂不韋。1971 年，岳陽城陵磯出土一件鑄有「廿年寺相邦冉再造」銘文的銅戈，「廿年」指秦昭襄王二十年，即前 287 年，「相邦冉」即秦國丞相魏冉。1930 年代長沙北郊穿眼塘楚墓出土「廿九年」作造的漆奩，其年代秦昭王二十九年為前 278 年。該文物被長沙雅禮中學美籍教師柯克思購走，

現藏於舊金山亞洲藝術博物館。

這些文物證明，在秦昭襄王發兵攻取楚黔中郡之後秦始皇統一六國之前，秦軍勢力已深入岳陽、長沙等地。但那時秦楚戰爭尚未結束，秦對長沙地區的控制還不穩固。西元前 223 年，秦滅楚後，項燕立昌平君為荊王，反秦於江南。前 221 年，項燕失敗，荊王「獻青陽以西」即包括長沙在內的「吳地」以西地區，秦朝正式置長沙郡。在黔中郡與長沙郡之間，據里耶秦簡記載，可能還設定有洞庭郡。此外，秦朝在湖南各郡下廣置縣邑，如臨湘、羅、益陽、湘南、耒陽、郴、武陵、慈姑（今慈利）、零陵、陰山（今攸縣）、衡山和桂陽等，幾乎遍布今湖南全境。

西元前 220 年，秦始皇即徵發民力，修築以咸陽為中心通向四面八方的馳道，其中至少有兩條主幹道：一條向東直通以前的齊、魯大地；一條往南直達過去的吳、楚之地。史載，零陵縣有「秦馳道」，在「縣東八十里，闊五丈餘，類今之河道，兩岸如削，夷險一致。史記秦始皇命天下修道，以備遊幸，即此」。可見，當年所修往南延伸的馳道幹線，由北而南縱貫湖南，直達湘江上游和五嶺地區。透過這條馳道，湖南和秦王朝的政治中心咸陽緊密連繫起來。秦始皇「遊幸」活動主要在北方，但其足跡也曾進入湖南。

據《史記・秦始皇本紀》載，西元前 219 年，秦始皇曾渡長江至君山湘山祠，大概過洞庭湖時遇上風暴，受了驚嚇，心情欠佳，未繼續南行。相傳，秦始皇派徐福率三千童男童女至東海求長生不老藥，其中就有盧生、侯生等人。但長生不老藥終不可獲，大多數人不敢回來，就留在朝鮮半島和日本列島，成為今天部分韓國人和日本人的祖先。不過盧生和侯生居然逃回來了，並隱居在武岡雲山這處「楚南勝境」修煉成仙，在雲山留下了盧仙蹟、侯仙影、秦人古道、煉丹井、飛昇臺等遺跡，成

第二章　湖湘風雲：秦漢帝國與湖湘英傑

為湘中「道教福地」。《湖南考古略》記載：「盧生、侯生，始皇遣入海求神仙藥，不獲，遁居邵陵雲山。」

征越人，戍五嶺，是秦始皇的一項重要措施，對湖南的牽動和影響甚大。先秦時，五嶺及以南地區為越人所聚居，統稱南越，又稱「陸梁地」。史載，西元前214年，秦始皇「發諸嘗逋亡人贅婿賈人，略取陸梁地，為桂林、象郡、南海，以適遣戍」，即將五嶺及南越地區納入版圖，設定桂林、象郡和南海三郡。其實，這一征服過程並不順利，對越人的征戰也異常激烈殘酷。另有史料記載，秦始皇「乃使尉屠睢發卒五十萬為五軍：一軍塞鐔城之嶺，一軍守九嶷之塞，一軍處番禺之都，一軍守南野之界，一軍結餘干之水。三年不解甲弛弩。使監祿無以轉餉，又以卒鑿渠而通糧道，以與越人戰，殺西嘔君譯籲宋」。

鐔城，即西漢所置鐔成縣，治今靖州與通道之間、越城嶺西麓；九嶷即九嶷山，在今永州南部，與都龐嶺及萌渚嶺相接；番禺，今廣州市地；南野、餘干均在今江西省境，分別位於大庾嶺東麓和北麓。監祿所鑿渠道，即連接湘、漓二水源頭的靈渠，在今廣西興安縣境。可見，秦始皇戍五嶺的五路大軍中有兩路在今湖南境內。經湖南溯湘江而上，又是當時進入南越地域的主要進軍路線和糧運通道。所以秦始皇征越地、戍五嶺的軍事行動不僅將南越地區納入版籍，溝通了南越經湖南和中原的連繫，也使湖南成為秦軍對越人作戰的重要軍需補給基地。

里耶秦簡

秦王朝是個短命的封建王朝，僅存在 15 年，但在政治、經濟、文化乃至社會生活諸方面對後世產生了巨大影響，在中國歷史上具有重要地位。由於年代久遠，史料匱乏，人們對秦王朝的統治和秦代人民的生活狀況了解並不多。2002 年 4 月，湘西龍山縣里耶鎮興建碗米坡水庫，著名的田野考古專家龍京沙發掘了一口 17 公尺深的秦代古井，從中掏出了 3.6 萬枚秦代洞庭郡遷陵縣的官署簡牘，上面刻有 20 萬字的文獻資料，內容涉及通郵、軍備、算術、記事、行政、職官、民族等方面。每一支簡牘記錄了一段珍貴的秦史，揭示了當時秦、楚及少數民族政治、經濟、文化交流發展的過程。之前，戰國至秦漢時期的文獻資料極少，各地出土的秦代簡牘總數不足 3,000 枚。人們透過里耶秦簡，可以解開許多歷史謎案，並窺見 2,200 年前秦朝的真實生活。

戰國時代，天下大亂，狼煙四起，民不聊生。戰國七雄中，秦、楚足可擔當統一大業。秦國從西北草原漸漸壯大，控制了成都平原，秦人武器精良，作戰勇猛，令對手膽寒。楚國占據中原及江南廣大地域，經濟發達，人口眾多，是名副其實的泱泱大國。秦、楚爭霸貫穿了整個戰國時代，雙方爭奪的勝負也最終決定著中國歷史的走向。楚國在中原布置了重兵，抵禦秦軍南下，但對西南邊境的防禦重視不夠。當楚軍在中原戰場上與秦軍主力奮力廝殺的時候，另外一支秦軍悄悄從巴蜀溯烏江而上，再經過一段陸路，轉道酉水，突然出現在楚國西部邊境，再順流而下直達沅水，從側翼攻入楚國腹地，促使楚國滅亡。里耶，就是在這種背景下被秦軍占領。

里耶扼荊楚、挽巴蜀，為「楚蜀通津」。秦軍將里耶設定為「戰時中

第二章　湖湘風雲：秦漢帝國與湖湘英傑

轉站」，為完成統一大業源源不斷地運送軍輸。據井中第8層第147號秦簡記載：「出弩臂四，輸益陽；出弩臂三，輸臨元。」這就是里耶武庫兵器登記冊中關於調撥弩臂的記載。為確保軍令和政令的暢通，秦朝在里耶設定了完備的郵政系統。井中第6層出土的第2號簡上刻七字：「遷陵以郵行洞庭」，「郵」是當時官方傳遞文書的驛站，可見當時從里耶到洞庭郡已開通了郵政業務。不但有驛站，還有專門奔走於驛道上的「郵人」，即國家公務人員性質的郵差。簡牘中記載有遷陵縣縣丞「色」謙卑地向上級寫的回信：「您的來信已經收到了。」這些往返信件就是透過郵人傳送的，並且十分快捷。有些信簡註明「快行」二字，大概是「特快專遞」吧。

　　除了與外地通郵外，里耶當地山區也建立了郵傳系統。有一枚簡牘記述了啟陵鄉鄉長向上級請求任命一位叫「成」的人當郵差的事情。郵差工作雖然辛苦，但屬於「公務員」，可以享受減免賦稅的待遇，成為當時人們熱衷的職位。不知道是這位啟陵鄉鄉長在走後門推薦自己的親友，還是已有別人捷足先登，反正他的請示被駁回了。里耶水路交通便捷，大量的武器和策略物資從這裡不斷運往常德、益陽等地，一般的郵差除了傳遞信件外，還承擔傳送貨物包裹的任務。如遷陵縣丞在信簡中對長官說：「遵照您的命令，您要的錢和布匹已經開始起運了。」看來，當時湘西的山間小道和酉水上的郵差和商旅十分繁忙。

　　里耶秦簡還反映了秦代行政機構的嚴密和中央對地方的有效控制。史學大家司馬遷著《史記》，素以嚴謹著稱，且他生於西漢，離秦滅亡不久，卻在記載秦始皇分天下為36郡時漏掉了「洞庭郡」。以前也曾有史學家推測秦代設定了「洞庭郡」，但都拿不出直接證據。里耶古井第6層第2號簡牘載：「遷陵以郵行洞庭」；第9層第6號簡牘載：「以洞庭司馬行

事」；第 1 號簡牘載有「洞庭郡」，表明秦朝設立了「洞庭郡」。據簡牘可以得知，秦朝對郡、縣、鄉各級官吏的設定非常嚴密，分工精細，公務龐雜。僅鄉一級就設有嗇夫、鄉守、鄉主等小官吏，此外還有里典、郵人等官差，且各級行政機構的公文件案非常完備。洞庭、蒼梧、遷陵、酉陽、陽陵等郡縣的設定和里耶秦簡對各級官吏任免情況的記載，充分展現秦中央政權對偏遠地域的有效控制。

　　大軍所過，地方政權隨之建立，並準確地按照新的封建制度執行。當然，在新舊交替的急遽轉型時代，一切都在變革，人們對新政令的掌握也有一個過程。如簡牘關於秦始皇三十三年二月某日遷陵守丞「都」向上級請示購買奴隸是否合法一事的記載，就說明這裡雖已建立了秦朝的封建制度，但仍存在奴隸買賣現象。秦朝「苛政猛於虎」，里耶簡牘中有很多罰款單和刑罰的記載就反映了這種政治特色。罰款往往是罰「一盾」、「一甲」，即對犯錯人罰繳一副盾牌或一副鎧甲。在刑罰中有「數耐」，即將犯人刮去鬍子和鬢角，這是一種近似毀容的刑罰，目的是將羞辱印在犯人臉上。當然，官員犯錯也難逃其咎。如簡牘表明一年之內遷陵長官由「色」換成了「都」，「色」也許被撤職了。

　　透過里耶簡牘，還可以知道秦代社會生活的許多細節。里耶古井是在里耶小學校園內發掘出來的。這所小學建於清乾隆年間，已有兩百餘年歷史。一條小河環繞著學校，構成了這所鄉間小學特有的風景。可是誰曾想到這條小河竟是 2,200 年前的護城河。小學就是建在里耶古城遺址上。更令人想不到的是，埋藏在教室地下的秦簡上居然記載著小學生天天背誦的「九九乘法」口訣。1 號井第 6 層簡牘載有「三五十五，二五而十」，「三八廿四，二八十六」，並且還有「二半而一」的分數運算，這為世界算術史的研究提供了珍貴的實物資料。從已整理出來的簡牘中，

第二章　湖湘風雲：秦漢帝國與湖湘英傑

可以知道秦代人的時間觀念很強。

那是一個革故鼎新、百廢俱興的年代，在秦始皇強權統治的推動下，官員和老百姓每天都有忙不完的事，因此，水漏計時必須很精確。古井第 8 層出土的簡牘載有「水下四刻」、「二月壬寅水下十一刻下二」、「四月癸丑水十刻下五」、「夜水下四刻」等文字。據專家考證，當時的漏壺有晝夜之分，並將全天分為十一刻，這就比西漢將一晝夜分為十刻更精確，顯示秦代人只爭朝夕的惜時觀念。

秦朝人不但惜時，而且很講誠信。古井第 9 層有一枚簡牘寫有「今為錢校券一」的字樣。「校券」是當時一種作為憑證的符券，古代契券一般從中剖為左右兩半，右券為存根，可以校驗左券是否真實。有些簡牘正面削成兩坡狀，兩側刻齒，再前後剖開，這也是一種符券形式。從里耶簡牘的記載看，當時個人和政府之間的債務清算即可憑這種符券異地辦理。它反映了里耶在頻繁的商貿往來中形成了一種講究誠信的商業文化，這出現在 2,200 多年前，尤其可貴。

漢代長沙國

西元前 209 年，陳勝、吳廣在大澤鄉起義，各地響應。次年，項梁在湖南擁牧羊人熊心為懷王。前 206 年，秦朝滅亡，楚王項羽佯尊熊心為義帝，從彭城遷都郴縣。同年秋，派九江王英布追至郴州將義帝殺害。今郴州煤炭局院內有義帝陵。此後，經過四年楚漢戰爭，前 202 年，漢王劉邦最後打敗西楚霸王項羽，正式登基稱帝，建立西漢王朝。為了迅速建立封建統治秩序，他在行政建置方面基本上承襲秦制，在中

央設立三公九卿，在地方推行郡縣制，但也有所變通，即在地方輔以分封制，其中將吳芮封為長沙王。

吳芮原為濟陰鄮城人，曾任秦朝番陽（今江西波陽）令，因深得民心，被尊稱為「番君」。西元前 209 年陳勝、吳廣在大澤鄉揭竿起義，點燃了反秦的烈火，英布率領一支義軍來到番陽。英布原為秦朝刑徒，因面部被黥，故人們稱他為黥布。在驪山修秦始皇陵墓時，他策動一批刑徒逃亡，活動於鄱陽湖一帶。身為秦朝縣令的吳芮見英布率眾而來，即率子姪及部將梅鋗起義，並將英布招為女婿。此後，閩粵王無諸和粵東海王搖聞風而起，亦率越人歸附。後來英布、梅鋗率兵北上，分別隨項羽、劉邦轉戰中原，奪取關中，為推翻秦朝暴政立下赫赫戰功。吳芮則被項羽立為衡王，建都邾（今湖北黃岡縣）。前 202 年，項羽在烏江兵敗自刎，吳芮毅然歸漢，與韓信、英布等上表稱臣，擁戴劉邦，成為西漢開國元勛。劉邦登上帝位，頒布詔書，嘉獎吳芮：「從百粵之兵，以佐諸侯，誅暴秦，有大功」，封其為長沙王，在秦朝長沙郡基礎上建立長沙國，將湘縣（今長沙市）改為臨湘，作為國都。從此，湖南歷史上出現了第一個諸侯王國，長沙也第一次成為王國都城。「楚南雄鎮」發展為「漢藩王都」，長沙開始以「楚漢名城」顯揚於世。

漢初，諸侯國勢力很強，「大者跨州兼郡，連城數十，宮室百官同制京師」，諸侯王手握重兵，力量足以與朝廷抗衡，「十年之間，反者九起」，唯獨吳氏長沙國「為藩守職」，效忠朝廷，保境安民，維護國家統一。吳芮卒於西元前 201 年，諡文王，厚葬於湘江之濱。據文獻載，其墓地在今湘雅路湘江濱，墓高 22 公尺。北魏地理學家酈道元所作《水經注》載：臨湘「縣北有吳芮塚，廣逾六十八丈，登臨寫目，為城郭之佳憩也」。又郭頒《世語》載，魏黃初三年（西元 222 年），即吳芮死後四百多

第二章 湖湘風雲：秦漢帝國與湖湘英傑

年，孫權建立吳國，為其父長沙太守孫堅立廟，掘吳芮塚取木。當墓塚掘開後，發現吳芮有如生人，保存完好，吳王墓制和防腐處理與馬王堆漢墓非常相似。

吳王芮被後世統治者稱為「忠君」典範，在其墓旁立吳王廟祭祀。《大明一統志》載：吳王廟在「長沙縣西北吳王塚旁」。《湘城訪古錄》載：「吳王廟在長沙北門外，今北門外大道旁菜園內有極小之廟，即其地。」民國《抱一遺著》指明吳廟在北大馬路（今湘雅路）旁，廟雖小，卻總有人憑弔。

吳芮死後，其子吳臣繼位，至西元前194年卒，在位8年，諡成王。前196年，吳芮女婿淮南王英布舉兵反漢，兵敗後逃至長沙國。吳芮之子吳臣大義滅親，處死英布，徹底平息了英布之亂。成王子吳回繼位，至前187年卒，在位7年，諡哀王。哀王子吳右繼位，至前178年卒，在位9年，諡恭王。恭王子吳著繼位，至前157年卒，在位21年，諡靖王。因吳著無嗣，長沙國除，史稱：「傳號五世，以無嗣而絕。」吳氏長沙國共傳五代46年。

西元前156年，漢景帝重置長沙國，並將其庶子劉發封為長沙王。相傳，劉發生母唐姬原是漢景帝妃子程姬侍女，某晚漢景帝召見程姬，程姬「有所避，不願進」，「而飾侍者唐兒使夜進」。當時，景帝因酒醉不知，直到唐兒懷孕，才發覺所幸並非程姬，便將其所生之子取名為「發」。景帝即位後，分封皇子，劉發因其母出身卑微而被分封到離京城較遠的長沙。劉發在長沙思母心切，曾「運來長安之土，築臺於臨湘城內，以登臨遙望」。後來，這座望臺因劉發諡號「定王」而稱為「定王臺」，亦稱「望母臺」或「思親臺」，其所在即今長沙市圖書館址，旁有聞名遐邇的定王臺書市。2,000多年來，劉發慈孝思親的故事一直傳為佳話。

劉發卒於西元前127年，在位28年，其子劉庸繼王位（另一子劉遂封為「都梁侯」，在今武岡東郊七里橋建立都梁侯國；還有一子劉買封為「舂陵侯」，在今寧遠柏家坪築城），至前101年卒，在位27年，諡康王。康王子劉鮒鮈至前84年卒，在位17年，諡頃王。頃王子劉建德在位34年，前50年卒，諡刺王。刺王子劉旦在位2年卒，諡煬王。煬王無後，由其弟劉宗繼位，前43年卒，在位3年，諡孝王。孝王子劉魯人繼位，西元6年卒，在位48年，諡繆王。繆王子劉舜繼位。8年，外戚王莽廢除漢朝自立為帝，建立「新」朝，劉氏所封諸侯王國全被廢除，改長沙國為「填蠻郡」，改臨湘為「撫睦」。23年，鍾武侯劉望舉兵討伐王莽，自稱皇帝，兵敗身亡，埋葬在衡陽江東鄮湖蔣家山，故稱「天子墳」。這座巨型漢墓，現為省重點文物保護單位。新莽政權倒行逆施，不久即被推翻。25年，定王劉發第六世孫劉秀稱帝，建立東漢，號光武帝。唐人蕭蕘詩曰：「王已分封受漢恩，長沙終不及中原。後來爭得三分氣，卻是東都六代孫。」26年，劉秀封劉舜子劉興承襲長沙王，37年長沙王被削去王位，降為臨湘侯。至此，劉氏長沙國歷八代九傳176年，從吳芮開始的長沙國歷時222年最終宣告結束。

漢初所置封國，除諸王世代承襲外，設有丞相（亦稱柱國、太傅），由朝廷直接委任，名為輔佐諸王，實際上是派來掌握王國實權以控制地方的。長沙國亦如此，且初期的長沙國丞相大多封有侯爵，顯示長沙國地位的重要以及朝廷的關注。據文獻載，第一任長沙國丞相為吳郢（又作程）。他因率「百越」從征有功，被漢高祖封為長沙「柱國」，並於西元前198年被封為「義陵侯」。吳郢是長沙國第一代王吳芮和第二代王吳臣的丞相。此後，利蒼繼任長沙國相，並於前193年受封為「軑侯」，為第三代長沙王吳回和第四代王吳右的丞相，他卒於前186年，即長沙馬王

第二章 湖湘風雲：秦漢帝國與湖湘英傑

堆漢墓第 2 號墓墓主。繼任者醴陵侯越為第四代長沙王吳右和第五代王吳著的丞相。前 176 年，賈誼繼任第五代長沙王吳著的太傅，至前 173 年被召回京城，任期四年。此外，丞相以下還設有御史大夫、尉及各縣縣令（長）等官職，均由諸侯王任免。

作為漢藩王都的臨湘，城垣高聳，宮室巍峨，為歷代長沙王駐蹕之所和長沙國的軍政中心。據《水經注》載，「臨湘故城」係吳芮始封長沙時所築。據專家考證，臨湘故城在今長沙湘江以東、建湘路以西、五一路以南、樊西巷以北的範圍內，方廣數里。城內有王室宮殿、丞相府第、百官衙門。吳芮宮殿也是後世劉氏長沙國諸王居所，在今市區八角亭以東、蔡鍔路以西一帶。1996 年，五一廣場平和堂工地古井中出土了漢代捲雲紋瓦當和刻有「安樂」、「未央」字樣的瓦當，即長沙國宮殿遺物。為保衛王都安全，城外水陸要衝還修建了戍所，駐紮軍隊。湘江西岸由南而北即有南津城、橘洲戍、北津城等，至今仍有遺跡可尋。

漢初長沙國疆域，據劉邦詔書所載：「以長沙、豫章、象郡、桂林、南海立『番君』芮為長沙王。」但此時豫章郡已封給了吳芮女婿淮南王英布，而像、桂林、南海三郡則為南越王趙佗割據，並未歸順漢朝。漢初長沙國的地盤大致相當於秦長沙郡。《漢書·諸侯王表序》載：「波漢之陽，亙九嶷，為長沙」，即北瀕漢水，南抵九嶷山，為長沙國南北界線。

據馬王堆西漢墓 3 號墓出土的《長沙國南部地形圖》載，長沙國南部疆域邊界西起今廣西全州、灌陽一線，東至今湖南新田、廣東連縣一帶，南達今廣東珠江口外的南海，北抵新田、全州一線；其主要地區為深水（今瀟水）流域和都龐嶺、南嶺山區，與史籍所載一致。因此，吳氏長沙國疆域，大致包括今湖南省大部分以及鄰省湖北、江西和兩廣的小部分地區。

據《漢書‧地理志》等文獻記載，漢初長沙國轄有 22 縣，包括今屬湖南的臨湘、羅、益陽、連道、承陽、郝、昭陵、容陵、茶陵、湘南、悢、郴、營浦、南平、舂陵、泠道 16 縣，以及今分屬於江西、兩廣的安成、桂陽、觀陽、洮陽 4 縣和處於湘粵邊界的齡道、處於湘鄂邊界的下雋 2 縣。

劉發建長沙國正值西漢王朝大力削藩，從長沙國析置桂陽郡和零陵郡，劉氏長沙國封地只剩下臨湘、羅、下雋、益陽、連道、酈、容陵、湘南、安城、承陽、茶陵、攸、昭陵 13 縣，遠不如前。正如《漢書‧諸侯王表》所載：「雖有舊名，皆無南北邊矣。」因此，劉發頗為不快。據東漢學者應劭在《漢書集解》中載：「景帝後元二年（西元前 142 年），諸王來朝，有詔更前稱壽歌舞。定王但張袖小舉手，左右笑其拙。上怪問之，對曰：『臣國小地狹，不足迴旋。』帝乃以武陵、零陵、桂陽益焉。」看來，劉發以巧妙的手法博得皇父的同情，擴大了自己的封地。

從此，長沙國的轄地又包括了今湖南大部分地區，其南境達五嶺南北。西元前 145 年，漢景帝鑑於諸王權力太重，將成尾大不掉之勢，下詔改變王國舊制，規定「諸侯王不得復治國，天子為置吏，改丞相為相」。此後，諸侯國的地位、規模、儀制大大降低，諸侯王的行政權、官吏任免權也都一一收回。長沙國實際上成了朝廷直轄的一個郡，長沙王「唯得衣食租稅，不與政事」。前 106 年，漢武帝設定 14 部刺史分察郡國，長沙國為荊州刺史部所察。

第二章　湖湘風雲：秦漢帝國與湖湘英傑

長沙王太傅賈誼

　　賈誼，西漢洛陽人，未及弱冠即博古通今，以「誦詩屬書」聞名於郡中，廷尉吳公將其薦於朝廷。漢文帝賞識其才華，將他召為博士，並在一年內破格提拔為太中大夫，參與國事。當時賈誼正二十出頭，年少氣盛，才華橫溢，好論天下大事，建議改革制度，更定法令，表現了卓越的政治才能。但他資歷過淺，鋒芒太露，尤其是他的改革主張嚴重觸犯了當權者的利益，故為周勃、灌嬰、張相如、馮敬等元老重臣不容，他們以賈誼「年少初學，專欲擅權，紛亂諸事」為由，散布謠言。

　　當時漢文帝即位不久，出於穩定政權的考慮，也就疏遠賈誼。西元前176年，將他調離京城，派遣至湖南任長沙王太傅。前173年，漢文帝又將賈誼召回京城，任皇子梁懷王太傅。漢文帝此時已皇位穩固，不想推行改革了。他雖然讚賞賈誼的才華，卻不採納他的政治主張，反而對他在長沙了解的巫楚文化非常感興趣，想藉此預測一下自己的皇位還可坐多久。故唐代李商隱作詠史詩：「宣室求賢訪逐臣，賈生才調更無倫。可憐夜半虛前席，不問蒼生問鬼神。」前169年，賈誼因梁懷王墮馬而死，悲傷過度，英年早逝，時年33歲。漢武帝繼位後，全面採納賈誼提倡的削藩、鹽鐵論、重農抑商等主張，取得了改革的成功。賈誼長沙王太傅任期不過四年，但他作為西漢傑出的政治家、思想家和文學家，對於湖湘文化的發展產生了深遠影響。

　　據《史記》載，賈誼被排擠出京城，「既辭往行，聞長沙卑溼，自以壽不得長，又以謫去，意不自得。及渡湘水，為賦以弔屈原」。賈誼在赴長沙過湘江時寫作了〈弔屈原賦〉，一來同病相憐，悼念屈原；二來藉此宣洩內心的苦悶。此賦開始從正面對屈原的遭遇表示悼惜，接著以龍

鳳、騏驥等比擬賢者被讒害的命運。譬喻說完，全賦戛然而止，使讀者自然體會到作者心煩意亂之情。

賈誼謫居長沙第三年的某日，有貓頭鷹入室，「長沙俗以鵩鳥入室，主人死」，正鬱鬱不得志的賈誼以為自己死期將至，甚為傷感，於是寫作了〈鵩鳥賦〉。此賦開始記述某日鵩鳥入舍，占卜後得到了「野鳥入處兮，主人將去」的「策言」。然後藉鵩鳥之口大發議論，闡明了等生死，齊榮辱，「禍兮福所倚，福兮禍所伏」的道家思想。最後強調禍福生死乃芥蒂小事，不必憂慮！在作品中，賈誼用楚人的神巫思維來觀察和思考問題，顯示賈誼所代表的中原仁德文化與南方巫楚文化的融合，也展現湖湘巫楚文化對中原文化的影響和同化。

賦是在楚辭基礎上發展起來的一種新型文學體裁，分騷體賦和散體大賦兩種。漢初以騷體賦為主，而後散體大賦盛於騷體賦。賈誼的〈弔屈原賦〉是漢初騷體賦的優秀代表作，〈鵩鳥賦〉則是漢代第一篇散體賦，對後來散體大賦的興起影響很大。這兩篇作品也是湖南早期文學的代表性成就。

賈誼是西漢著名的政論家，他寫作的政論名篇〈過秦論〉和〈論積貯疏〉總結了秦亡的教訓，提出了避免秦亡的對策，在某種意義上奠定了漢室400年的基業，為歷代統治者必修的經典。他的〈治安策〉洋洋六千言，切中事理，提出了「禮義積而民和親」、「德教洽而民氣樂」的治國主張。曾國藩稱為「千古奏議，推此篇為絕唱」。初任長沙王太傅的賈誼剛過27歲，但他作為中央派來的行政長官，其政治主張首次在長沙得到了實踐。他指導長沙國丞相利蒼「興水利，倡農耕，辦學校，教化民智」，使百姓安居樂業。其時正值「七國之亂」，賈誼勸誡長沙國靖王吳著不要參與其亂。「七國之亂」平定後，其餘的異姓諸侯都被剪除，換成了劉

第二章　湖湘風雲：秦漢帝國與湖湘英傑

氏同姓王，唯獨吳氏長沙國倖存。此外，他還極力改善長沙國與南越國的關係，加強長沙國與中央政府的連繫，使長沙國政通人和，出現了相對穩定的政治局面。

賈誼的經世致用思想被後人發揚光大。兩宋時期的朱熹和張栻將經世致用思想發展到了新的高度，使理學盛極一時，最終奠定了湖湘學派的根基。今天嶽麓山腳下有著名的湖南大學和中南大學，其校訓分別是「愛國務實」、「求真務實」，「務實」精神也是賈誼經世思想的傳承。由此可見，從楚漢的屈原、賈誼到兩宋的范仲淹、朱熹、張栻，再到近現代的曾國藩、黃興，就是湖湘文化從萌芽、發展到成熟的歷史脈絡，屈、賈就是湖湘文化的源頭。

在長沙市太平街的太傅祠內有一古井，相傳為賈誼所鑿。據南北朝宋人盛弘之〈荊州記〉載：「湘州南寺之東有賈誼井，水深，上斂下大，狀如壺，即誼所鑿井。」北魏酈道元《水經注》載：「湘州郡廨西陶侃廟，云舊是賈誼宅。地中有一井，是誼所鑿，小而深，上斂下大，其狀如壺。旁有一腳石床，才容一人坐，是誼宿所坐床。又有大柑樹一。」故此井名「太傅井」或「壺井」。因杜甫曾有詩句「不見定王城舊處，長懷賈傅井依然」，後人將「長懷」二字刻在井石上，故該井又名「長懷井」。有人還從《易》「井渫不食，為我心惻」這句詩中體會出賈誼鑿井另有意圖。清朝劉元熙作〈賈太傅古井歌〉：「洛陽年少好才子，井渫不食我心悲。」意思是我鑿下的好井井水潔淨清澈，而無人飲用，比喻潔身自持，不為人所知。賈誼鑿井，是在暗暗怨恨將他發落到長沙這卑溼之地的漢文帝吧。

明成化年間，太傅井上修築了賈太傅祠，形成了宅祠合一的格局。此後又屢經修繕，規模日宏。惜在 1938 年「文夕大火」中，宅、祠焚毀

殆盡，僅留太傅井。滄海桑田，長沙作為一個有 2,000 多年歷史的古城，早期的建築已蕩然無存，如賈太傅井也算一處建築的話，則可算得上是古長沙唯一的「代表性建築」了，以此為地理座標，可以探尋歷代長沙城址的變遷。1999 年，政府撥款重修賈誼故居，恢復賈太傅祠、太傅殿、古碑亭、尋秋草堂、門樓等建築，還建有碑廊陳列歷代文人名士留下的 3,000 首詩詞。中國的傳統民居大門兩側一般都有對聯，賈誼故居卻例外。這是因為賈誼地位太神聖，後人都不敢將自己的拙作掛在上面。明清年間，湖南歷任巡撫撰寫了許多對聯，都未掛上去。2000 年，賈誼故居向全球徵集了 1.5 萬多副對聯，專家評審後也未選出滿意的大門聯，因此至今闕如。

河西的王侯墓

　　長達 222 年的漢代長沙國，先後有 5 位吳氏國王和 9 位劉氏國王，還有不少王子王妃。作為臣相級別的馬王堆漢墓，葬品如此豐富令人驚嘆，王侯墓應更加奢華。幾十年來，湖南發掘了數座漢代王侯墓葬。這些墓葬雖大都已被盜墓者光顧過，但還是出土了大量文物，為研究長沙國的政治、經濟、文化提供了珍貴的實物資料，也再現了漢代燦爛的湖湘文明。

　　1976 年，考古工作者在長沙河西象鼻山挖掘出規模宏大的西漢王墓，墓主為長沙國第五代王靖王吳著。墓坑長 20.55 公尺，寬 18.5 公尺，深 7.9 公尺，由通道、題湊、外槨、前室、外迴廊、內迴廊、棺室和套棺組成，通道、前室、迴廊、棺室間都有門扉相通，儼然地上宮殿的縮

第二章　湖湘風雲：秦漢帝國與湖湘英傑

影。該墓採用了馬王堆漢墓沒有的「黃腸題湊」墓葬形式。據《史記》、《漢書》記載，「梓宮、便房、黃腸題湊」屬「天子之制，由東園掌管」。梓宮指梓木製作的寢宮；便房，即偏殿，是帝王墓中供弔祭者休息用的側室；「黃腸」指樹心為黃色的柏木，「題」為「額」，「湊」為「圍聚」之意，黃色的柏木頭端朝內，湊聚在墓室周圍，故名「黃腸題湊」。吳著墓「黃腸題湊」所用柏木枋千餘根，耗木材約 500 立方公尺。該墓雖在唐代被盜過，但出土文物仍很豐富。

1978 年，在長沙咸嘉湖北岸陡壁山發掘了大型漢墓，墓主為長沙王妃曹㟒，出土的三方玉印製作之精美，堪稱漢印之冠。墓雖在唐代被盜過，但仍出土了玉器、瑪瑙、水晶等珍貴文物 300 多件。其中，出土的 150 餘件漆器造型、紋樣與馬王堆漢墓漆器類似。唯胎質以夾紵胎占多數，有的在器表施金銀箔花，這種差異可能與墓主的王后身分有關。在墓道與墓室之間有一對人偶，雙臂平伸，阻攔於墓室之前。人偶頭部為木質雕刻，其餘為泥胎木骨，頭插鹿角，身著彩繪，屈膝坐於竹墊之上，高 88 公分，造型生動，為漢代雕塑珍品。墓旁有三座附葬坑，分別為庖廚俑坑、車馬坑、陶牲俑坑。牲俑高 4～16 公分，牛健，豬肥，雞巧，龜笨，皆維妙維肖。

1993 年，考古工作者在長沙河西咸嘉湖南岸望城坡古墳垸（今湖南財專校園內）發掘了西漢長沙國某王后漁陽墓。該墓雖在漢、唐時被盜掘過，但仍出土了 2,000 餘件文物，有金扣飾、上乘玉器、大型玉璧、漆器、陶俑等，數不勝數，成為當年中國十大考古發掘之一。該墓出土了一種早已失傳的木質五絃樂器「築」，這是迄今為止中國唯一的「築」樂器出土實物。相傳，燕國勇士荊軻刺秦王曾在易水擊「築」悲歌，用的就是這種樂器。該墓亦有「梓宮」、「便房」，其「黃腸題湊」為柏木枋，每根

長 70～74 公分，寬、厚各 47 公分，圍繞棺槨四周層層疊砌，每層 60 根，共七層。

1999 年，考古專家在湘西沅陵虎溪山發掘了一座西漢侯墓。據墓中出土的玉璽得知，墓主吳陽為第一代沅陵侯，也是第二代長沙王吳臣之子。據史載，吳陽於西元前 187 年受封沅陵侯，前 162 年卒。該墓白膏泥密封不嚴，柏木棺槨經不起漚泡，不少文物化為泥水。雖未曾被盜，但墓主屍骨無存。有斜坡墓道與墓室相通，除主墓室外，還有南、北兩耳室。共出土漆木器、陶器、銅鏡、玉印章、玉璧等 500 餘件，竹簡近千支。器物製作精緻，有大量針刻花紋圖案。竹簡文字清晰可辨，字體精美，其內容主要有黃籍、日書、美食方三類。黃籍，是中國早期的戶口、田畝、賦稅登記冊，該墓出土的黃籍記載了沅陵侯國所屬各鄉的戶口人數及歷次調查統計的情況；日書，是記載了秦末漢初大量歷史事件的占卜文字；美食方，即宮廷菜單，記載了各種食物選料及其加工方法，填補了古籍沒有食物製作流程記載的空白。

2006 年 3 月至 10 月 8 日，考古工作者又在望城風篷嶺發掘了一座級別很高的西漢晚期長沙國王后墓。考古人員發現了盜墓洞以及散落其中的 4 件文物：貼金玉飾、鎦金青銅羊鎮、青瓷碗、青瓷雙唇壇。前兩件做工精美，設計巧妙，為古墓原有陪葬品；後兩件為盜墓者遺棄物，為隋唐故物。可見，該墓曾在隋唐時被盜過。

該墓也採取「黃腸題湊」帝王墓葬制，墓室周圍疊砌有 84 公分長、34 公分見方的柏木枋。古墓由墓道、墓室兩部分組成。墓道長 10.7 公尺，寬 5.6 公尺，與西漢前期的斜坡式墓道不同，為臺階式墓道。墓坑平面布局與西漢早期的「甲」字形不同，呈「中」字形，長 19.6 公尺，寬 14.8 公尺。墓室結構複雜，槨室分為九個互不相通的小室。兩層漆繪套

第二章　湖湘風雲：秦漢帝國與湖湘英傑

棺，位於主室南部。棺內屍體腐朽，只剩牙齒和趾骨，無法辨認墓主年齡和性別。

在墓室及棺槨內出土了 200 餘件珍貴文物，主要有青銅器、玉器、漆器、絲織品、鐵器等。其中，青銅器共三十餘件，有燈、鼎、鐘、壺、鏡等。一盞銅燈圈足上鏤有「銅燈高二尺重廿二斤七兩長沙元年造」銘文，雖不知「長沙元年」為何年，但可以肯定這種紀年方式與漢朝中央政府不同。出土的漆器約 80 件，有案、盤、樂器、耳杯等，多紅地黑彩，裝飾有捲雲紋或變形的花鳥紋等，花紋線條流暢、色澤鮮豔，比馬王堆漢墓出土的漆器更為精細和精美。有些漆器採用了銅釦（器物口緣圍一圈銅條）和「平脫金飾」的工藝。所謂「平脫金飾」工藝，是指在漆器素地上貼以金箔片裁成的花樣，再於上面髹漆數重，然後研磨打平，直至金箔花紋露出。這種漆器鎦金的奢華作法彰顯墓主的高貴和富有。有一張漆盤寫有「張姬糒槃」，有 3 件漆耳杯用朱漆書寫「長沙王后家杯」，由此可推知墓主應為長沙國王后張氏。

在墓室內發現了五銖錢，這代表墓主生活在漢武帝西元前 118 年發行五銖錢之後，也就是說她不是吳氏長沙國王后，而是劉氏長沙國王后。墓中發現了 19 枚金餅，每枚直徑 6 公分，重 250.5 克，上有「V」形符號，純度很高。這是湖南首次大量出土漢代金餅。250 克相當於漢制一斤，這些金餅是當時的「上幣」，與銅錢一起流通。該墓還出土了璧、珪等玉器，玉珪作為漢代高規格的喪葬禮器，在湖南也是首次發現。尤其是發現了大量破碎的錯金玉片，每塊玉片上鑿有相似的小孔，玉片鑲嵌有暗綠色的透明水晶。據專家推斷，這可能是只有皇帝才能享用的喪葬殮服「金縷玉衣」的殘片。

辛追夫人的奢華

1970年底，湖南省軍區士兵在長沙市東郊馬王堆土丘下挖防空洞時，偶然發現地下有神祕的氣體冒出。專家聞訊起來，初步認定這是古代墓葬。1972年1月，考古隊正式對神祕的墓葬進行發掘，清理了大量白膏泥後，發現這是一座南北長20公尺、東西寬17公尺的大型古墓。墓口下面是黑炭，深挖20公尺之後露出了一張很大的竹蓆。墓坑底部擺放著一個約4公尺長、1.5公尺高的巨大槨室，形狀像「井」字。這是一個豐富的地下寶庫。

龐大的棺材套裝了四層。最外層是莊重的黑漆素棺，沒有絲毫裝飾；最大的一塊槨室側板長4.88公尺、寬1.5公尺、厚0.26公尺，重達1,500公斤。儘管當時只有斧、鏟等原始工具，但工藝極為高超，槨板砍削得光滑平整，塊與塊之間扣接、套榫等處嚴密牢固。第二層是黑底彩繪漆棺，黑底上有金黃色的雲氣紋，紋路間穿插著111個怪獸和神仙，圖案線條粗獷，想像詭異，洋溢著遠古時代的神祕氣息。第三層是朱底彩繪漆棺，紅底上有綠、褐、黃各色，描繪許多祥瑞圖案，有六條龍、三隻虎、三隻鹿、一隻鳳和一位仙人，顯得富麗堂皇。最裡面是安放墓主遺體的內棺，棺蓋上覆蓋著一幅2公尺長的「T」形帛畫。該帛畫描繪了墓主生前的生活及當時人們的宇宙觀和生死觀。帛畫共分三部分，從下至上依次是地獄、人間與天堂。地獄也不太可怕，一個赤裸上身的男子雙腳踩在一條怪魚身上，用頭和雙手頂著地面。人間的情景就是該1號墓墓主——辛追當年生活的寫照，一個雍容的老婦在僕人簇擁下，神態安詳而略帶憂傷。在天堂，九顆奇怪的太陽在樹枝間照耀，最大的太陽中站著一隻金色烏鴉；彎彎的月亮裡有傳說中的神兔和蟾蜍，旁邊還有

一個仙女在飛舞。帛畫最上端的中央有一位蛇身女神,也許是傳說中的女媧。

棺槨四面邊廂裡填滿了各色珍寶,顯示墓主生前的奢華。北面邊廂象徵著豪華的客廳,地上鋪著竹蓆,四周圍著絲幔,23個精心雕刻的女僕木俑正在盡心地服侍著。其餘三面邊廂是墓主庫房,保存著漂亮的衣裳及各色日用品,竹笥和陶罐裡裝著各種糧食、蔬菜種子和水果,有稻穀、小麥、大麥、棗、梅等,大多保存完好,還有不少獸類、禽類和魚類動物骨骼,可見墓主生前對飲食很講究。考古隊員在東面邊廂發現了一個漂亮的漆具,揭開蓋子後居然發現一層藕片漂浮在上面,剛拍完照,藕片就融化了。

當考古隊員打開最裡層棺材後,終於見到了墓主本身,其華美的裝殮讓人驚嘆不已。她臉上蓋一件醬色織錦和一塊素絹,前額及兩鬢塗彩貼金,飾有29件木花,頭上編有盤髻式假髮,兩手握繡花絹香囊,兩足著青絲履,外套細麻布單衣,貼身穿「信期繡」羅綺絲棉袍,從外到裡一共包裹著各式衣裳、衿被及絲麻織物18層,橫紮絲帶9道,還在上面覆蓋著印花敷彩黃絲棉袍和「長壽繡」絹棉袍各一件,一共20層。在終於揭掉這20層衣物之後,眼前的景象讓所有在場的人驚呆了:她體型完整,皮膚淡黃色,按下去還有彈性,部分關節仍能活動。女屍隨即被送到了湖南省醫學院,在注射防腐劑時,女屍軟組織隨之鼓起,防腐液隨著血管逐漸擴散。為進一步了解女屍的生理狀況,醫學專家對其進行解剖,發現死者生前患有冠心病、多發性膽石症、肺結核、血吸蟲病等,還有腰椎間盤突出、右臂骨折等症狀,死時約50歲。屍體光滑的皮膚說明她死前並沒有忍受疾病的折磨,這可能是當時的醫生已有高超的技術,將其病情控制得很好。專家在她胃腸中發現了138粒半的甜瓜子,

說明死者生前吃了大量甜瓜，由此引起膽絞痛，並誘發冠心病而猝死。

在文物清理過程中，人們發現一枚刻有「妾辛追」的印章，表明 1 號墓墓主名叫辛追。一些隨葬器物上印有「軑侯家丞」和「軑侯家」字樣。2 號墓雖在唐代被盜過，但仍發現了三塊分別鐫有「利蒼」、「軑侯之印」、「長沙丞相」銘文的印章，可以推斷墓主為長沙國丞相兼軑侯的利蒼。3 號墓由於密封不嚴，墓主僅存屍骨，但出土了 28 種帛書及近千支簡牘，共 12 萬餘字，大部分是早已失傳的古籍。漢初的軑侯只是一個享有七百封戶的小侯爵，墓葬為何如此豪華？為什麼辛追墓要比丈夫利蒼的墓葬奢華得多呢？史載，西元前 193 年漢文帝封利蒼為軑侯，八年後利蒼去世，其子利豨繼承軑侯封號。利蒼墓的狹小及隨葬品的簡樸表明當時軑侯家並不富裕。辛追大概在 15 歲時嫁給了年長的利蒼，丈夫去世時她只有 30 多歲。利蒼死後，軑侯家族不僅沒有衰落，反而日益興旺發達。辛追到底靠什麼積聚了這麼多財富呢？答案早已石沉大海。辛追只顧營造死後的世界，卻沒料到她苦心經營的家族以後發展並不順利。史載，利豨死後，第三代軑侯離開長沙到京城長安為官；第四代軑侯擔任武官，因擅自調兵被判處死刑，幸受赦免才保留一命，遣回原籍。從前的富貴煙消雲散，侯爵夫人的心願消失在歷史的塵埃中，但她為後人留下了眾多珍貴的文物以及許多解不開的謎團。

馬王堆漢墓因發掘了距今 2,100 餘年的「溼屍」而名揚天下。在此之前人們沒有見過保存如此完好的溼屍，就連聞名於世的古埃及木乃伊也只是一具具乾屍，至於面目栩栩如生的泥沼人和蠟人也只留下了一層空殼。此外，馬王堆三座漢墓還出土了 3,000 多件珍貴文物。人們紛紛從各地趕來，想一睹西漢貴夫人的尊容。一向門庭冷落的省博物館每天竟要接待 1.4 萬名觀眾，長沙市的流動人口陡增了 5 萬。多年來，慕名前

第二章　湖湘風雲：秦漢帝國與湖湘英傑

來參觀的海內外遊客總是絡繹不絕。2002 年，在馬王堆漢墓發掘 30 週年之際，湖南省博物館委託中國刑警學院面相學專家趙成文教授為辛追繪製了四張面相標準圖，其中 18 歲和 30 歲時各一張，50 歲時有正面相和側面相。18 歲的辛追，面龐紅潤，柳葉眉，杏核眼，小尖鼻，薄嘴唇，眉宇中透著一股靈氣；30 歲的辛追，略顯豐滿，眉毛微微上翹，眼神中流露出一種幹練；50 歲的辛追，顯得雍容華貴，卻面帶病容，眼角布滿魚尾紋，眼袋下垂。湖南省博物館還根據復原的面相資料製作了辛追全身蠟像，陳列在馬王堆漢墓文物館。尤其是展館內有模擬電影，氣勢恢弘，場景壯闊，讓人如身臨其境，感受 2,100 年前丞相夫人生前的雍容華貴、死後的無比哀榮。

利豨的文韜武略

　　1973 年 11 月 18 日，正在馬王堆發掘 1 號墓的考古隊員忽然發現墓室南側冒出神祕氣體，拿鋤頭用力一刨，「譁」地流出許多木炭，3 號墓由此露出了神祕的面容。此後，考古隊員對 3 號墓進行了發掘。3 號墓規模稍小，棺室分三層，邊廂裡裝有很多隨葬品。屍體腐朽，僅存一副骨架。據醫學專家測定，墓主男性，30 歲左右，為丞相夫婦之子利豨。他雖然英年早逝，也沒有創造千年不朽的奇蹟，卻為後人留下了大量珍貴文物。從其遺物來看，墓主曾受過良好教育，博學多才，是長沙國鎮戍南疆、征伐南越的高級將領，精通天文、曆法、地理和醫學，還愛好音樂，可謂文韜武略，英才蓋世。

　　墓中出土了一幅長 212 公分、寬 94 公分的彩繪帛畫「儀仗圖」。帛畫

左上方有兩行人物。第一行為首者頭戴劉氏冠,身穿長袍,腰佩寶劍,身後有侍者執傘蓋,顯然為墓主本人。其後跟從著 20 名屬吏,著紅、白、黃、黑各色袍服,手執長戈。第二行約 30 人,手執彩色盾牌,為墓主侍從武士。這兩行人物面向右方,作行進狀,前方有一座五層土築高壇。畫面左下方有 112 人的方陣,或垂手肅立,或手執長矛,均面向墓主及其侍從行列。方陣中間,有鳴金擊鼓的樂隊。帛畫右上方有 4 列共 40 餘輛車的整齊車隊,每車駕四馬,馭者坐輿內。帛畫右下方有 14 縱列騎從,每列 6 騎,共 84 騎。在騎從行列兩側各有騎馬的將領。帛畫描繪了墓主生前檢閱部隊的盛大場景,也表明他曾是長沙國高級將領的身分。

史載,西漢初年,前秦南海郡守趙佗宣布獨立,兼併桂林、象郡,以番禺為都城,建立了南越國,割據一方。「高後時,有司請禁粵關市鐵器。佗曰:『高皇帝立我,通使物。今高后聽讒臣,別異蠻夷,隔絕器物。此必長沙王計,欲倚中國擊滅南海並王之,自為功也。』於是佗乃自尊號為南武帝,發兵攻長沙邊,敗數縣焉。」這說明南越國王曾派兵進攻長沙國,兩國軍隊連年交鋒,殘酷的戰爭使雙方傷亡慘重,利豨作為長沙國武官就是在與南越軍隊作戰時不幸陣亡的,其遺體被匆忙地運回長沙安葬。在該墓中還出土了弩、箭、劍、戈、矛、弓、矢筒以及兵器架等 38 件文物,進一步說明墓主的身分。

作為長沙國高級將領,利豨在天文、地理方面造詣很深。墓中出土了兩部中國最早的天文學專著。帛書《五星占》約 6,000 字,包括占文和五星兩部分,記載了從秦始皇元年(西元前 246 年)到漢文帝三年(西元前 177 年)70 年間木、土、金、火、水五星的位置,以及木、土、金三顆行星的會合週期,在當時沒有精密天文儀器的情況下能有如此縝密的

第二章 湖湘風雲：秦漢帝國與湖湘英傑

五大行星執行情況的記載，令後人驚嘆。《天文氣象雜占》帛書圖文並茂，有250篇朱、墨兩色彩繪天象圖，每圖附有簡短的篆體說明文字，卷末有三列占書。這是當時利用天象占驗災異變數、戰爭勝敗的書籍。雜占是一種古代方術，但該帛書所記錄的自然現象很有科學價值，其中29幅形狀各異的彗星圖可謂世界上關於彗星形態的最早圖繪。

墓中還出土了3幅畫在絹上的珍貴古地圖。〈城邑和園寢圖〉描繪了當年的臨湘（今長沙）城和軑侯家族墓地；〈地形圖〉為漢初長沙國南部地形圖。地圖方位以上為南，以下為北，描繪了東經111度至112度30分、北緯23度至26度之間的地理狀況，大體相當於今湘、粵、桂三省交界之地。圖中已使用統一的圖例，方框表示聚落、縣治，圓圈表示鄉、里，細而直接的線表示道路，精細均勻的線表示山麓輪廓，聚落的記注作在符號裡面，水道的記注作在支流入主流的河口處。地圖中繪有8個縣和70餘個鄉、里聚落。圖上共繪有30餘條河流，河流骨架、流向及主要彎曲都非常準確。整個水系敷以深藍色。所繪南嶺山脈簡潔明瞭，還用魚鱗狀渦紋線表示九嶷山起伏的山勢，如同現在的等高線畫法。這幅地圖對於明確長沙國南部疆界很有幫助。

〈駐軍圖〉長98公分，寬78公分，是一幅用墨、紅、田青三色繪成的南疆軍用地圖，比〈地形圖〉放大了一倍，其主要地區位於今江華沱江一帶，描繪詳細；南面屬南越轄區，畫得粗略。圖中以深色表示駐軍營地和防區界線，以淺色表示河流、山脈等，共繪有20條河流和9處山脈，山脊上繪上7座烽火臺，記注了50餘處聚落，並大都標明了戶數，不少聚落間的道路還標明了里程，如從「封里」「到廷里五十四里」，「到袍里五十里」等。整個防區寬約40公里，縱深50公里，依託三條山谷布置了九支部隊扼守南越進入長沙國腹地的通道。

最南端的山坡下是「桂陽某軍」，有 8 個聚落，是天然的前哨警戒陣地。後退 5 公里的山脊北側布置了「徐都尉」三支部隊，為第一線兵力。再後退 15 ～ 20 公里為「周都尉」和「徐都尉」的三支部隊，為第二線兵力。再後是「司馬得軍」的兩支部隊，為預備力量。在緊靠第二線部隊的後側、四條河流匯合的地方設立了三角形城堡，作為指揮部。在指揮部右後方有四處尖形標記，注有「甲鉤」、「甲英」、「甲攸」等字樣，可能是兵器、輜重等後勤供應基地，坐落於深平城與指揮部之間，靠近大深水，便於前運後濟。這幅軍事地圖生動反映了墓主在南疆巧妙利用地形進行周密地部署，也可窺見他的雄才大略和高超的軍事指揮藝術。以上 3 幅地圖都是迄今為止所發現的世界上最早的實用彩色地圖，充分顯示中國 2,100 多年前地理學、幾何學和代數學已達到了相當高的水準。

　　殘酷的戰爭帶來了大量傷亡，這也就需要救死扶傷。3 號墓墓主作為軍人，生前閱讀了大量醫學著作，墓中出土了 28 種醫學帛書和 200 支醫書竹木簡。出土的《五十二病方》是一種久佚的醫方專著，現存一萬餘字，共 52 題，有 280 個醫方，內容涉及內、外、兒、婦產、五官等科，是中國最早的古醫方書。該帛書記載了 242 種中藥，其中有一半在中國現存最早的藥物專著《神農本草經》中找不到。關於「疽病」有這樣的方子：「冶白薟、黃耆、芍藥、桂、薑、椒、茱萸，凡七物。骨疽倍白薟，肉疽倍黃耆，腎疽倍芍藥，其餘各一，並以三指大撮一入杯酒中，日五六飲之。」該方記載了治疽病主要有七味藥，但不同的疽病必須調節這七味藥的比例，初步展現出辨證施治的原則。書中還有中國關於療法的最早記載，如外敷法有藥敷法、藥浴法、煙燻或蒸氣薰法、熨法、砭法、按摩法、角法（類似火罐療法）等。

　　《黃帝內經》是中國現存最早的醫學專著，其十二經脈學說奠定了中

第二章　湖湘風雲：秦漢帝國與湖湘英傑

醫理論的基礎，但人們以前對於十二經脈學說的形成和演變過程不太清楚。3號墓出土的《足臂十一脈灸經》和《陰陽十一脈灸經》展現經脈學說由簡到繁、逐漸周密的三個發展階段。關於經脈的循行方向，《足臂十一脈灸經》中的11脈全為向心性，即從四肢末端流向軀體中心；《陰陽十一脈灸經》中的11經中有「手太陽脈」和「手太陰脈」為遠心性，其餘9經為向心性。《黃帝內經》增加了「手厥陰脈」，共12經，其中6條為遠心性，6條為向心性。關於各脈在全身的循行路線，前兩者都認為各脈互不相干，且都分布在體表，不與臟腑相通。《黃帝內經》認為各經脈密布全身體表並深入體內和相應臟腑連接，各脈依次銜接周而復始地循環。

在緊張的戰鬥生活之餘，為了恢復體力，鼓舞士氣，這位將軍提倡音樂和體育活動。墓中出土的《遣策》記載了「建鼓」、「大鼓」、「聞竽瑟」、「楚竽瑟」、「河間瑟」、「鐘磬」等樂器名稱，還記載了《楚歌者》、《河間舞者》、《鄭舞者》等來自不同地區、風格各異的歌舞名稱，並且出土了瑟、竽、琴樂器實物和當時非常流行的「築」樂器模型。

出土的竽雖已殘損，但發現了23個簧片和4組摺疊管，個別竽管還有氣眼和按孔。簧片用薄竹片削製而成，小者長1.18公分，寬0.4公分；大者長2.35公分，寬0.75公分。有些簧片有銀白色小珠，類似現今的「點簧」，用來改變簧片重量，調整振動頻率以控制音高。竽管用細竹管製作，分單管和摺疊管兩種。單管側邊有氣孔，下端有按孔，插入竽斗的部分開著插口，用以安置簧片。竽斗是用匏做成。摺疊管有4組，每組由三根管並列黏合而成，最短的管上端開口，有氣眼；最長的管下端插入竽斗，有簧片。三根管中間有孔相通，相當於將一個長管摺疊起來，類似現代圓號的彎曲號筒，以免管筒過長不便持拿，又可延長管內有效氣柱，奏出低音，可見其設計十分巧妙。

出土的琴，長82.4公分，由面、底兩部分組成。面板木質鬆軟，似為桐木；底板木質堅硬，通體塗有黑漆。面、底間有「T」形共鳴窗，內有七個旋弦的軫子。琴腹面有彈奏時留下的痕跡，說明它曾是墓主生前長期使用過的實物。墓中出土了一幅〈導引圖〉帛畫，上繪44人，分列成4排，有男有女，有老有少，繪有針對不同病症的運動姿態，有的還是模仿鷂、龍、鳥、熊、猿等動物。組織部下做這種導引動作，可以達到「有病治病，無病強身」的效果，從而提高將士的體質，增加部隊的戰鬥力。

馬王堆醫學

馬王堆漢墓出土了一批很有價值的帛書、竹簡，其中有不少是醫學和養生學著作。這批出土古醫學養生書共兩萬餘字，依據內容可分為15種，分別定名為：《足臂十一脈灸經》、《陰陽十一脈灸經》（甲本）、《脈法》、《陰陽脈死候》、《五十二病方》、《卻穀食氣》、《陰陽十一脈灸經》（乙本）、《導引圖》、《養生方》、《雜療方》、《胎產書》、《十問》、《合陰陽》、《雜禁方》、《天下至道談》。書中反映了古代經絡學、藥物學、診脈法、醫方、藥劑以及養生學知識，其醫學成就令現代人瞠目結舌。

《五十二病方》中能認定的醫方有197個，用單藥者78方，兩味以上者119方，說明當時的醫藥學已經發展到了藥物配方。《五十二病方》記明了治療某些外科或皮膚科疾病時要清洗患處，對附有膿血或壞死組織的傷口要先清理再敷藥；有的方子還指出不要用手直接敷藥。書中還記載了外科手術病例以及多種外治法，如藥敷、藥浴、砭法、灸法、按

摩等，都是中國醫學史上相關療法的最早記載。

《足臂十一脈灸經》和《陰陽十一脈灸經》主要論述了人體11條經脈的循環走向及所主的疾病。《脈法》介紹了有關導脈、啟脈、相脈的幾項重要法則。《導引圖》中用紅、藍、棕、黑等多種顏色，描繪了44個不同體態的男女，並標有「熊經」、「鳥伸」、「爰（猿）」、「沐猴灌」等名稱，及它們主治的病症名。這是中國最早的健身圖譜。

《導引圖》和《卻穀食氣》、《陰陽十一脈灸經》繪在同一卷帛書上，說明它是結合食氣，使精氣按一定路徑在身體上執行，即《雲笈七籤》所謂：「導引之法，深能益人延年，與調氣相須，令血脈通，除百病」，目的是「道（導）氣令和，引體令柔」。《養生方》記載了治療33種疾病的90餘個養生方，其中有食療食養方，有內治方，有外用外治方。主要部分是房中養生方，即透過藥物的攝養或作某種治療，可以消除性功能障礙。

《十問》、《合陰陽》、《天下至道談》是現在已知最早的比較完整的房中術著作，討論了怎樣透過夫妻間和諧的性生活並輔以導氣以求健身延壽的養生理論和方法。《十問》還透過戰國名醫文摯與齊威王問答的形式闡述了睡眠的重要性。齊威王提出：「子之長臥何邪？」文摯答：「夫臥，非徒生民之事也。舉鳧雁鷫鸘蟲黽蟬魚鱉，蠕動之徒，胥食而生者也；食者，胥臥而成者也。夫臥，使食糜消，散藥以流形者也。譬臥於食，如火於金。故一夕不臥，百日不復。」文摯認為，睡眠極其重要，不但人類需要睡眠，而且各種動物如野鴨、大雁、蛇、蟬、鱔、魚、鱉、昆蟲等，牠們既要靠食物才能生存，同時又必須依靠睡眠才能生長。對於人體來說，只有睡眠充足，食慾才會旺盛，食物才能消化，藥物才能調養形體。打個比方，睡眠與飲食就好比火與金屬一樣，沒有火，金屬無

法熔化；而沒有睡眠，則食物無法消化。所以一夜不睡，其精力很長時間也難以恢復過來。

　　馬王堆古醫書中的養生術很有特色：一是主張袪病健身，以延年益壽。「欲修長生之道」，「禁忌之至急，在不傷不損而已」，醫療與攝養同為養生的兩項重要內容，相輔而行，缺一不可。因此，馬王堆出土的各種醫書內容所涉，或療病，或避疫，或攝養，無不與養生有密切關係。二是講究兼修眾術，反對偏執一法。其修養方法有服食、行氣、導引、房中、禁咒，數法兼行才能相得益彰。三是強調「氣」（精氣、神氣等）是養生基礎。諸如食氣、行氣、養氣、治氣、接氣等，無不與「氣」有關。養生所服之藥，多為補精益氣之藥；所食所行之氣，為天地間自然之精氣和人體自身先天之精（元）氣；導引可使精氣有規律地在全身執行。總之，作為古代養生理論中最基本而又有豐富內涵的精、氣、神思想，始終貫穿著養生之道，透過這一基本理論將氣功、房中、服食三者融會貫通，密切結合在一起。此外，馬王堆古醫書還重視房室養生，提倡藥療藥養服食，以及採用水療、熨療、薰療、灸療等養生之法。

蔡倫造紙

　　蔡倫（西元？～121年），字敬仲，東漢耒陽人。他出身卑微，15歲入宮廷為宦。漢和帝賞識其才幹，西元89年蔡倫為中常侍，參與國家大事，中國歷史上宦官干政由此開始。97年，蔡倫升任尚方令，監造宮廷用品，「監作祕劍及諸器械，莫不精工堅密，為後世法」。他在金屬冶煉、鑄造及機械製造上很有造詣，而其發明的造紙術對後世影響最深。

第二章　湖湘風雲：秦漢帝國與湖湘英傑

在遠古漫長的歲月中，先後出現了結繩記事、甲骨鏤刻、石鼓碑碣、簡牘縑帛等記事方法。西漢時期的書寫記事材料主要是竹木簡和縑帛。簡牘笨重，絲織物昂貴，均不便推廣，人們迫切需要一種價廉物美的新型書寫材料。首先出現了絲綿片，這是繰絲的副產品，大體具有紙張的效能。西漢初年，人們開始用廢舊麻繩頭和破布製作麻紙。1933年新疆羅布淖爾漢烽燧遺址出土了西元前1世紀的西漢麻紙，1957年西安東郊灞橋出土了西元前2世紀的西漢初期麻紙。不過，這兩種麻紙非常粗糙，厚薄不勻，不便書寫，尤其是纖維組織鬆散，容易破碎脫落，因此沒有推廣開來。蔡倫在工作中苦於簡牘笨重，絲帛昂貴，絲綿紙不能批次生產，麻紙品質太差，產生了改革造紙術的強烈願望。於是，「每至休沐，輒閉門絕賓，暴體田野」，考察民間漚麻、煮葛、紡織等工藝，潛心研究，終於在105年研製出了一種輕便實用又物廉價美的新型紙張，這種紙以樹皮、麻頭、破布和破漁網等為原料，透過製漿、打漿、抄紙、乾燥等工序製作而成。

《博物志》載：「蔡倫煮樹皮以造紙」，「蔡倫始搗故漁網造紙」，《後漢書集解》載：「蔡倫挫搗故布網抄作紙」。這裡的挫、煮、搗、抄，相當於現在的切料、蒸煮、打漿、抄紙等造紙工序。「始搗」有首創之意，說明以破布、漁網和樹皮為造紙原料是蔡倫的發明。尤其是蔡倫在原料中摻入了一種具有黏性的黃藤漿液，改變了以往麻紙乾燥後容易破碎散落的弊端，使植物纖維紙如縑帛一樣堅實耐用。蔡倫造紙的基本原理和主要製造工藝仍為當今世界各國通用。

西元105年，蔡倫將其造紙術呈獻漢和帝，漢和帝通令全國推廣。《後漢書》載：「自古書契多編以竹簡，其用縑帛者謂之為紙。縑貴而簡重，並不便於人。倫乃造意，用樹膚、麻頭及敝布、漁網以為紙。元興

元年奏上之,帝善其能,自是莫不從用焉,故天下咸稱『蔡侯紙』。」此後,紙質書籍逐漸取代簡牘和縑帛,成為傳播文化的重要工具。蔡侯紙在全國得以推廣,並被不斷創新。蔡倫被封為陝西洋縣龍亭侯,造紙術就傳到漢中地區,並進而傳向四川。蔡倫生前也回家鄉傳授造紙術。東漢末年,山東造紙業發達,東萊縣(今萊州市)出現了造紙能手左伯。紙也透過絲綢之路傳向北方少數民族地區。

晉代書畫名家輩出,促進了書畫紙的發展。南北朝抄寫佛經的紙用麻和楮皮製造,紙面開始敷用澱粉與白色礦物油漆。唐代書畫藝術發達與佛教盛行使紙的需求劇增,造紙原料擴大到藤和皮等。書畫紙還用澱粉硝煮成油漆,塗布後再經打蠟,最後用粗布或石塊等揩磨研光。寫經紙用黃檗染成黃色以避蠹。北宋時,安徽人用日晒夜收的辦法漂白麻纖維,抄出的生紙光滑瑩白,耐久性好。王安石、蘇東坡等喜歡用竹紙書寫,認為竹紙墨色鮮亮,筆鋒明快,於是文人墨客爭相仿效,促進了南方竹紙的發展。北宋蘇易簡《文房四譜》中記載了浙江人以麥、稻稈造紙。明代,宋應星《天工開物・殺青篇》系統記述了竹子造紙的生產工藝並附有插圖。清代,中國手工造紙發達,品種繁多。所有這些紙的革新,都是以蔡侯紙為基礎,因此後人尊蔡倫為「紙聖」。

蔡倫造紙術也不斷向國外傳播。兩漢之交,五胡內遷,中原大亂,大批百姓避入朝鮮半島,帶去了蔡倫造紙術。據載,西元384年東晉和尚摩羅難陀從山東乘船渡海至百濟國,帶去各種書籍,並在朝鮮半島傳播造紙術。唐、宋之後,朝鮮高麗紙品質一度超過中國,高麗紙號稱「天下第一」。610年,高句麗僧侶曇徵渡海到日本,將造紙術獻給攝政王聖德太子,日本人尊曇徵為「紙神」。在此前後,蔡倫造紙術往南傳入越南、柬埔寨、印度等地。751年,唐將高仙芝在中亞重鎮塔拉茲城(今

哈薩克江布爾)與大食交戰失敗，一批造紙工匠出身的士兵被俘，造紙術被阿拉伯人掌握。他們在撒馬爾罕創辦了用棉花作原料的造紙工廠。此後，造紙術隨著大食軍隊的征戰迅速傳到敘利亞、埃及、摩洛哥、西班牙和義大利等地，並逐漸取代埃及的莎草紙和歐洲的羊皮紙。12世紀西班牙和法國設立造紙廠，13世紀義大利和德國設立造紙廠。16世紀，蔡倫造紙術由歐洲殖民者傳入美洲新大陸。造紙術的對外傳播，為世界文化的交流和發展提供了有力工具，不僅促進了阿拉伯帝國的強大，也對歐洲的文藝復興和工業革命產生了巨大作用，為歐洲傳教士將基督教的福音帶到美洲、開闢新大陸創造了條件。

因此，蔡倫不僅是中國的「紙聖」，也是世界造紙術的祖師，國外對蔡倫推崇備至。美國著名科學家麥克‧哈特在其《影響人類歷史進程的100位名人排行榜》一書中寫道：「他的發明意義如此之重要」，「我們很難想像如果沒有紙，世界將會怎麼樣」。他將蔡倫列為影響人類歷史的第七位名人，排在發明近代活字印刷術的德國人古騰堡之前；在排列人類最傑出的36位科學家時，他將牛頓列為第一，蔡倫列為第二。

西元121年，蔡倫因捲入宮廷鬥爭被迫服毒自殺，葬於其封地陝西龍亭。千百年來，家鄉人們並沒有忘記他，在其故居築衣冠塚，珍藏其造紙用具以示紀念。據《湘州記》載：「耒陽縣北有漢黃門蔡倫宅，宅西有一石臼，云是蔡倫舂紙臼也。」《大明一統志》載：「蔡倫宅，在縣治西南。內有蔡子池，池南有石臼，即蔡倫舂紙臼。唐別駕李孫以臼入貢。今池與宅皆廢。」1984年，耒陽市政府在蔡倫故里修建了蔡倫紀念園，作為湖南省重點文物保護單位。2001年擴建了蔡侯祠、蔡子池、蔡倫墓、仿古造紙坊、蔡倫青銅塑像，建立了蔡倫廣場，每年還舉辦中國耒陽蔡倫科技發明節。

醫聖張仲景

張機，字仲景，東漢名醫，南郡（今河南南陽）人。西元200年前後他任長沙太守。時值東漢末年，社會動盪不安，各地瘟疫流行，傷寒為虐尤甚。據文獻記載，在200年前後十年間，全國三分之二的人口死於瘟疫，其中傷寒病患者占70%，以致「家家有殭屍之痛，室室有號泣之哀」。面對如此悽慘景象，張仲景「感往昔之淪喪，傷橫夭之莫救，乃勤求古訓，博採眾方」，「上以療君親之疾，下以救貧賤之厄，中以保身長之全，以養其生」（《傷寒論》自序）。經多年努力，他終於在205年完成了傳世醫學鉅著《傷寒雜病論》（又名《傷寒卒病論》）。這部著作經東漢末年和三國時代兵禍戰亂而散佚，晉代太醫王叔和整理了《傷寒論》，北宋學士王洙又整理了《金匱要略》，張仲景的醫學著作得以流傳後世，被尊為「醫中之聖，方中之祖」。相傳張仲景每月初一、十五坐在長沙的衙門大堂免費替民眾治病，湖南方言「坐堂」和「坐堂醫生」稱謂即由此而來。張仲景作為「醫聖」，是中國傳統醫學的奠基者，他創立了理、法、方、藥緊密結合的理論體系，從辨症到立法，從立法到擬方，從擬方到用藥，環環相扣，形成了一整套辨證論治的醫療原則。其貢獻主要表現在：

◆ **第一，提出「六經論傷寒」理論**

張仲景「勤求古訓」，曾仔細研讀《素問》、《靈樞》、《難經》、《陰陽大論》、《胎臚藥錄》等古代醫書，其中《素問》「夫熱病者，皆傷寒之類」，「人之傷於寒也，則為病熱」的理論對他影響很大。張仲景根據臨床經驗對該理論作了發展。他認為傷寒是一切因外感引起的疾病的總稱。他將外感熱病各發展階段的症候群狀概括為太陽、陽明、少陽和太

陰、少陰、厥陰「六經」,「六經」緊密連繫並互相轉化。傷寒初起時多呈表症,屬太陽經;如果體質太弱或醫療延誤,就可能由太陽轉為陽明、少陽或太陰等。從三陽轉為三陰代表病勢加重,由三陰轉為三陽表示病情好轉。如太陽經主症為惡寒、發熱、頭項強痛、脈浮等;陽明經主症為高熱、譫語、口渴、咽乾、大便燥結、脈象洪滑有力等;少陽經主症為口苦、咽乾、目眩、反覆寒熱、胸脅苦痛、心煩喜嘔、脈象弦細等。他還提出不同經病用不同的治療方案。如太陽病同屬表症,有的用麻黃湯發汗,有的則用桂枝湯調和營衛。陽明病同屬裡症,有的用白虎湯清熱,有的用承氣湯瀉實。瀉實辦法又有大承氣湯、小承氣湯、調胃承氣湯諸種,便於醫生臨床運用。

◆ 第二,創立「八綱」的辨證論治方法

張仲景根據病變有陰、陽、表、裡、虛、實、寒、熱等不同情況而創立「八綱」辨證論治之說。他將病勢沉伏難於發現的惡寒、厥冷、脈象沉遲的病稱為陰症,將興奮、充血、發熱、脈象洪大浮滑的病稱為陽症;病症發於體表的為表症,在內部的為裡症;凡病毒滯留體內使精氣虛弱的為虛症,邪氣雖已侵入體內但精力仍足以抵抗的為實症;具有寒性傾向的為寒症,具有熱性傾向的為熱症。在這「八綱」中,又以陰、陽為總綱,寒症、虛症、裡症一般為陰病,熱症、實症、表症一般為陽病。運用「八綱」來辨識疾病屬性(陰與陽),確定病變部位(表與裡),區分邪正消長(虛與實),弄清病態表現(寒與熱),可以全面認識疾病,做到有的放矢,對症下藥。

他對這些透過望、聞、問、切得來的各種病症加以歸納、分析、辨認並做出正確判斷的方法稱為「辨症」。他將治療原則分為祛邪和扶正兩種,對於發病急遽、體能消耗不大的疾病如「三陽病」以「祛邪」為主,

迅速消除病灶；對於發病緩慢、病程長久、體力消耗較大的疾病如「三陰病」，以扶正為主，恢復病人體質，增強抗病能力。張仲景還總結了一套具體的治療方法，如表症用汗法，裡症用下法，虛症用補法，實症用瀉法，熱症用清法，寒症用溫法。

◆ 第三，累積了大量藥方

張仲景「勤求古訓，博採眾方」，廣泛蒐集了大量療效顯著的民間方劑。他對民間喜用的針灸、灸烙、溫熨、藥摩、坐藥、洗浴、潤導、浸足、灌耳、吹耳、舌下含藥、人工呼吸等療法也深入研究，提出了湯、丸、散、酒、洗、浴、燻等臨床方劑，用藥達214種。《傷寒雜病論》精選了三百多種藥方，這些方劑藥物配伍精當，主治明確。如麻黃湯、桂枝湯、柴胡湯、白虎湯、青龍湯、麻杏石甘湯等著名方劑，經過千百年臨床檢驗，屢試不爽。

歷代醫家對《傷寒雜病論》評價很高，如名醫華佗稱「此真活人書也」。清《醫宗金鑑》曰：「古經皆有法無方，自此始有法有方……誠醫門之聖書。」歷代注釋和闡發《傷寒雜病論》的著作達兩百餘種，其影響超越了國界，日本、朝鮮、越南、蒙古等國受益匪淺。尤其在日本，以前曾有專宗張仲景的「古方派」，至今仍有小太郎、內田、盛濟堂等著名醫藥商按照張仲景方劑推出了許多傷寒方劑，賺得了不少利潤。為紀念張仲景，長沙曾建有張仲景祠，抗戰時被毀，現蔡鍔中路湖南中醫藥大學第二附屬醫院內有石碑紀念。

第二章　湖湘風雲：秦漢帝國與湖湘英傑

吳蜀爭奪湖南

劉備求賢若渴，曾三顧茅廬請諸葛亮出山，輔佐他興復漢室。諸葛亮雄才大略，在隆中為劉備分析天下大勢，尤其強調占領荊州是劉備爭奪天下的關鍵：「荊州北據漢沔，利盡南海，東連吳會，西通巴蜀，此用武之國，而其主不能守」，「若跨有荊、益，保其崖阻，西和諸戎，南撫夷越，外結好孫權，內修政理；天下有變，則命一上將將荊州之軍以向宛洛，將軍身率益州之眾，以出秦川」，「誠如是則霸業可成，漢室可興矣！」荊州統轄八郡，其中南陽、章陵二郡為曹操所據，南郡和江夏二郡在今湖北境內，其餘武陵、長沙、桂陽、零陵四郡在今湖南境內。湖南四郡物產豐饒，是重要的軍需供應地。因此，劉備與孫權對荊州的爭奪，焦點在控制湖南。

西元208年赤壁之戰剛剛結束，劉備立即遣將南征。史載：「先主表琦為荊州刺史，又南征四郡。武陵太守金旋、長沙太守韓玄、桂陽太守趙範、零陵太守劉度皆降。」琦，即劉琦，原荊州刺史劉表之子。湖南四郡太守原為劉表部下，劉備推劉琦為荊州刺史，即利用其政治影響力，使湖南各郡太守紛紛歸附。鑑於南征的重要性，劉備委諸葛亮以重任，「以亮為軍師中郎將，使督零陵、桂陽、長沙三郡，調其賦稅以充軍實」。208年冬，諸葛亮率軍取長沙，溯湘江進至衡山、衡陽，又折向西南，直抵零陵和武陵郡。對於這段歷史，有些史書有記載，也在沿途留下一些遺址。如《零陵先賢傳》載：「亮時住臨烝」，《湖南陽秋》卷一載：建安十三年「冬十有二月，宜城侯帥師取長沙、桂陽、零陵，諸葛亮軍次於臨烝」。臨烝，即今衡陽市及衡南縣。衡州府曾有諸葛亮宅，「在衡山縣北石鼓山」。

此後，諸葛亮又率軍從衡陽至零陵郡境，在今城步縣儒林鎮留下了「諸葛城」，相傳「蜀軍南征，在此築有南城，又稱諸葛城」。會同團河鄉的「諸葛井」、靖州太陽坪鄉的「諸葛橋」相傳為諸葛亮紮營時所造。在武陵郡境內也留下了不少「諸葛營」遺址。「一在黔陽縣，一在縣東南安江，一在縣南渡，名甕城，一在縣西原神鄉，一在縣西南托口。相傳俱諸葛亮屯兵處。」與諸葛亮齊名的龐統也控制了桂陽郡，「從事耒陽令」。劉備奪取了湖南四郡，擴大了地盤，也收羅了龐統、黃忠、蔣琬、潘濬、廖立、劉封等一批文才武將。與此同時，孫權也出兵占領了長沙郡東部的瀏陽、漢昌和北部的下雋縣。為共同對付北面的曹操，當209年荊州牧劉琦病故時，孫權推薦劉備為荊州牧，並將南郡借予劉備管轄。但孫權對長沙的防衛卻絲毫未放鬆。西元210年，孫權設立漢昌郡，轄瀏陽、漢昌、下雋以及原南郡的州陵四縣，由最信任的魯肅擔任太守，加強對劉備的防範。

西元211年，劉備應益州牧劉璋之請，領兵入川。214年，劉備攻下成都，領益州牧。翌年，孫權向劉備索取荊州，劉備答言要待取得涼州後才能歸還。孫權認為「此假而不反，而欲以虛辭引歲」，於是置長沙、零陵、桂陽三郡長吏，卻被留守荊州的關羽驅逐。孫權大怒，遣大將呂蒙督鮮於丹、徐忠、孫規等領兵兩萬攻取荊州南三郡，並令魯肅率軍萬人屯駐巴丘（今岳陽），「以禦關羽」，孫權則駐湖北陸口，「為諸軍節度」。呂蒙、徐忠等率軍入湖南，「奄襲三郡」，長沙太守廖立逃往成都，長沙陷落。孫權留呂岱鎮守長沙。繼而，徐忠率師取醴陵、攸等地，桂陽郡很快歸順孫吳。零陵太守郝普堅不降吳。呂蒙軍阻零陵，雙方相持不下。零陵縣北二里有「呂蒙城」，「吳呂蒙西取長沙、零、桂三郡，唯零陵太守郝普城不下，蒙因築城守之。」

第二章　湖湘風雲：秦漢帝國與湖湘英傑

　　劉備得知孫權進攻湖南三郡，即率軍五萬出巴峽，駐公安，並令關羽將兵三萬進駐益陽。孫權聞訊，使魯肅率軍萬人由巴丘進屯益陽，以拒關羽。並飛書急召呂蒙捨棄零陵，還軍助魯肅。劉、孫大軍隔資江對壘。某日，關羽選銳士五千人，「投縣上流十餘里淺瀨」，準備夜涉資江。魯肅和諸將商議應對之策。驍將甘寧曰：「可復以五百人益吾，吾往對之，保羽聞吾咳唾，不敢涉水，涉水即是吾擒！」於是魯肅選精兵千人交給甘寧。「寧乃夜往，羽聞之，住不渡，而結寨營。」關羽素知甘寧善戰，且甘寧夜間調動兵馬，不知其底細，竟不敢輕率涉水強攻。後人稱這處淺灘為「關侯瀨」。關羽和吳軍隔江對壘的遺跡近世猶存。「甘寧故壘，在益陽縣南一里，又名夜月臺，關侯瀨北對甘寧故壘。」「關忠義故壘，在益陽縣西南，建安中，關忠義屯兵於此，與魯肅隔江相對。」

　　正值孫劉大軍在資江對壘之時，北面曹操率軍西取漢中，留守漢中的蜀將張魯逃往巴蜀。劉備恐曹操趁機攻蜀，於是和孫權議和，雙方以資江為界，長沙、桂陽二郡歸孫吳，武陵、零陵仍屬劉蜀。孫、劉對湖南的爭奪暫告平息，吳蜀聯盟繼續維繫。西元219年，劉備攻取漢中，關羽自江陵北伐曹魏，圍曹仁於樊城，水淹于禁七軍，「威震華夏」。為拆散孫劉聯盟，使劉備首尾不能兼顧，曹操遣使結好於孫權。呂蒙建議孫權利用關羽北伐、後方空虛之機，襲取江陵，以完全占有荊州之地。於是，孫權撕毀吳蜀協議，遣呂蒙襲取江陵。曹操遣徐晃率軍往救曹仁，大敗關羽。由於江陵已失，關羽退走麥城（今當陽），孫權「遣將逆擊羽，斬羽及子平於臨沮」。荊州遂為孫權所據有。為奪回荊州和替關羽報仇，劉備於221年親率四萬大軍，出川東，收復巫縣、秭歸縣，直逼江陵。孫權求和不得，派大都督陸遜領兵五萬抵抗。雙方戰於夷陵（今宜昌）。劉備連營數百里，被陸遜用火攻破。蜀軍大敗，劉備乘夜突圍，

退至秭歸，再從秭歸退守白帝城（今奉節縣東）。陸遜縱兵追擊，連破四十餘營，一直打到巫縣。劉備在白帝城一病不起，223年病亡。

荊州之失和蜀吳聯盟的破裂，乃三國史上一重大事件。從此，劉蜀勢力囿困於巴蜀一隅，難於發展，勢力最弱。諸葛亮雖一再南征北伐，亦無力回天，其統一全國、復興漢室的宏圖終成泡影。

關公戰長沙

關公，名羽，字雲長，河東解縣人，跟從劉備，為復興漢朝，竭盡全力，死而後已。他忠於劉備的正統觀念，充分彰顯了愛國思想。關羽，這位出身卑微、急公好義、扶危濟困、替民行道的普通將領被後人推到了登峰造極的崇高地位，成為偶像。宋徽宗將關羽連升四級，先封「忠惠公」，繼封「崇寧真君」，再封「昭烈武安王」，最後封為「義勇武安王」。元文宗加封「顯靈義勇武安英濟王」。明神宗封其為「三界伏魔大帝神威遠鎮天尊關聖帝君」，關羽第一次由「王」上升到了「帝」。尤其是清德宗光緒帝封關羽為「忠義神武靈佑仁勇顯威護國保民精誠綏靖翊贊宣德關聖大帝」，長達26字。祭祀關羽的武廟也越來越多。明代以後，關帝廟超過文廟。鄭和下西洋時，還將關帝廟修到了馬六甲等地。清代，關帝廟遍及全國，僅北京就有116座。至今，山西運城解州的關帝廟保存最完好，堪稱天下第一關廟。關羽就是這樣由普通的戰將逐漸走上了神壇，而且集神教、儒教、道教和佛教各種尊位於一身，成為戰神、財神、文神、農神。在這個造神過程中，湖南也出現了「關公戰長沙，義釋黃忠」的動人故事。

第二章　湖湘風雲：秦漢帝國與湖湘英傑

在陳壽的《三國志》和司馬光的《資治通鑑》等歷史典籍中，關於劉備南征湖南四郡只有寥寥數語：「先主表琦為荊州刺史，又南征四郡。武陵太守金旋、長沙太守韓玄、桂陽太守趙範、零陵太守劉度皆降。」當時，在劉備強大的政治、軍事壓力面前，湖南四郡先後投降。為團結這些劉家舊部，除桂陽太守換成了趙雲外，其餘三郡太守均官居原職。此時，黃忠也未和韓玄在長沙，而是和劉表姪子劉磐鎮守攸縣。聽到韓玄投降的消息後，他隨之歸順劉備。至於關羽是否來過長沙，正史裡沒有確切記載，這為野史演繹發揮提供了可能。藝人為使自己心目中的英雄形象更加高大，對劉備南征四郡的歷史進行了大膽的創造，創作了元雜劇《走鳳雛龐統掠四郡》和講史話本《三國志評話》，其中第一次出現了「關公戰黃忠」的故事。不過，這時的創造還很粗糙，一些明顯的缺陷需要修改，如將黃忠的上司說成了金旋，將地點說成了金陵，並且過分突出黃忠，貶低關羽、張飛、魏延等。到了明代，羅貫中不愧是文學巨匠，對這則故事進行了天才的改造，使「關公戰長沙」有了令人滿意的過程和結局：黃忠回到了長沙，上司也變成了韓玄，關公戰黃忠，一個不斬，一個不射，既突出了關羽，又照顧了黃忠，相得益彰，兩全其美。《三國演義》第五十三回將這段故事演繹得有聲有色，十分精采。

話說關雲長「過五關斬六將」、「單刀赴會」，心高氣傲，竟只帶領五百名校刀手攻打長沙。長沙太守韓玄先派楊齡出戰，沒幾個回合楊齡就被關羽取了性命。關公乘勝追擊，直逼城下。黃忠提著金板大刀應戰。兩人大戰一百多回合，不分勝負，各自暗中欽佩對方。城樓上的太守韓玄看得心急，生怕愛將有所閃失，急忙鳴金收兵。關羽回到營中，思索出拖刀計。第二天兩人再戰五六十回合，不分勝負。關羽突然調馬往西跑，準備施展拖刀計。黃忠不知是計，緊追不捨。關羽之所以往西

跑，是因為上午朝西跑可以根據地上人影判斷最佳的出手時機。古時戰馬的韁繩安在左右兩個馬鐙上，馬往裡叫「拐」，往外叫「削」。突然，關羽瞄準時機踹一下右馬鐙，馬向右一跨，後面的馬因慣性直接往前衝，隨著自己的馬回轉，關公即可將大刀順勢落在黃忠脖子上。就在這千鈞一髮之際，黃忠戰馬前蹄失控，將他掀翻在地。黃忠覺得窩囊，索性躺在地上等死。關公回馬過來，覺得這樣殺人太沒格調，且自己得意的拖刀計沒有派上用場，便掃興地喝道：「且饒你性命！快換馬來廝殺！」黃忠又羞又喜，羞的是窩囊落馬，喜的是性命可保，於是匆忙飛馬馳奔回城。

次日天曉，兩人在城下再戰三十多回合，黃忠詐敗，關羽求勝心切，窮追不捨。黃忠雖然年事已高，卻是射箭高手，能百步穿楊。他先放了兩次空弦，算是提個醒，第三箭正中關羽安全帽纓根。關羽如夢初醒，趕緊勒馬回營。韓玄在城樓上看這兩人打得黏黏糊糊，頓起疑心，認為黃忠有了叛意，於是一等黃忠回城，即命人將其拿下，要將他斬首示眾。就在這關鍵時刻，魏延跳將出來砍倒刀斧手，救起黃忠，大聲喝道：「黃漢升乃長沙之保障，今殺漢升，是殺長沙百姓也！韓玄殘暴不仁，輕賢慢士，當共殛之！」魏延「袒臂一呼，相從者數百人」，於是韓玄的腦袋被魏延當作禮物送給了關羽，長沙城歸入關羽手中。

《三國演義》成書之後，民間藝人為了吸引聽眾，又不斷添油加醋，穿鑿附會，「關公戰長沙」的故事越來越浪漫、動聽，並逐漸出現了相關的名勝遺跡。如長沙的撈刀河，由當年關公不慎將青龍偃月刀落入河中，部下周倉逆水追了十二里才撈上來的傳說而得名；又如望城的銅官、雲母寺與關公厚葬義母有關；還有半邊山、勒馬山、吊馬界、箭頭衝等地名也由關羽戰黃忠的故事演繹而來。長沙城內有兩條小巷名叫「南倒

第二章　湖湘風雲：秦漢帝國與湖湘英傑

脫靴」和「西倒脫靴」，據說當年魏延追殺韓玄，韓玄逃跑中為迷惑追兵，在這兩個巷口倒脫靴子，因而得名。歷代的長沙官紳也樂意附會這種傳說，甚至將其載入《善化縣志》等方志中，以提高長沙的知名度。

著名的京劇唱段《唱臉譜》唱道：「藍臉的竇爾墩盜御馬，紅臉的關公戰長沙，黃臉的典韋、白臉的曹操、黑臉的張飛叫喳喳！紫色的天王托寶塔，綠色的魔鬼鬥夜叉，金色的猴王、銀色的妖怪、灰色的精靈笑哈哈！」這段唱詞更是將「關公戰長沙」的故事傳遍了海內外。不過，長沙太守韓玄真有其人。現長郡中學校園內還有韓玄墓，塚首豎花崗石墓碑，陰刻楷書碑文「漢忠臣韓玄之墓」。據說清代以前，墓旁有一株參天古樹，「相傳為韓公手植」；大鐵鑊一口，據傳「亦韓公時故物」。清汪應銓《韓玄墓記》載：韓玄「威信智略必足以服人者」，「寬厚愛人，玄與三郡俱降，兵不血刃，百姓安堵，可謂知順逆之理，有安全之德矣」。韓玄之死可能是西元214年呂蒙「奄襲三郡」時的事。

走馬樓吳簡

1996年1月至11月，考古工作者在長沙市中心五一廣場東南側的走馬樓發掘了61口自戰國至明清的古井，出土了大量珍貴文物，其中包括17萬枚三國吳簡，數量之大超過了20世紀中國各地出土簡牘數量之和。走馬樓吳簡公布後，日本學術界於1999年成立了「長沙吳簡研究會」。2000年春，北京大學成立了「吳簡研討班」。2005年12月，湖南建立了走馬樓簡牘博物館，正式對外開放，使長沙城又增添了一張亮麗的名片。據專家研究，走馬樓簡牘年代在孫吳嘉禾年間（西元232～237

年），按內容可分為五類：佃田稅券書和官府調撥券書；司法文書類，包括有關案件審理、申訴、複查的流程的文書；人名簿類，即戶口簿；名刺類，即名帖、名片；帳簿類，記錄長沙郡所屬部門的錢物帳目。透過解讀走馬樓吳簡，人們可以穿過時空隧道，回到1,700多年前，具體了解孫吳統治下長沙的行政、司法、經濟及民俗民風。

在行政方面，據簡牘記載，孫吳承襲郡縣制，稍有變更，增加了州一級地方政權。其時，隸屬荊州的長沙郡下轄18縣，縣又轄鄉、里。長沙郡屬諸曹的設定完備，功曹掌「選署功勞」，田戶曹管賦稅，船曹管造船，倉吏負責租米布帛的徵收，庫吏專管錢租的收儲。各鄉除設有「司馬」、「關丞」、「倉田曹」、「錄事」等屬吏外，還設立了勸農官，如「東鄉勸農掾」、「南鄉勸農掾」等。戶籍管理嚴密，檢核戶籍要經過官吏背書、科核戶口、登記為籍和破莂保據四道程序。戶籍記錄分木牘與竹簡兩種，木牘記載經官吏調查考核後的家庭成員概況，竹簡記載家庭成員的具體情況，有居址、姓名、年齡、體況、特徵、疾病、爵位、收入等項，一般由位尊年長的家庭成員填寫。

在司法方面，走馬樓吳簡有許多法律文書，涉及現代法律中的刑法、民法、商法、行政管理法和訴訟法等門類。如有木牘載：「南鄉勸農掾潘琬叩頭死罪白：被曹勅發遣吏陳晶所舉私學詣廷言案，文書倚一名文，文父廣奏本鄉戶民不為遺落。黃薄審實，不應為私學。曹列言府。琬誠惶誠恐，叩頭，死罪，死罪。詣功曹勅十二月十五日庚午白。」「東鄉勸農掾殷連，被書條列州吏父兄人名、年紀為薄，輒科核鄉界，州吏三人，父兄二人，刑、踵，叛走，以下戶民自代。謹列年紀，以（已）審實，無有遺脫。若有他官所覺，連自坐。嘉（禾）四年八月二十六日，破莂保據。」雖有個別文字難以辨認，但仍可推知前者是關於私學的案件，

第二章　湖湘風雲：秦漢帝國與湖湘英傑

後者是關於經濟刑事的案件。

在稅收方面，由於注重休養生息，鼓勵生育，禁止殺嬰，獎勵農桑，人口有所增加。為爭奪霸權和鎮壓「蠻夷」起義，孫吳賦役繁重，這在簡牘中也有反映。孫吳政權在長沙的官田分為旱田、定收田、餘力田、火種田等，分別徵收不同的租稅，徵收的「賦」主要有口賦、算賦、算絡、戶調、戶稅、社錢等。此外，還徵收鹽稅、酒稅、關口稅、地僦錢。其中「地僦錢」，是指城鎮內集市商賈租賃的攤位錢，臨湘城內地僦錢稅率為每人每月五百，如簡牘載：「郡士張口僦錢月五百，大女王汝僦錢月五百，大女鄭汝僦錢月五百。」賦稅主要徵收錢、布、米、豆、皮等，其中二十多種賦稅納錢，十餘種賦稅繳米，還有繳納其他物品。由於賦稅徭役苛繁，百姓逃亡、棄嬰甚至自殺的事件時有發生，吳簡中有刑手、刑足的自殘行為，就是貧苦百姓為苛政所迫。

專家透過對吳簡人名簿和名刺的研究，發現姓名展現出很多鮮為人知的民風民俗，為後人了解當時的社會生活提供了一把鑰匙。第一，走馬樓吳簡出現的姓名展現出長沙人口的移民特點。據不完全統計，走馬樓吳簡出現的人物，名「客」者有蔡客、鄧客、高客、李客、謝客、朱客、吳客等，而潘客、唐客、張客至少有兩個以上；名「汝」者有黃汝、鄭汝、劉汝、李汝、謝汝、尹汝等，共130人次；名「思」者，有曹思、何思等，近100人次。「客」在《史記》、《漢書》中多指「賓客」和「佃客」，至《後漢書》開始以「客」稱移民，如《後漢書·鄭玄傳》載：「玄自遊學十餘年乃歸故里。家貧，客耕東萊。」可見，「客」是相對祖籍故地而言移居地的，如「客家人」就起源於這一時期。

《辭源》中關於「汝」有三種釋義：①你；②水名，即汝水；③姓氏。吳簡中的「汝」可能指「汝水」及其流經的今河南等中原地區，這也是秦

漢以來謝、黃、李、鄭諸姓聚居之地。由於東漢末年黃巾起義，群雄並起，天災人禍接連不斷，中原百姓流離失所，紛紛外遷，形成了巨大的流民潮，「湘川之奧，民豐土閒」的長沙也是中原流民首選之地。初來乍到的移民勢單力薄，為了在異地立足，必須以地域鄉緣關係加強團結，正如「文革」時代流行取名「兵」、「紅」、「英」和「衛國」一樣，三國時長沙人流行取名「客」、「汝」、「思」，反映了新來移民懷念故土、團結老鄉的社會心態。

第二，走馬樓吳簡出現的姓名反映了當時災疫流行的情況和人們企盼小孩吉祥安康的願望。走馬樓吳簡中以「鼠」、「狗」、「虎」、「牛」、「豸」等動物名和以「野」、「奴」、「黑」、「婢」等賤字取名者較多。據《吏民田家莂》載，有鄧狗、鄧鼠、黃鼠、光象、李鼠、李雁、魯牛、區狗、唐野、唐泥、田奴、文僮、勇羊、陳馬、鄧角、黃爪等人名。有26人以「鼠」為名，有60人以「婢」字為名，其中55例為女性。東漢末年，社會動亂，疾疫流行，雖然張仲景撰寫了《傷寒雜病論》，對治療疾疫很有幫助，但兒童的死亡率仍然很高，父母企盼孩子能像「狗」、「鼠」一樣生命力頑強，並為了免遭魔鬼等邪惡的注意，於是形成了以動物和賤字取名的習俗。據《漢書·司馬相如傳》載：「司馬相如，字長卿，少時好讀書，學擊劍，名犬子。」說明司馬相如也曾名「犬子」。今天河南、山東、山西農村地區仍有以「狗蛋」、「二孬」、「孬蛋」、「黑子」等替小孩取名的遺俗。此外，以錢、布、糧和吉、生、得、香、平等吉祥字眼取名的也很多。簡牘《吏民田家莂》中有蔡糜、陳倉、黃布、廖金、廖裕、區銀、番麥、潘穀、孫斗、唐富、鄭斛等戶主姓名，表示有藉名字寄寓風調雨順、豐衣足食和吉祥安康的願望。

第三，走馬樓吳簡出現的姓名也展現出當時長沙人口女多男少的社

會問題。雖然走馬樓吳簡出現了蔡唐、陳潘、鄧蔣、周陳、朱劉等雙姓，反映了當時合併父母的姓替孩子取名的風俗，但戶主大多為「大女」的特點又反映了當時「單親家庭」或單身的現象很普遍。據統計，吳簡中有李、五、黃、利、廖等 35 姓 87 戶以「大女」為戶主，租種國有土地。除有 13 姓「大女」戶主名字中有「妾」或「婢」外，其餘「大女」均有自己的姓名。這種情況顯示，當時由於戰亂，父兄在征戰中陣亡，「大女」成為家庭主要勞力而充當戶主，或是當時女多男少，女子成年後未能嫁人，只得充當戶主養活自己和家人。

第三章

湖湘文脈：魏晉至唐代的詩書風雅

第三章 湖湘文脈：魏晉至唐代的詩書風雅

陶侃德才兼資

陶侃（西元259～334年），字士行，東晉潯陽（今江西九江）人。他出身寒門，幼年喪父，是少數民族。富有傳奇色彩的是，陶侃在兩晉風雲變幻的動亂年代衝破了門閥制度的障礙，從縣吏一直做到東晉八州都督、荊江二州刺史、長沙郡公，成為權傾一時的人物，且在任上文治武功，政績頗豐。

魏晉時期，科舉制度尚未建立，貧寒之子欲想當官必須有權貴、名士舉薦。某年隆冬，連下幾場大雪，陶侃家中已斷糧多日，恰同郡名士范逵慕名前來探訪。陶母湛氏賢慧仁義，為了不讓兒子難堪，剪去長髮換來酒菜，拆了一間草屋的柱子斫成柴塊燒火，撤下鋪床的草禾餵飽范逵的馬匹。范逵得知後感慨地說：「非此母不生此子！」在范逵舉薦下，陶侃任漁梁吏，食用官府的醃魚。陶侃念及寒中的母親，就給她送去一點鹹魚。母親將魚原封不動退回，並寫信責備他：「汝為吏，以官物見餉，非唯不益，乃增吾憂也！」陶侃深受教育，以後為官總是廉潔奉公。陶母病逝後，人們敬仰她克己待人、深明大義的風範，在其長沙城南沙河街北段故居修築「賢母祠」，將街道名為「禮賢街」。

西晉末年發生了「八王之亂」，江南動盪不安。中原流民南遷，加劇了社會矛盾。西元303年，張昌率流民起義，三萬義軍旬日之間攻占江夏，並控制荊、江、揚等州縣。朝廷派荊州刺史劉弘領軍鎮壓，劉弘命陶侃為先鋒開赴襄陽前線。陶侃很有軍事才幹，連戰連捷，先後平定了張昌起義、陳敏之亂、華軼之亂。313年，陶侃率軍入湘州平定杜弢起義，直抵長沙，「屯兵於城西」，與義軍隔江對峙。今河西楓林飯店北邊的「陶關」即當年陶侃屯兵之處。315年，陶侃打敗杜弢，占領長沙。長

沙經數年戰亂，地荒人稀，經濟凋敝。陶侃關心民瘼，致力恢復生產。某日，陶侃出巡，見一人手持一把未熟的禾稻，便詢其緣由。此人回答：「行路所見，隨意取之而已。」陶侃聽後大怒，責備他既不種田反以偷禾稻為樂，令隨從「執而鞭之」。從此，「百姓勤於農殖，家給人足」。陶侃曾於河西結庵以居，並手植杉樹，世稱「杉庵」，故址在今嶽麓書院內濂溪祠旁。陶侃曾在湘潭壺山屯兵。為保障軍需，他在壺山窯灣建屋設署，開發商貿，窯灣由此成為著名的糧食集散地。壺山故亦名「陶公山」，至今仍有陶侃故居、陶公港、陶公橋、八十三磴、陶公潭等遺址。

陶侃因軍功官至荊州刺史。西元 315 年，心懷異志的權臣王敦為控制長江中游一帶，將陶侃貶至偏遠的廣州任刺史。陶侃毫不氣餒，並「搬磚治懶」。他每天將磚搬來搬去，常常累得滿頭大汗，並對嘲笑他的人說：「我正當壯年，總有一天要平定中原，報效國家。生活悠閒，就會變懶，還會敗壞身體，以後如何擔當重任？」人們聽了不禁肅然起敬。果然，324 年王敦叛亂平定，晉明帝任陶侃為荊、湘、雍、梁四州都督兼荊州刺史。329 年又平定了蘇峻之亂，陶侃升為太尉、八州軍事都督，封長沙郡公，位高爵顯，聲名卓著，成為王敦之後東晉威權最重的人物。晉成帝稱他「作藩於外，八州肅清；勤王於內，皇家以寧」。此後，東晉政局轉危為安，江南出現了 70 年的快速發展時期，陶侃功不可沒。

陶侃治軍雄毅善斷，理政勤勉精明，為世所重，時人譽之為曹操和諸葛亮：「陶公機神明鑑似魏武，忠順勤勞似孔明。」他治理荊湘期間，嚴格限定自己酒量，對因酗酒博戲而荒廢正事的部屬嚴加訓斥，「命取其酒器、蒲博之具，悉投於江」，並告誡大家：「賭博不過是牧豬奴幹的勾當，正人君子豈可為之！」在當時以豪飲爛醉為風流瀟灑的奢靡風氣下，像陶侃這樣節儉自律、整飭部下、盡忠報國者，可謂寥寥無幾。

第三章　湖湘文脈：魏晉至唐代的詩書風雅

陶侃很惜時，他曾對部下說：「大禹聖人猶惜寸陰，吾人當惜分陰。」陶侃行事縝密細緻，小到收集造船留下的竹頭木屑，大到駐防設兵一絲不苟。

西元334年6月，陶侃因病重辭官還鄉，不幸死於歸途中的樊溪。人們將其葬於長沙「城南二十里」處，即今長沙雨花區樹木嶺陶公山。人們還在長沙城南建立陶侃廟，歷代祭祀不絕。明嘉靖年間，長沙知縣呂延爵將該廟改建為惜陰書院，其遺址為今長沙市天心區惜陰街惜陰小學。陶公的後人世居長沙。其孫陶淡和曾孫陶烜在長沙榔梨臨湘山修道成真人，至今這裡仍立有「陶公廟」，每年正月十三至十五、八月十五至十七都會舉行盛大的民俗廟會。陶侃的另一曾孫陶淵明為東晉大詩人，以湖南武陵桃花源為原型創作了千古名篇〈桃花源記〉，並撰寫〈命子詩〉表達對曾祖的崇仰：「肅矣我祖，慎終如始。直方二臺，惠和千里。」

陶侃曾在湘潭屯兵，當地人們在壺山立陶侃衣冠塚，宋代改築為陶侃墓。1921年，重建陶公墓及陶公寺。陶公墓現存有墓廬、臺階、石欄、石華表、香案等，還有晚清名士黎培敬撰寫的墓聯：「百甓勤勞博芳土，八州都督剩松楸。」陶公寺占地四畝，有房屋三間共60平方公尺，另有花園、魚池等。1959年，湘潭市政府將陶公墓定為市級文物保護單位。

義士虞悝與易雄

在杜弢起義被鎮壓之後不久，剛剛經受了農民戰爭洗禮的湘州又遭受了王敦叛亂的蹂躪。在平定王敦叛亂中，虞悝、易雄等湘中忠義之士

勇於赴難，扶正斥邪，正氣浩然，做出了聲色激昂、悲壯慷慨的「抗逆」義舉。

虞悝，長沙人，崇尚氣節，在鄉人中深孚眾望。其弟望，字子都，亦為鄉黨所稱許。兄弟曾為官州郡，任治中、別駕。易雄，生於西元257年，字興長，瀏陽人。自幼刻苦好學，為人正直。少為縣吏，自念卑賤，無由自達，乃脫幘掛縣門而去。303年，任長沙郡主簿。恰逢張昌帶領流民起義，抓獲太守萬嗣，即將斬殺之時，易雄挺身而出，與張昌抗爭。張昌怒不可遏，下令將易雄推出一同斬首。易雄大義凜然，不為所懼。張昌為易雄的忠直所感動，遂釋放二人，易雄因此名噪一時，被舉為孝廉，遷升別駕。易雄自以出身寒門，不宜在宦海久留，於是辭官回鄉。不久，朝廷又任其為舂陵縣令。

西元317年，司馬睿在北下的士族王導、王敦扶持下重建晉朝，定都建康（今南京），史稱東晉，司馬睿為晉元帝。因王敦「擁戴有功」，元帝升王敦為鎮東大將軍，都督江、揚、荊、湘、交、廣六州軍事，兼任江州刺史，鎮守武昌。王敦權傾一時，有「王與馬，共天下」之說。王敦飛揚跋扈，「手控強兵，群從貴顯，威權莫貳，遂欲專制朝廷，有問鼎之心」。他每次飲酒之後，一邊以如意敲擊痰壺為節，一邊高詠曹操名詩「老驥伏櫪，志在千里；烈士暮年，壯心不已」，以致「壺邊盡缺」。元帝為防禦王敦，採納心腹劉隗建議，暗中進行軍事部署，充實中央軍事力量，派王室親信擔任地方軍政首腦，以分王敦之勢。由元帝叔父譙王司馬承出任湘州刺史，駐長沙，控荊、交、廣三州之會；又任命心腹戴淵為征西將軍，都督司、兗、雍、并、豫、冀六州軍事，兼司州刺史；劉隗為鎮北將軍，都督青、徐、幽、平四州軍事，兼青州刺史，分駐合肥、淮陰，以備王敦。

第三章　湖湘文脈：魏晉至唐代的詩書風雅

西元322年正月，王敦以「除君側之惡」為名，舉兵於武昌，東下進攻都城建康。當時，長沙「地荒民寡，勢孤援絕」，司馬承處境十分危急，於是向長沙名士虞悝兄弟求救。時值虞氏新遭母喪，司馬承以弔唁為名，登門請教對應之策。司馬承原擬出兵進擊巴陵，以抵王敦之背。虞悝說：「王敦居分陝之任，一旦構逆，圖危社稷，此天地所不容，人神所忿疾。大王不以猥劣，枉駕訪及，悝兄弟並受國恩，敢不自奮！今天朝中興，人思晉德，大王以宗子之親，奉信順而誅有罪，孰不荷戈致命！但鄙州荒弊，糧器空竭，舟艦寡少，難以進討。宜且收眾固守，傳檄四方，其勢必分，然後圖之，事可捷也。」司馬承採納虞悝建議，以其為長沙長史，以其弟虞望為司馬，督護諸軍，與零陵太守尹奉、建昌太守王循、衡陽太守劉翼、舂陵令易雄同時起兵討伐王敦。

司馬承起兵後，由易雄草擬檄文，歷數王敦罪狀。「雄移檄遠近，列敦罪惡，於是一州之內皆應。」王敦遣將魏等領兵兩萬進攻長沙。當時長沙「城池不完，資儲又缺，人情震恐」。有人勸譙王南投陶侃，有人建議退守零、桂。司馬承曰：「吾舉義眾，志在死節，寧偷生苟免，為奔敗之將乎！」於是督率軍民，加固城池，日夜堅守。魏攻城，虞望率軍奮力抗擊，每戰必前，不久戰死於長沙城下。

3月，王敦攻陷建康，殺大臣，「改易百官及諸軍鎮，轉徙黜免者以百數」，「唯意所欲」，完全控制了朝政。4月，王敦還武昌，魏加緊對長沙的圍攻。易雄以忠義激勵將士，並身先士卒，與敵人展開巷戰，「士卒死傷相枕」。西元322年5月22日，長沙陷落，司馬承、虞悝等被俘。虞悝及家人被慘殺於長沙。臨刑前，子弟相對號哭，虞悝口出壯言：「人生會當死，今闔門為忠義之鬼，亦復何恨！」

魏以檻車囚司馬承及易雄等送武昌。司馬承被殺害於途中。易雄被

送至武昌,「意氣慷慨,神無懼容」。王敦遣人拿著檄文給易雄看,指責其所為。易雄說:「此實有之,惜雄位微力弱不能救國之難。王室如毀,雄安用生為!今日即戮,得作忠鬼,乃所願也。」王敦見易雄大義凜然,內心恐懼又慚愧,當即將易雄釋放。不久,又將他殺害,易雄死時65歲。其妻潘氏,驚聞噩耗,悲痛欲絕,遂投於巨湖山下樟樹潭。西元322年,晉元帝司馬睿病亡,明帝司馬紹即位,王敦加緊了篡奪帝位的步伐。但好景不長,324年王敦病死,「餘黨悉平」。王敦之亂平定以後,易雄遺體被運回瀏陽,與妻合葬於今根衝鎮頌佳園村將軍洞。元至治二年對易雄贈侯爵、諡忠愍。明洪武年間對易雄御賜「宜陽別駕之神」號,祀鄉賢祠,在巨湖山下建立易雄祠。1860年,易姓後人修葺易雄墓,並在峽山口立亭建碑。

英勇悲壯的湘州抗逆,對平定王敦叛亂產生了重要作用;而長沙軍民同仇敵愾保衛家鄉,尤其是虞悝和易雄的悲壯之舉更表現了湖湘文化捨身赴義、不畏強權的精神,為湖南人民留下了寶貴的精神財富,其英烈之舉將永垂不朽!

羅含更生論

羅含,字君章,號富和,東晉耒陽人。幼孤,為叔母朱氏所養。一生性情豁達。荊州庾亮任他為江夏郡從事,並稱他為「湘中之琳瑯」。繼任荊州刺史桓溫又任其為州別駕,讚之為「荊楚之材」、「江左之秀」。此後,羅含歷任尚書郎、征西參軍、宜都太守、廷尉、長沙相等文武官職。晚年辭官歸里,皇帝特許其門前置行馬,欽定「人過要低頭,馬過

第三章　湖湘文脈：魏晉至唐代的詩書風雅

要下鞍，轎過要步行」。羅含在當時可謂享受到了作為人臣莫大的殊榮。

羅含為官清廉，恪守「文官不要錢」的信條。他任荊州別駕時，在城西小洲上結草為廬，伐木作床，編葦為席，布衣粗食，廉政勤政，率先垂範。他雖然出身文官，卻「文掛武帥」，具有「武官不怕死」的氣概。史載，桓溫督荊梁二州軍事時，舉薦羅含為征西參軍。他在平定叛亂中運籌帷幄，身先士卒，克敵致勝。羅含也因才冠荊楚，被譽為江左名士。羅含任長沙相時，熱心於史地研究，於西元 345 年撰寫了《湘川記》本，該書文辭優美，詳細記述了湖南的山川、特產、民俗、古蹟等，成為後世修志的範本。在哲學方面，他針對當時關於神滅和神不滅的爭論提出了樸素的唯物論，撰寫的〈更生論〉是湖南最早的哲學著作。

〈更生論〉首先引向秀之言，認為「天」是「萬物之總和」，人則是「天中之一物」。這種「天」的概念具有樸素唯物論的因素。「更生」，即事物的發展變化。〈更生論〉認為：「萬物有數，而天地無窮。然則無窮之變，未始出於萬物。萬物不更生，則天地有終矣。天地不為有終，則更生可知矣。」即認為「天」是無窮的，而事物是有限的，「天」之所以無窮，是因為萬事萬物永遠處於變化之中。這是辯證的發展觀。那麼萬物怎樣「更生」呢？羅含認為：「人物有定數，彼我有成分；有不可滅而為無，彼不得化而為我。聚散隱顯，環轉於無窮之途；賢愚壽夭，還復其物。自然貫次，毫分不差。」「天地雖大，渾而不亂；萬物雖眾，區已別矣。」也就是說，有與無，我與彼，不能轉化；事物只是在「聚散隱顯」，即只有形式變化，不是一種質的轉化。這又是形而上學的觀點。羅含強調：「各自其本，祖宗有序，本支百世，不失其舊。」即高門大族永遠是高門大族，部曲、佃客、奴僕永遠是部曲、佃客、奴僕，即使「更生」一百世也不能易位。很明顯，羅含的哲學是維護當時不合理的門閥制

度、為世家豪族服務的哲學。關於「更生」，羅含還進一步發揮：「世皆悲合之必離，而莫慰離之必合；皆知聚之必散，而莫識散之必聚。未之思也，豈遠乎！」他目睹國家由統一走向分裂，預言國家必將重新統一。

〈更生論〉寫成後，流傳很廣，並引起新的哲學爭鳴。長沙太守孫盛撰〈與羅君章書〉，一方面肯定〈更生論〉「括囊變化，窮極聚散」的辯證法觀點，同時指出其不足，他認為：「形既分散，知亦知之，紛錯混淆，化為異物，他物各失其舊，非復昔日。」孫盛特別強調「化」字，認為高門大族可能變成部曲、佃客，部曲、佃客可能化為高門大族，帝王將相均可起自寒微。他代表當時「寒門」、「寒族」的利益，比羅含的觀點更具有進步性，更合乎辯證唯物主義。

羅含死後，人民在耒陽西湖亭側建羅含廟，後改為「相公祠」，祠有門聯：「派衍泚陽秀鍾江左，聲蜚東晉曲重西湖。」清代宋世煦撰〈題羅含〉詩：「泚陽著述仰宏才，氣節文章動上臺。負異無漸江左秀，懷奇豈獨楚南才！庭前蘭芷時爭羨，湘水琳瑯世共抬。儒雅風流今已矣，幾人感奮意深哉！」

桃源仙境

魏晉南北朝時期，兵連禍接，「百姓流離，不得保其產業」，「乃至男不被養，女無匹對」，到處一派殘破景象。大詩人陶淵明就生活在這樣的時代。陶淵明（西元 365、372 或 376～427 年），名潛，字元亮。少時頗有壯志，29 歲出仕，曾任江州祭酒、鎮軍參軍、建威將軍、彭澤令等職。因抱負不能施展，又不願與黑暗的士族社會同流合汙，便於 41 歲時

棄官歸隱，再「不為五斗米折腰」。歸隱以後，他創作了〈歸園田居〉、〈飲酒〉、〈採菊〉等優美詩篇。在這些詩作中，田園被高度純化美化了，變成了痛苦世界中的一座精神避難所。他極力描繪的牧歌般的田園生活，寄託了他對理想生活的追求和對黑暗現實的否定。

陶淵明膾炙人口的散文佳作〈桃花源記〉篇幅不長，假託武陵一個漁夫尋訪桃花源的經歷，虛構了一個忽隱忽現、似真亦幻的人間仙境。全文如此：「晉太元中，武陵人捕魚為業。緣溪行，忘路之遠近。忽逢桃花林，夾岸數百步，中無雜樹，芳草鮮美，落英繽紛。漁人甚異之。復前行，欲窮其林。林盡水源，便得一山。山有小口，彷彿若有光，便舍船從口入。初極狹，才通人。復行數十步，豁然開朗。土地平曠，屋舍儼然，有良田美池桑竹之屬。阡陌交通，雞犬相聞。其中往來耕作，男女衣著，悉如外人，黃髮垂髫，並怡然自樂。見漁人，乃大驚，問所從來，具答之。便要還家，設酒殺雞作食。村中聞有此人，咸來問訊。自云先世避秦時亂，率妻子邑人來此絕境，不復出焉，遂與外人間隔。問今是何世，乃不知有漢，無論魏晉。此人一一為具言所聞，皆嘆惋。餘人各復延至其家，皆出酒食。停數日，辭去。此中人語云：『不足為外人道也。』既出，得其船，便扶向路，處處志之，及郡下，詣太守，說如此。太守即遣人隨其往，尋向所志，遂迷，不復得路。南陽劉子驥，高尚士也。聞之，欣然規往。未果，尋病終。後遂無問津者。」在這世外桃源，沒有喧鬧，沒有戰爭，人人平等自由，令人神往。

烏托邦式的桃花源寄託了陶淵明的理想和追求，但其創作原型在武陵桃源卻是真實的。陶淵明雖然晚年長期隱居於江西潯陽柴桑（今九江），但他祖輩數代曾在湖南活動，曾祖陶侃的墓也在長沙，叔父陶淡、從兄陶烜是長沙榔梨鎮陶公廟的「真人」。因此，他以常德桃花源為創作

題材也就不足為怪了。晉代，武陵源有桃源山，山上建桃源觀。唐宋文人王昌齡、劉禹錫、李群玉、杜牧、王安石、梅堯臣、王十朋等先後慕名到此懷古尋幽，留下了不少名篇佳作。劉禹錫留下了「桃源佳致」的石碑和〈遊桃源一百韻〉長詩。西元963年，宋太祖詔令從武陵縣析出桃源縣，縣治設於沅水北岸今漳江鎮，「桃花源」進一步得到官方認可。千百年來，桃花源吸引著無數騷人墨客前去尋訪，道家方士更是將這裡稱為「第三十五洞天，四十六福地」，歷代增建樓臺觀閣，發展成為中國古代四大道教聖地之一。因此，桃花源以山水田園之美、寺觀亭閣之盛、詩文碑刻之豐、歷史傳說之奇而聞名於世。

現在，桃花源開發了神話故鄉桃仙嶺、道教聖地桃源山、福地洞天桃花山、世外桃源秦人村四大景區近百個景點，面積達157平方公里。桃花源如同「香格里拉」一樣，也是外國人嚮往的理想世界。每年4月桃花盛開時節，海內外遊人慕名前來尋訪這優美的人間仙境，感受其「落英繽紛，芳草鮮美」的迷人春色。

本土詩人陰鏗

魏晉南北朝時期雖然戰爭頻仍，經濟屢遭破壞，但文學藝術有特殊發展。曹操父子、建安七子、竹林七賢的詩文，六朝的駢文和辭賦均別具一格，盛極一時。隨著政治、經濟和文化重心的南移，湖南湧現了劉巴、桓階、蔣琬、車胤、陰鏗等傑出人物，形成了第一批本土文人，其中陰鏗的成就最大。

陰鏗，字子堅，澧州作唐（今安鄉）人，祖籍武威姑臧（今甘肅武

第三章　湖湘文脈：魏晉至唐代的詩書風雅

威），高祖陰襲於晉義熙末年隨宋武帝劉裕遷南平（今屬湖南）。祖父陰智伯與南齊梁武帝蕭衍友善，受重用，官至梁、秦二州刺史。陰鏗曾官至梁朝湘東王蕭繹法曹參軍，陳時任始興王陳伯茂府中錄事參軍，其文才為陳文帝讚賞，累遷晉陵太守、員外散騎常侍。南朝時，文人多作宮體詩，描寫貴族奢靡生活，追求豔詞華藻。陰鏗力求創作新體詩，語言質樸自然，意境高遠，風格清新流麗，與山東郯城著名詩人何遜齊名，世稱「陰何」。

　　陰鏗現存詩三十餘首，數量雖不多，但不乏名篇佳制，多寫旅思別愁，以寫景見長，而描寫江上景色尤為突出。如〈渡青草湖〉：「洞庭春溜滿，平湖錦帆張。沅水桃花色，湘流杜若香。穴去茅山近，江連巫峽長。帶天澄迥碧，映日動浮光。行舟逗遠樹，度鳥息危檣。滔滔不可測，一葦詎能航？」詩作以明快的色調、酣暢的筆墨，描繪了洞庭湖區的優美風光。再如〈晚出新亭〉：「大江一浩蕩，離悲足幾重？潮落猶如蓋，雲昏不作峰。遠戍唯聞鼓，寒山但見松。九十方稱半，歸途詎有蹤？」此詩寫江行旅思，透過景物描寫和環境渲染，烘托出詩人寒江孤征的悲苦心情。「潮落猶如蓋，雲昏不作峰」為寫景名句。又如〈晚泊五洲〉：「客行逢日暮，結纜晚洲中。戍樓因嶔險，村路入江窮。水隨雲度黑，山帶日歸紅。遙憐一柱觀，欲輕千里風。」中間二聯對仗工整，平仄協調，已經接近成熟的五言律詩。還如〈五洲夜發〉：「夜江霧裡闊，新月迥中明。溜船唯識火，驚鳧但聽聲。勞者時歌榜，愁人數問更。」這首詩描摹景物非常出色。

　　陰鏗的送別詩也很有特色。如〈江津送劉光祿不及〉：「依然臨江渚，長望倚河津。鼓聲隨聽絕，帆勢與雲鄰。泊處空餘鳥，離亭已散人。林寒正下葉，釣晚欲收綸。如何相背遠，江漢與城。」此詩描寫至渡口送

別，因遲到對方已經起程，引頸長望，久久佇立，目送征帆遠去，無比悵惘。陰鏗的遊覽詩〈開善寺〉是寫景名作，詩曰：「鷲嶺春光遍，王城野望通。登臨情不極，蕭散趣無窮。鶯隨入戶樹，花逐下山風。棟裡歸白雲，窗外落暉紅。古石何年臥，枯樹幾春空？淹留惜未及，幽桂在芳叢。」開善寺在南京鍾山。詩中首四句著眼全景，寫開善寺的位置、形勢以及自己的心情。接下四句著意描寫開善寺清靜幽美的環境和景色。「鶯隨入戶樹，花逐下山風」是作者精思巧構的寫景名句。「古石」二句，就山寺近傍特色景物略加點綴，令人油然而生古老悠遠的遐想。結尾二句，惋惜自己未能在此久留，辜負山寺一片美好春光。

陰鏗的創作推動了齊梁新體詩向唐代近體詩的轉化，對後世的詩詞歌賦產生了重大影響。唐代詩人大都刻意學習其作品，套用其名句者亦屢見不鮮。李白的名句「柳色黃金嫩，梨花白雪香」即來自陰鏗詩，杜甫有詩云：「李侯有佳句，往往似陰鏗。」杜甫稱自己所作〈解悶詩〉「頗學陰何苦用心」，杜甫名句「蛟龍得雲雨，鵰鶚在秋天」就搬用了陰鏗詩句。王維將陰鏗詩「水田飛白鷺，夏木囀黃鸝」分別加上「漠漠」、「陰陰」便成了七言佳句。北宋詞人柳永也直接取用或改用過陰鏗詩句。

鄮湖美酒

魏晉南北朝時期，朝代更替頻繁，社會動盪，湖南幾遭兵燹，以致「湘土荒殘」，但為時較短，大量流民遷入，還帶來了勞動力和北方先進的生產技術，使社會經濟快速發展。

魏晉時期盛行門閥制度，高門豪族控制政權。湖南地區也產生了一

第三章　湖湘文脈：魏晉至唐代的詩書風雅

批世家豪族。孫吳時有武陵潘濬、潘習父子及耒陽谷朗氏。東晉初，有長沙虞悝、虞望兄弟以及王機。劉宋時，湖南豪族有以龔玄之為代表的武陵龔氏，其先後有四代六人被朝廷徵辟。梁陳之際，以歐陽頠為代表的長沙歐陽氏「合門顯貴，名振南土」，是當時湖南最大的世家豪族。豪族不僅地位顯赫，而且透過封賜、買賣和強占兼併田地、湖澤和山林，形成大規模的莊園經濟。

當時土地買賣之風盛行，墓葬中也有「買地券」。1977年，長沙麻林橋南朝墓出土了一塊青石板買地券，券文共493字，其中寫道：「丘墓塋域，東極甲乙，南至丙丁，西接庚辛，北至壬癸，上極青雲，下座黃泉，東西阡陌，各有丈尺，東西南北，地皆屬副。」這種買地券雖是方家術士製造「陰間」世界的一種假託，但郭沫若指出，「地下官吏是地上官吏的翻版，陰間是陽間的翻版」。豪族占有大批佃客和部曲，過著優裕的生活。據文獻記載，長沙郡公陶侃有「家僮千餘」，王機從長沙赴任廣州刺史時，「遂將奴客門僮千餘人，入廣州」。考古發掘亦說明這一點。長沙金盆嶺21號晉墓出土了14件騎俑以及31件諸如騎馬樂俑、持刀俑、坐俑、馬俑、對坐馬俑、樂俑、持盾俑、扛斧俑等瓷俑，還有馬、羊圈、豬圈、倉、車等陶製隨葬品。長沙22號晉墓出土了執炊跪坐俑、雙人跪坐樂俑、跪女俑等陶俑。

魏晉時期，湖南的農業生產得到發展，開始由粗放型向精細型轉變。孫吳奪回荊州後，曾派大將周泰在澧縣平原屯田，興修的水利工程灌溉稻田數十萬畝。沅水上游的「蠻夷」地區亦出產稻米。《水經注·沅水》載：義陵縣「所治序溪，最為沃壤，良田數百頃，特宜稻，修作無廢」。長沙興修了龜塘，「周圍四十五里」，「溉田萬頃」。南朝時，郭彥任澧州刺史，見「蠻民聚散無恆，不營農業」，「勸以耕稼，禁其游獵。民皆

務本,家有餘糧」。在他引導下,湘西少數民族地區也開始改游獵為農耕了。人們還利用溫泉種出了三季稻。《水經注·耒水》載:郴縣西北與便縣交界處有溫泉,「左右有田數千畝,資之以溉。常以十二月下種,明年三月穀熟。度此,水冷不能生苗,溫水所溉,年可三登」。「長沙好米」也開始聞名天下。魏文帝曹丕曾比較「長沙米」與魏都鄴城所產「新城粳稻」的優劣。湘東王蕭繹曾將優質湘米餽贈好友,庾肩吾作〈答湘東王賚粳米啟〉,對湘米的品質和產量讚嘆不已:「味重新城,香逾潦水。連舟入浦,似彥伯之南歸;積地為山,疑馬援之西至。」人們還因地制宜,大量種植粟、秫等旱地作物。據載,郴縣「東市輦粟,車覆,雀相呼往食之」。顯示當時已有專門的粟米市場,並且用車輛運粟,或許是車輛太多以致車轂相擊,或許是所載粟米太重,將車壓翻了。

　　農業的進步也為釀酒、燒瓷、採礦、造船等手工業的發展創造了條件。湖南丘陵山地盛產秫,釀成的湖之酒清甜可口。《水經注·耒水》載:酃縣「有酃湖,湖中有洲,洲上民居,彼人資以給釀,酒甚醇美,謂之酃酒,歲常貢之」。今衡陽市東尚有酃湖。據《齊民要術》載,酃湖酒是在九月中「取秫米一石六斗,炊作飯」,「炊飯令冷,投曲汁中」,釀造而成。晉張載作〈酃酒賦〉:「昔聞珍酒,出於湘東,既不顯於皇都,乃潛淪於吳邦,往逢天地之否運,今遭六合之開通。其為酒也,殊功絕倫,三事既節,五齊必均。造釀在秋,告成在春。備味滋和,體色淳清,宜神御志,道氣養形,遣憂消患,適性順情。言之者嘉其美味,志之者棄事忘榮。」可見酃酒在孫吳時就非常有名,隨著晉朝統一全國,又開始暢銷中原地區,因其酒色香味俱佳,受時人好評。湖南出土的幾份「買地券」載有「醉酒壽終」,亦說明當時酗酒之風甚熾以及釀酒業發達。

　　墓葬出土文物顯示,魏晉時期湖南的青瓷工藝和產量有很大提高,

第三章　湖湘文脈：魏晉至唐代的詩書風雅

青瓷器完全取代漆器，成為日常用具。資興和桃源等地魏晉墓葬出土了不少金、銀飾物，顯示當時的金、銀開採和加工也達到相當高的水準。《荊州記》載：益陽縣「南十里，有平岡，岡有金井數百，淺者四五尺，深者不測」。由於征戰和調運糧食的需求，造船業也相當發達。據文獻載：「江湘委輸，方船連軸」，「湘州七郡，大䑸所出，皆受萬斛」。陳文帝以「湘州出杉木舟」，令湘州刺史華皎「營造大艦金翅等二百餘艘，並諸水戰之具」，說明當時湖南既能造運載量大的民用船，也能造技術複雜的軍用船。

書院之始龍興講寺

書院是中國古代特有的教育組織和學術研究機構。書院起於唐末，盛於宋，止於清末學制改革，歷時1,300餘年。其後，書院或廢或改，有的發展成現代大學。書院對中國古代學術的發展和人才的培養產生過重要影響。湖南的嶽麓書院、石鼓書院和江西的白鹿洞書院以及河南的應天府書院號稱中國古代四大書院，蜚聲中外。懷化沅陵縣城西北虎溪山麓有一座建於西元627年的龍興講寺，比建於976年的嶽麓書院早349年，比建於1168年的英國牛津大學早541年，龍興講寺可以說是中國乃至全世界現存最古老的學院。

古代設立講堂原本是講習儒家經書，如《後漢書·明帝紀》記載：「幸孔子宅，祠仲尼及七十二弟子，親御講堂，命皇太子諸王說經。」後來佛家傳經說法的處所也稱講堂。北魏楊衒之《洛陽伽藍記·建中寺》記載：「以前廳為佛殿，後堂為講堂。」寺中講堂即講寺，是向佛學弟子或善男

信女講解佛學經典的處所。龍興講寺是唐太宗即位次年下旨修建傳授佛學的寺院。講寺依山就勢，坐北朝南，俯臨沅水，與南岸筆架山遙遙相望，具有帝王興起的恢弘氣象。《尚書·序》載：「漢室龍興，開設學校，九五飛龍在天，猶聖人在天子之位，故謂之龍興也。」可見，唐太宗敕建江南講寺並賜名「龍興」，具有深刻的政治意義。唐代是佛教鼎盛時期，唐太宗自己不信佛，但他認為佛教教義「以慈悲為懷」，「普度眾生」，對治國安邦有利，於是積極扶持，詔令於全國「交兵」之處建立寺院，對出家人許以特權。他詔令在沅陵建立龍興講寺就是希望透過傳播佛法來感化「叛服無常」的西南諸蠻，穩固江南統治，以便集中力量平定叛亂和消除邊患，保障大唐帝業。這不失為英明之舉。

龍興講寺總面積 28,000 餘平方公尺，由頭山門、過殿、二山門、大殿、後殿、東西配殿、檀閣、彌陀殿、觀音閣等構成。大雄寶殿是其主體建築物，五間三進結構，殿內有 24 根高 9.4 公尺需兩人才能合抱的大木柱，其中 4 根大柱的金色柱頭由珍貴的楠木製作，世所罕見。殿前二重簷間懸掛「眼前佛國」木匾，為明朝禮部尚書、大書法家董其昌題寫，筆跡瀟脫遒勁，堪稱國寶。大雄寶殿中有鏤空石刻講經蓮花座，玲瓏剔透，為明代器物。該殿雖經明、清兩代多次修葺，但主體木構架、柱、梁、枋等皆唐代遺物。

古往今來，龍興講寺吸引了無數達官顯貴、文人墨客前來訪古覽勝。明代心學大家王陽明謫歸過沅陵時，受辰州學子邀請，在寺內講授「致良知」一月，並留下題壁詩：「杖藜一過虎溪頭，何處僧房問慧休？雲起峰間沉閣影，林疏地低見江流。煙花日暖猶含雨，鷗鷺春閒自滿洲。好景同遊不同賞，詩篇還為故人留。」在王陽明講學之處，其學生築虎溪精舍，後改名為虎溪書院。1937 年 10 月，講寺住持妙空長老約南嶽名

第三章　湖湘文脈：魏晉至唐代的詩書風雅

師前來講經，轟動一時，並成立沅陵佛教會、沅陵佛教居士林、沅陵佛教四眾教義研究所和沅陵佛教陽明小學四個機構。1956 年，龍興講寺被列為湖南省重點文物保護單位，1996 年被列為全國重點文物保護單位。龍興講寺附近還有王陽明講學遺址、東嶽廟等旅遊名勝。

楷書圭臬歐陽詢

歐陽詢（西元 557～641 年），字信本，潭州臨湘（今長沙）人。祖父歐陽頠（498～563）曾為南梁直閣將軍，父歐陽紇曾任南陳廣州刺史和左衛將軍等職。歐陽詢父因舉兵反陳失敗被殺，並株連家族。歐陽詢因年幼倖免於難，被父親好友收養。歐陽詢聰敏勤學，涉獵經史，博聞強記。隋朝時，歐陽詢曾官至太常博士。因與李淵交好，在大唐盛世累遷銀青光祿大夫、給事中、太子率更令、弘文館學士，封渤海縣男。西元 624 年，歐陽詢主持編纂《藝文類聚》，全書引用文獻 1,431 種，為古代第一部大型類書，朝廷在凌煙閣懸掛其畫像以示表彰。

歐陽詢酷愛書法。某次，他在路旁偶然見到晉代書法家索靖所作石碑，剛開始「駐馬觀之」，走了幾步又轉回，再「下馬觀之」，讚賞不已。疲倦了，便鋪上氈子坐下，反覆觀玩，竟在碑旁坐臥三天。歐陽詢書法初效王羲之，但在模仿中又獨闢蹊徑，風格險勁。其作品在隋朝即譽滿海內外，世人以藏其墨跡為榮，朝野上下甚至國外使節四處告請，傾囊求購。歐陽詢書法造詣很深，正楷、小楷、行書、草書、隸書、飛白、大篆、小篆八體皆精，楷書成就尤為突出，為歷代書家圭臬。歐陽詢與虞世南、褚遂良、薛稷並稱「唐初四大書家」，後人將他與晉代王羲之、

唐代顏真卿、柳公權，宋代蘇軾並稱中國古代五大書法家。

　　唐代為楷書發展鼎盛時期。歐陽詢楷書採眾家之長，集魏晉南北朝楷法為一體，其筆法起訖分明，結構勻稱，形體方正，應規入矩。《宣和書譜》稱其正書為「翰墨之冠」，其楷書被後人稱為「歐體」。宋代朱長文〈續書斷〉評曰：「其正書，纖濃得中，剛勁不撓，有正人執法、面折廷爭之風；至於點畫之妙，意態精密，無以尚也。」歐陽詢楷書作品以〈九成宮醴泉銘〉最佳。該作品由魏徵撰文，歐陽詢書寫，運筆嚴謹峭勁，為後世臨習範本。〈皇甫君碑〉、〈皇甫誕碑〉、〈虞恭公碑〉也很著名。其中〈皇甫誕碑〉用筆緊密內斂，點畫重在提筆刻入，剛勁不撓，體勢險峭。楊賓在《大瓢偶筆》中說：「信本碑版，方嚴莫過於〈邕禪師〉，秀勁莫過於〈醴泉銘〉，險峭莫過於〈皇甫誕碑〉，而險絕尤為難，此〈皇甫誕碑〉所以貴也。」

　　在楷書創作理論上，歐陽詢撰寫的〈傳授法〉、〈用筆法〉、〈八訣〉、〈三十六法〉等均為中國書法美學理論的珍貴遺產。如〈八訣〉所謂之「八訣」：點如高峰墜石，橫如千里之陣雲，豎如萬歲之枯藤，撇如利劍斷犀象之角牙，捺一波常三過筆，豎彎鉤如長空之新月，斜鉤如勁松倒折落掛石崖，橫折鉤如萬鈞之弩發。歐陽詢結字「三十六法」對明代李淳的八十四法、清代黃自元的九十二法均有啟迪。後世科舉取士以歐字為考卷標準書體，相沿成習。今嶽麓書院門首「千年學府」四字即集歐體字而成。日本《朝日新聞》報頭題字也選自於歐書〈宗聖觀記〉。

　　楷書之外，歐陽詢對其他書體也很精通。唐張懷瓘《書斷》稱：「詢八體盡能，筆力勁險。篆體尤精，飛白冠絕，峻於古人，猶龍蛇戰鬥之象，雲霧輕籠之勢，風旋雷激，操舉若神。」虞世南說他「不擇紙筆，皆能如意」。歐陽詢行書〈夢奠帖〉最佳。〈夢奠帖〉全稱《仲尼夢奠帖》，

第三章　湖湘文脈：魏晉至唐代的詩書風雅

長33.6公分，寬25.6公分，共九行78字，是現存歐陽詢的四件真跡之一，為稀世珍寶。〈夢奠帖〉結構嚴謹，修長挺拔，鋒芒勁厲，轉折自如，氣韻流暢，展現出歐陽詢行書剛勁而嫵媚的特色。元代郭天錫跋：「此本勁險刻歷，森森然如武庫之戈戟，向背轉折深得二王風氣，世之歐行第一書也。」歐陽詢隸書講究用筆，方圓兼備而勁險峭拔，「若草裡驚蛇，雲間電發。又如金剛怒目，力士揮拳」。〈徐州都督房彥謙碑〉為其隸書代表作。

歐陽詢第四子歐陽通亦善書法。歐陽詢去世時，他尚年幼，由母徐氏撫養成人。歐陽詢手跡多散存於民間，家藏無幾，徐氏不惜重金回購。歐陽通朝夕臨摹，書法大進，成就雖稍遜於其父，但書法之險峻則在其父之上，虞世南稱其功力「當在褚遂良之上」。歐陽通與其父並稱書壇「大小歐陽」，有〈道因法師碑〉及〈泉南生墓誌〉傳世。

望城丁字鎮書堂山相傳為歐陽詢父子讀書、練筆之地。嘉慶《大清一統志》載：「書堂寺，在長沙縣北五十里書堂山，唐歐陽詢及子通讀書此山，讀書臺即其書堂故址。」清代大書畫家鄭板橋曾作〈詠書堂山〉：「麻潭長聳翠，石案永攤書。雙楓今夾道，檜柏古連株。稻香泉水湧，洗筆有泉池。書堂稱故址，太子號圍圩。」該詩描繪了讀書亭臺、洗筆泉池、稻香泉湧、雙楓夾道、檜柏連株、玉岸攤書、太子圍圩、書堂古寺等書堂山八景。書堂山曾建有歐陽閣，殿宇宏敞，祀歐陽詢父子塑像，清末廢棄。「大躍進」時，廢墟上的青磚、麻石以及碑銘都用來修築了水渠。現有「洗筆泉池」景點，長1公尺，寬約0.8公尺。後又發現「稻香泉」古碑。其餘景點則湮滅無存。為了弘揚歐陽氏的書法藝術，開發書堂山的文化資源，有識之士成立了歐陽詢書法研究學會，籌建了書堂山文化園。

銅官釉下彩

　　望城銅官鎮號稱「十里陶城」，也是全國「五大陶都」之一，能用綠、黃、黑、白、花、烏金、兔毫、黑裡紅等60多種釉料生產日用陶、美術陶、建築陶、工業陶和石瓷五個大系360個品種，產品暢銷海外26個國家。其實早在1,300多年前的唐代，銅官古窯就非常有名，首創釉下彩工藝，產品暢銷海外。迄今為止，在銅官鎮至石渚湖的湘江沿岸勘探出數十處唐代窯址，其中龍窯規模最大，堆積厚度達3.7公尺。唐代詩人李群玉曾作〈石渚〉：「古岸陶為器，高林一盡焚。焰紅湘浦口，煙觸洞庭雲。回野煤飛亂，遙空爆響聞。地形穿鑿勢，恐到祝融墳。」這是唐代關於銅官窯的唯一詩篇，尤其珍貴。1982年，銅官窯址被列為全國重點文物保護單位。銅官窯瓷之所以有名，主要有三個特點：

◆ 第一，首創釉下彩繪工藝

　　將繪畫藝術成功運用於瓷器裝飾，突破了以往刻劃紋、印紋的圖案化模式。銅官窯瓷畫分為釉上彩繪和釉下彩繪兩種。釉上彩是先在坯體上掛釉，將其陰乾後再在釉層上作畫，彩與釉、坯在窯裡一道燒成，色彩和釉層融熔在一起。釉下彩又分兩種，一種是直接以褐色或綠色在胎上作畫；一種是先在胎上施化妝土，然後在化妝土上作畫，再蓋上透明的青釉，入窯後高溫一次燒成。銅官窯釉下彩題材豐富，有各類花鳥、走獸、樹木、山水、流雲等，其中花卉尤其是褐綠彩繪蓮荷最多，蓮瓣飽滿圓潤，荷葉舒張自如，筆法流暢，形象生動，雖寥寥數筆，卻盡得寫意之妙。銅官窯瓷的動物畫也很成功，特別是奔鹿，將鹿的形態和神情抓得很準。工匠們選擇鹿最有代表性的動態，鹿頭畫成弧線的楔形，眼大而有神，背成弓形，小尾上翹，長肢關節可見，骨骼清晰。銅官窯

第三章　湖湘文脈：魏晉至唐代的詩書風雅

釉下點彩也很有特色。揚州出土了一件黃釉褐藍彩雙繫罐，以褐藍相間的大小斑點組成聯珠，配置成雲頭和蓮花圖案，構思新穎，別具風格。

◆ 第二，產品以外銷為主

銅官窯瓷在湖南本地唐代墓葬中極為罕見，在漢口、揚州、寧波等港口城市卻有大量出土，在朝鮮半島、日本、琉球、東南亞、印度、伊朗甚至南非和北非等地都有銅官窯瓷器出土。韓國出土的兩件釉下彩瓷壺寫有「鄭家小口，天下有名」和「卞家小口，天下第一」的廣告語。所謂鄭家、卞家是當時銅官的兩家窯主。銅官窯地處湘江下游洞庭湖濱，交通便利，其產品主要沿長江運往揚州、寧波，再轉銷海外。

當時銅官建立了規模宏大的瓷器交易市場。2006 年 4 月，考古人員在銅官石渚湖垸北端發現了一處南北長 378 公尺、東西寬 190 公尺的低窪地，當地人稱為「市場湖」。經勘探，在市場湖地表下 1.6 公尺處鋪有一層匣缽碎片和紅燒土，這可能就是當時的石渚草市。1998 年，印尼漁民從一艘沉船中打撈出 5,000 多件銅官窯瓷器，上面就刻有「湖南道草市石渚盂子有明樊家記」銘文，說明這批瓷器來自銅官石渚草市。為促進產品外銷，銅官釉下彩繪結合銷售地的風土人情，大都繪有獅、象、椰子、檳榔、蓮花等熱帶動植物。所繪人物多赤身裸體，或雙手合十作祈禱狀，甚至書寫有「真主最偉大」字樣，這類產品主要銷往東南亞等小乘佛教或伊斯蘭教信仰區。唐末五代，吳國和南唐先後控制長江下游地區，與馬殷楚國對抗，阻斷了銅官窯瓷外銷的通道，導致銅官窯急遽衰落。

◆ 第三，瓷器上題詩

唐以前瓷器上很少題寫，只在胎體上刻劃年號和工匠姓名，銅官窯瓷器大都題寫有詩篇、聯句、單句等，以達到裝飾和行銷目的。據不完

全統計，銅官窯瓷詩共 44 種，均用毛筆書寫，筆畫流暢，布局美觀大方，極具觀賞性。這些詩句大多是《全唐詩》未收錄的歌謠，在內容上不歌頌皇室朝章，也不熱衷佛理宣傳，而是以寫實為主，開宗明義，樸實無華，通俗易懂，毫不造作，大都採用賦、比、興手法。銅官窯瓷詩可謂生動反映唐代潭州民俗風情的文學作品。

銅官窯瓷詩可大致分為七類：

- 第一類寫離別相思，如：「一別行千里，來時未有期。月中三十日，無夜不相思。」「我有方寸心，無人堪共說。遣風吹卻雲，言向天邊月。」
- 第二類寫邊塞征戰，如：「一日三場戰，曾無賞罰為。將軍馬上坐，將士雪中眠。」
- 第三類寫宗教信仰，如：「聖水出溫泉，新陽萬里傳。常居安樂國，多報未來緣。」
- 第四類寫商賈活動，如：「人歸千里去，心畫一杯中。莫慮前途遠，開航逐便風。」「買人心憫悵，賣人心不安。題詩安瓶上，將與買人看。」
- 第五類寫遊子旅懷，如：「日日思前路，朝朝別主人。行行山水上，處處鳥啼新。」「男兒大丈夫，何用本鄉居？明月家家有，黃金何處無。」「小水通大河，山深鳥雀多。主人看客好，曲路亦相過。」「夜夜掛上鉤，朝朝望楚樓。可憐孤月夜，長照客心愁。」
- 第六類寫歌樓妓館，如：「自從君去後，常守舊時心。洛陽來路遠，還用幾黃金？」「客人莫直入，直入主人嚷。扣門三五下，自有出來人。」「君生我未生，我生君亦老。君恨我生遲，我恨君生早。」

第三章 湖湘文脈：魏晉至唐代的詩書風雅

▪ 第七類寫其他題材的，如：「處處關山遠，行行胡地深。早知今日苦，多與畫師金。」「春水春滿池，春時春草生。春人飲春酒，春鳥啼春聲。」「蓬生麻中，不扶自直。」

夜郎國裡芙蓉樓

　　王昌齡（西元 698～757 年），字少伯，京兆長安人。西元 727 年進士，734 年中宏詞科。748 年，素有「詩家天子」、「七絕聖手」之稱的王昌齡因作〈梨花賦〉，被指為「不矜細行，謗議沸騰」，遂謫貶龍標（治今黔陽）尉。其詩作中有「昨從金陵道，遠謫沅溪濱」句，即志此行。好友李白也作〈聞王昌齡左遷龍標，遙有此寄〉：「楊花落盡子規啼，聞道龍標過五溪。我寄愁心與明月，隨君直到夜郎西。」

　　在戰國秦漢時期，中國西南地區有一個少數民族建立的夜郎政權，其活動區域很大，且其政治中心不斷遷移，湘西和貴州都發現了夜郎文化遺址，但夜郎國都具體在哪裡尚未有確論。夜郎之名最早可溯至戰國末期。史載，楚威王派將軍莊蹻「溯沅水，出且蘭（今貴州福泉縣），以伐夜郎王」，「且蘭既克，夜郎又降」。班固《漢書》載：「夜郎者，臨牂牁江，江廣百餘步，足以行船」，夜郎國「東接交趾，西有滇國，北有邛都國」，其範圍大致包括今湘西、川南、重慶、桂林、滇東北及貴州全境。

　　據史載：「滇王與漢使者言曰：『漢孰與我大？』及夜郎侯亦然。以道不通故，各自以為一州主，不知漢廣大。」夜郎國王於漢成帝河平年間，脅迫周邊二十二邑反叛西漢王朝，被漢使陳立所殺，夜郎隨之滅亡。「夜郎自大」出典於此。夜郎國這朵古代文明的奇葩過早凋謝，其影響卻歷

久不衰。據《文獻通考‧輿地考》載，南朝梁政權析沅陵縣，置夜郎郡，治夜郎縣。陳朝亦設有夜郎郡。隋朝，夜郎郡廢。唐代在湘西置敘州潭陽郡，治所龍標在今洪江市境，並置郎溪縣，轄今洪江、靖州、會同、通道等地。據《新晃縣志》載：唐貞觀八年（西元634年），「析龍標縣，置夜郎縣」。王昌齡到達龍標為西元748年，故李白所說的「夜郎」很可能在今新晃縣境，與洪江市鄰近。

西元755年，王昌齡離開龍標隱居江夏，前後在湖南生活七年。在龍標任職期內，他為政以寬，政善民安，百姓稱頌。在工作之餘，他創作了不少名詩佳篇。如〈龍標野宴〉：「沅溪夏晚足涼風，春酒相攜就竹叢。莫道絃歌愁遠謫，青山明月不曾空。」再如〈武陵田太守席送司馬盧溪〉：「諸侯分楚郡，飲餞五溪春。山水清暉遠，俱憐一逐臣。」還如〈送魏二〉詩云：「醉別江樓橘柚香，江風引雨入舟涼。憶君遙看瀟湘月，愁聽清猿夢裡長。」這些詩篇大都即景抒懷，充滿貶謫後的悲涼和孤寂之情，同時也能從詩中看到「竹叢」、「江樓」、「橘柚」、「清猿」等湘西風物圖景。

王昌齡在江寧做官時曾至潤州（今鎮江）芙蓉樓宴餞友人辛漸回洛陽，撰寫名篇〈芙蓉樓送辛漸〉：「寒雨連江夜入吳，平明送客楚山孤。洛陽親友如相問，一片冰心在玉壺。」作者藉洛陽親友的問候，委婉表達了自己的冰雪操行。在沅水與潕水交會處的黔城鎮有芙蓉樓。相傳東晉時芙蓉仙子在此顯靈，「月夜吟詩弄風簫」，先人建樓娛之，故名「芙蓉樓」。王昌齡常在此樓宴飲吟詩，芙蓉樓因其詩文而添光溢彩，聲名遠播。

《大清一統志》載：「在黔陽縣（今洪江黔城鎮）境，唐王昌齡有〈芙蓉樓送辛漸〉詩，舊址荒廢。西元1776年，知縣葉夢麟於東城外建芙蓉

亭。1815 年，知縣曾鈺擇西城外香爐岩畔修芙蓉樓。1839 年，知縣龍光甸增其舊制，刻〈王少伯宦楚詩〉刊之樓壁，之後迭有興廢。」現在的芙蓉樓為清代重建，占地 4,250 平方公尺，主體為二層，純木結構，高 9.5 公尺，青石基座，由 40 根大柱支撐，重簷歇山頂，青瓦屋面，正簷翹角。飛簷呈捲棚狀，無斗栱，飾有泥塑龍鳳花紋。樓前簷下有「芙蓉樓」匾額，兩邊題聯：「樓上題詩，石壁尚留名士跡；江頭送客，冰壺如見故人心。」南牆碑廊陳列著鏤有〈王昌齡宦楚詩〉15 首的碑刻及顏真卿、米芾、黃庭堅、岳飛、趙孟頫等名人的碑刻石碣八十餘方。園內有玉壺亭、半月亭、聳翠樓、三角亭等景點，園外北側江畔建有送客亭。芙蓉樓北郭臨江，依林踞埠，築疊巧思，錯落有致，「登眺則群山拱翠，俯視則萬木交陰，沅水自北來環其下」，被譽為「楚南上游第一勝蹟」。每年，芙蓉樓都要舉行一系列民俗節慶活動，以紀念王昌齡。1959 年，芙蓉樓被列為省重點文物保護單位，2002 年被列為中國國家 AA 級風景名勝區。

詩仙詠湖湘

　　李白（西元 701～762 年），字太白，原籍隴西成紀（今甘肅靜寧），生於中亞碎葉城（唐時屬安西都護府，今吉爾吉斯境內），5 歲時遷居四川綿州。少時博覽群書，好吟詩，擅劍術，熱衷求仙問道。工於詩，在世時即享有盛名，被後人尊為「詩仙」。西元 742 年，李白被召為翰林供奉，因遭權貴讒毀，744 年「賜金放還」。758 年，他被流放夜郎，途中遇赦，次年沿長江東還，經江夏（今武昌）到達岳陽，因仰慕「草書天下稱獨步」的僧懷素，旋赴零陵。760 年，自零陵返巴陵，出湖南。李白在湖

南歷時半年，作詩 31 首。他以熱烈奔放的筆調，描繪和歌頌了湖南秀麗的山川景色，弔古抒懷，感人至深。由於剛經歷安史之亂和不幸遭遇，作品也流露出詩人的悲憤和傷感之情。

　　李白的山水詩善於將自己的個性和感受融於景物中，形成獨特的藝術意境。如〈陪侍郎叔遊洞庭醉後〉：「剗（ㄔㄢˇ）卻君山好，平鋪湘水流。巴陵無限酒，醉殺洞庭秋。」詩人醉後竟發奇想，將君山削去，好讓湘水一無阻攔地流瀉。這種奇特的想像和奔放的豪性非李白難以道出。又如〈與夏十二登岳陽樓〉：「樓觀岳陽盡，川迴洞庭開。雁引愁心去，山銜好月來。雲間連下榻，天上接行杯。醉後涼風起，吹人舞袖回。」作者以輕快的筆調描繪了洞庭湖和岳陽樓的大好風光，在登臨遊覽中表達了自己流放獲釋後的喜悅心情。再如〈陪族叔刑部侍郎曄及中書賈舍人至遊洞庭五首〉其三：「洞庭西望楚江分，水盡南天不見雲。日落長沙秋色遠，不知何處弔湘君？」「南湖秋水夜無煙，耐可乘流直上天？且就洞庭賒月色，將船買酒白雲邊。」「帝子瀟湘去不返，空餘秋草洞庭間。淡掃明湖開玉鏡，丹青畫出是君山。」

　　西元 759 年，荊州康楚元等叛亂，李白傷感時局動盪，寫了不少詩作。如〈荊州賊亂臨洞庭言懷作〉：「修蛇橫洞庭，吞象臨江島。積骨成巴陵，遺言聞楚老。水窮三苗國，地窄三湘道。歲晏天崢嶸，時危人枯槁。思歸阻喪亂，去國傷懷抱。郢路方丘墟，章華亦傾倒。風悲猿嘯苦，木落鴻飛早。日隱西赤沙，月明東城草。關河望已絕，氛霧行業掃。長叫天可聞，吾將問蒼昊！」詩人先以巴蛇吞象、羿斬巴蛇於洞庭的傳說比喻荊州叛亂，接著描寫戰亂給人民帶來的痛苦，最後悵望蒼天，祈求叛亂早日平息。詩人甚至想親赴戰場，平定叛亂，如〈臨江王節士歌〉：「洞庭白波木葉稀，燕鴻始入吳雲飛。吳雲寒，燕鴻苦，風號沙宿瀟湘浦。節士悲秋淚如雨。白日當天心，照之可以事明主。壯士

第三章　湖湘文脈：魏晉至唐代的詩書風雅

憤，雄風生，安得倚天劍，跨海斬長鯨！」詩人以洞庭葉落、鴻雁飄零比喻自己四處漂泊的不幸，但在叛軍猖獗、國家危亡之際，仍希望為國立功，「安得倚長劍，跨海斬長鯨」，何其氣魄！

李白在湘經歷較為簡單，作詩也不多，但為湖南人民留下了寶貴的文化遺產。他描寫湖湘山水的名篇名句傳誦千古，給予人美的享受；他那滿懷的憂國憂民之情，催人奮進。

詩聖遭離亂

杜甫（西元712～770年），字子美，河南鞏縣人。24歲到洛陽，舉進士落第。西元744年結識李白，同遊梁宋。35歲入長安應試落第，困居十年，44歲始任右衛率府冑曹參軍。安史之亂，長安淪陷，他避難陝西鳳翔，唐肅宗任其為左拾遺，後被貶為華州司功參軍。不久辭官西行，來到成都。晚年的杜甫顛沛流離，飽經憂患。765年，杜甫離蜀東下。768年，經夔州、江陵，由巴陵入湖南，擬投奔時任衡州刺史的老友韋之晉。從此，杜甫在湖南度過了生命中最後的潦倒歲月，留下的99首詩作多為其淒涼漂泊生活的寫照，從中可看出作者暮年落魄江湖又心憂天下的境況。一些詩篇生動描寫了湖湘的風物人情，讀來倍感親切。

西元768年歲暮，杜甫在岳陽作詩數首，其中兩首最重要。一為〈歲晏行〉：「歲雲暮矣多北風，瀟湘洞庭白雪中。漁父天寒網罟凍，莫徭射雁鳴桑弓。去年米貴闕軍食，今年米賤大傷農。高馬達官厭酒肉，此輩杼柚茅茨空。楚人重魚不重鳥，汝休枉殺南飛鴻。況聞處處鬻男女，割慈忍愛還租庸。往日用錢捉私鑄，今許鉛鐵和青銅。刻泥為之最易得，

好惡不合長相蒙。萬國城頭吹畫角，此曲哀怨何時終。」此詩為杜甫晚年最富現實意義的力作，他透過描寫歲暮嚴寒民不聊生的艱難，深刻揭露了當時社會的黑暗，寄予對人民的同情。另一篇是千古名作〈登岳陽樓〉：「昔聞洞庭水，今上岳陽樓。吳楚東南坼，乾坤日夜浮。親朋無一字，老病有孤舟。戎馬關山北，憑軒涕泗流。」詩中一個「浮」字暗寓了社會和人民的漂浮不定，使人讀後百感交集，愴然涕下。我們彷彿看到：一位頭髮花白的老人，拖著病軀登上屹立於洞庭湖畔的岳陽樓，迎著蕭索的湖風，望著洶湧的湖水，心中發出無限的感慨。

　　西元769年，杜甫由岳陽入洞庭，溯湘江而上。舟行途中，曾入湘夫人祠憑弔，然後經喬口、銅官渚，於清明前夕到達潭州。他遊覽了嶽麓山，並寫作長詩〈麓山道林二寺行〉：「暮年且喜經行近，春日兼蒙暄暖扶。飄然斑白身奚適，傍此煙霞茅可誅。桃源人家易制度，橘洲田土仍膏腴。潭府邑中甚淳古，太守庭內不喧呼。」表露了詩人對長沙風土人情和良好治安的喜悅心情。數日後，他溯江赴衡陽，有〈宿鑿石浦〉、〈過津口〉等篇記述一路行程。至衡州，聞韋之晉時已調往潭州，又返回潭州，寫作了〈望嶽〉、〈蠶穀行〉等篇，其中〈蠶穀行〉寫道：「天下郡國向萬城，無有一城無甲兵。焉得鑄甲作農器，一時荒田牛得耕？牛盡耕，蠶亦成。不勞烈士淚滂沱，男穀女絲行復歌。」表達了自己對戰亂社會的失望，對「男穀女絲」理想社會的嚮往。

　　西元770年春，杜甫在潭州偶然遇見了開元、天寶年間曾在長安紅極一時的著名樂師李龜年，並作〈江南逢李龜年〉：「岐王宅裡尋常見，崔九堂前幾度聞。正是江南好風景，落花時節又逢君。」昔日的歌舞昇平，今日的衰敗零落，撫今追昔，使人感慨萬千。「落花時節」既是寫景，又隱喻國家的衰敗和自己的落魄傷感。同年夏初，潭州兵亂，杜甫

第三章　湖湘文脈：魏晉至唐代的詩書風雅

寄居於湘江邊棚屋，並美其名曰「江閣」。江閣在何處？杜詩〈雨〉寫道：「山雨不作泥，江雲薄為霧。晴飛半嶺鶴，風亂平沙樹。明滅洲景微，隱見巖姿露。」可見江閣面對湘江，橘子洲和嶽麓山若隱若現，其位置與小西門一帶吻合。2005 年，在湘江東岸西湖路口建杜甫江閣，就是紀念詩人的這段漂泊生活。

不久，杜甫攜家眷逃難至衡陽，途中寫了〈入衡州〉和〈逃難〉等具有史詩意義的名篇。抵達衡州的杜甫準備去郴州，投靠在那裡做錄事參軍的舅父崔瑋。於是沿耒水而上，時值江水暴漲，只得泊舟方田驛，五日不得食，耒陽縣令聞訊遣人齎送酒肉，才得以解危。西元 770 年秋末，杜甫擬北返長安，乘船由湘江轉行汨羅江，此時詩聖已疾病纏身。至岳州時，病情惡化，轉投昌江（今平江）求醫，醫治無效，於 771 年春卒於平江中縣坪（舊昌江縣治）寓所，葬於昌江小田村。813 年，其孫杜嗣業將其遺體歸葬於鄧師西北首陽山下。

杜甫遺骸雖然回到了中原，但平江人們依然為他修墓建祠。西元 1883 年，重修杜甫墓，墓碑換青石，上題「唐左拾遺工部員外郎杜文貞公墓」。1885 年，平江名士張岳齡、李元度捐修「鐵瓶詩社」，供後人憑弔。1983 年，杜甫墓被列為省級文物保護單位。1988 年，杜甫墓所在景區被列為國家重點風景名勝區。至今，杜甫墓仍有唐代石製油燈、古書手稿紙、糯米粥糊的柳條坨以及 S 紋結頂墓磚等。其他地方也有紀念杜甫的建築，如湘陰東湖之濱有「杜公亭」，湘潭縣有「霞石埠」、「岸花亭」，它們取杜詩「空靈霞不峻」、「岸花飛送客」而命名。耒陽人修建了杜甫墓、杜甫祠，至今仍有杜甫書院、杜甫公園、杜甫中學。

道州刺史元結

　　元結（西元 719～772 年），字次山，別號漫郎，河南魯山人。西元 753 年進士，764 年 5 月出任道州刺史。次年貶舂陵（今寧遠）令。766 年再任道州刺史。768 年，調任容州刺史，離開湖南。四年後病逝，有《元次山文集》。

　　元結在湖南為官五年，清廉明正，體恤民情，賑濟災民，獎勵生產。留下不少詩篇，代表作有〈舂陵行〉與〈賊退示官吏〉。

　　〈舂陵行〉描寫了戰亂之後道州百姓傷亡疲敝的悲慘遭遇：「軍國多所需，切責在有司。有司臨郡縣，刑法競欲施。供給豈不憂？徵斂又可悲。州小經亂亡，遺人實困疲。大鄉無十家，大族命單羸。朝餐是草根，暮食乃木皮。出言氣欲絕，意速行步遲。追呼尚不忍，況乃鞭撲之。郵亭傳急符，來往跡相追。更無寬大恩，但有迫促期。欲令鬻兒女，言發恐亂隨。悉使索其家，而又無生資。」「何人採國風，吾欲獻此詞。」詩作譴責了官府的嚴刑苛斂，表達了自己寧肯違詔待罪也不願逼迫人民鬻兒賣女的思想。他上奏朝廷：「臣州為賊焚破，糧儲、屋宅、男女、牛馬幾盡。今百姓十不一在，耄孺騷離，未有所安」，要求減免賦稅。〈賊退示官吏〉：「昔歲逢太平，山林二十年。泉源在庭戶，洞壑當門前。井稅有常期，日晏猶得眠。忽然遭世變，數歲親戎旃。今來典斯郡，山夷又紛然。城小賊不屠，人貧傷可憐。是以陷鄰境，此州獨見全。使臣將王命，豈不如賊焉？今被徵斂者，迫之如火煎。誰能絕人命，以作時世賢？思欲委符節，引竿自刺船。將家就魚麥，歸老江湖邊。」

　　杜甫讀此兩首詩後，特作〈同元使君舂陵行並序〉，極加讚賞：「粲粲元道州，前聖畏後生。觀乎舂陵作，歘見俊哲情。復覽賊退篇，結也實

第三章　湖湘文脈：魏晉至唐代的詩書風雅

國楨。賈誼昔流慟，匡衡嘗引經。道州憂黎庶，詞氣浩縱橫。」序中說：「今盜賊未息，知民疾苦，得結輩十數公，落落然參錯天下為方伯，萬物吐氣，天下小安可待矣！」

　　元結的散文成就高於詩歌，其文多諷刺時政，譏評世俗，短小精悍，筆鋒犀利。如〈時規〉、〈丐論〉、〈時議〉等，對韓愈、柳宗元的諷刺散文有一定影響。〈道州刺史廳壁記〉也是一篇佳作，其文寫道：「天下太平，方千里之內，生植齒類，刺史能存亡休戚之。天下兵興，方千里之內，能保黎庶，能攘患難，在刺史耳。凡刺史若無文武才略，若不清廉肅下，若不明惠公直，則一州生類皆受其害。於戲！自至此州，見井邑邱墟，生人幾盡。試問其故，不覺涕下。前輩刺史，或有貪猥昏弱，不分是非，但以衣服飲食為事。數年之間，蒼生蒙以私欲，侵奪兼之，公家驅迫，非奸惡強富，殆無存者。問之耆老，前後刺史，能恤養貧弱，專守法令，有徐公履道、李公廙而已。遍問諸公，善或不及徐李二公，惡有不堪說者。故為此記，與刺史作戒。自置州以來，諸公改授，遷黜年月，則舊記存焉。」此文針砭時弊，揚善抑惡，愛憎分明，可見其良苦用心。

　　元結在道州頗有政聲，並留下〈右溪記〉、〈寒亭記〉、〈九嶷山圖記〉、〈陽華巖銘〉等山水遊記和碑銘，其中〈右溪記〉又開柳宗元山水遊記的先聲，故清人吳汝綸評價此文：「次山放恣山水，實開子厚先聲。文字芳盻潔，亦能自成境趣。」元結散文精短峻潔，幽雅秀麗。如描寫右溪：「清流觸石，洄懸激注。佳木異竹，垂陰相蔭。」描寫寒亭：「以階檻憑空，下臨長江，軒楹雲端，上齊絕巔。若旦暮景風，煙靄異色；蒼蒼石确，含映水木。」

　　西元 760 年，元結撰〈大唐中興頌〉，歌頌唐肅宗平定安亂之亂，收

復兩京。頌詞共 45 句，每句四字，三句一轉韻，音節鏗鏘，氣勢磅礴，文辭古雅，峻偉雄剛，備受後人推重。他函請大書法家顏真卿書寫，將其摩刻於祁陽浯溪江畔峻崖上。崖高數十丈，碑高 5 公尺，寬 3 公尺，每字大四五寸，共 163 字。因文奇、字奇、石奇，堪稱摩崖「三絕」。歷代文人名士前來遊覽吟詩作賦銘刻石上，造就了浯溪「無崖不刻文，有石就題詩」的文化奇觀。歷代摩崖石刻共 505 方，其中唐代石刻 13 方，宋代 12 方，元代 5 方，明代 78 方，清代 81 方；篆書 23 方，隸書 12 方，楷書 236 方，行書 87 方，草書 7 方，其他 8 方；保存完好者 482 方，能清晰辨認者 373 方；面積大者 9.6 平方公尺，小者 0.9 平方公尺。浯溪碑林現在是中國第二大碑林，已被列為國家級重點文物保護單位，其碑文是研究中國歷史、文學、文字和書法的珍貴資料。

草聖懷素

懷素（西元 725～785 年），俗姓錢，號藏真，零陵人。幼年出家為僧，初習佛經、歷律書，後致力於書法。他刻苦自勵，勤奮好學。因家窮，練書法所需紙張匱乏，「嘗於故里種芭蕉萬株，以供揮灑」，並稱其居所為「綠天庵」。蕉葉用完了，「乃漆一盤書之，又漆一方板，書之再三，盤板皆穿」。如此「勤觀苦練，禿筆成塚」。

懷素性疏放豪爽，不拘細行，喜雲遊四方，結交天下名士，曾與李白、顏真卿等交遊。他嗜酒，每於酒酣興發，遇寺壁裡牆、衣裳器皿，無所不書。自言「飲酒以養性，草書以暢志」，時人稱為「醉僧」。懷素善於從大自然中吸取靈感，提煉藝術真知，並將「心法無形」、「梵我合一」

第三章　湖湘文脈：魏晉至唐代的詩書風雅

的禪宗思想運用於書法創作，往往達到一種「無我、無物、無法」的境界，表現出「超逸」的「狂態美」。御史李舟讚曰：「張旭之作也，時人謂之張顛；今懷素之為也，余實謂之狂僧。以狂繼顛，孰曰不可？」懷素與草聖張旭並稱「顛張狂素」，形成唐代草書並峙的兩座高峰，在某種意義上達到了空前絕後的地步。黃山谷說：「張旭妙於肥，藏真妙於瘦；此兩人者，一代草書之冠冕也。」張旭能端楷，且極為整嚴，所書狂草則放肆到無蹊轍可擬；懷素一樣縱橫馳騁，但「謹於法度」，「莫不中節」，在「魏晉法度」的基礎上將唐代草書藝術推向了新的高峰。懷素晚年作品又歸於平正，文嘉評其〈千字文〉「筆法謹密，字字用意，脫去狂怪怒張之習，而專趣於平淡古雅」。

懷素傳世的書法作品頗多，據《宣和書譜》載，御府藏有 101 篇。著名的墨寶有〈自敘帖〉、〈清淨經〉、〈藏真帖〉、〈腳氣帖〉、〈苦筍帖〉、〈四十二章經〉、〈食魚帖〉、〈東陵聖母帖〉、〈論書帖〉、〈大草千文〉、〈小草千文〉等。其中〈食魚帖〉極為瘦削，骨力強健，謹嚴沉著。〈自敘帖〉則風韻蕩漾，最能代表懷素的狂草逸態。在該帖中，懷素通篇引用了當時名人讚美自己書法藝術的詩文，並將這些詩文寫的物象用草書體勢藝術地表現出來。如「縱橫不群，迅疾駭人」，「奔蛇走虺勢入座，驟雨旋風聲滿堂」，「初疑輕煙淡古松，又似山開萬仞峰」，「寒猿飲水撼枯藤，壯士拔山伸勁鐵」，「筆下唯看激電流，字成只畏龍蛇走」，「忽然絕叫三五聲，滿壁縱橫千萬字」都是別人對他書法的稱讚，看詩文如看書法，看書法如看詩文。古今以來，書法體勢、文辭意義和作者情緒，三者能如此巧妙配合，恐怕沒有出其上了。這種藉他人之言宣揚自己書法藝術的手法的確高明，在此之前還沒有誰敢如此自誇，但懷素功力到家，觀者不但覺得不為過，反而認為這件墨寶真正是內容與形式最好的結合。

歷代名人對懷素的書法藝術評價很高。唐呂總〈讀書評〉：「懷素草書，援毫掣電，隨手萬變。」曼冀、蘇煥、任華、貫休、戴叔倫、錢起等唐代詩人對懷素評價很高。宋朱長文〈續書斷〉將懷素草書列為妙品，稱之「運筆迅速，如驟雨旋風，飛動圓轉，隨手萬變，而法度具備」。米芾〈海岳書評〉：「懷素如壯士拔劍，神采動人，而回旋進退，莫不中節。」據傳李白遊湖南時，對懷素草書特別賞識，作〈草書歌行〉：「少年上人號懷素，草書天下稱獨步。墨池飛出北溟魚，筆鋒殺盡中山兔。吾師醉後倚繩床，須臾掃盡數千張。飄風驟雨驚颯颯，落花飛雪何茫茫。起來向壁不停手，一行數字大如斗。怳怳如聞神鬼驚，時時只見龍蛇走。左盤右蹙如驚電，狀同楚漢相攻戰。」

俗家尊稱和尚為上人，學問淵博的和尚更是上人，懷素以草書擅名古今，則是上人中的上人。李白詩稱懷素為「少年上人」。從這首詩中人們彷彿看到了一個醉眼朦朧、步履踉蹌的年輕和尚，正在一堵雪白的粉壁上縱橫揮掃，場景讓人驚嘆，「粉壁長廊數十間，興來小豁胸中氣。忽然絕叫三五聲，滿壁縱橫千萬字」，「一字兩字長丈二」，有情緒，有場面，有聲音，還有鮮明的形象，如同一齣迷人的獨幕劇。書法的黑白視覺效果是純淨的，符合高僧們追求的宗教氛圍；書法又是有血有肉、需要表現的，符合「少年上人」懷素的表現欲望。於是，這些不可捉摸的線的精靈就構成了書法與宗教的完美結合。俗語說「楷如站，行如走，草如跑」。懷素狂草的書法藝術境界如此之高，形神兼備，不是常人可以企及的，因此歷代摹習者並不多。

第三章　湖湘文脈：魏晉至唐代的詩書風雅

永州司馬柳宗元

　　柳宗元（西元773～819年），字子厚，唐河東解縣（今山西運城）人，故稱柳河東。西元793年，柳宗元與劉禹錫同登進士第。805年，以參與「永貞革新」被貶為永州司馬。815年被召回京師。旋又被貶為柳州刺史。當時，劉禹錫亦被貶連州，二人結伴入湘，至衡州贈詩而別。由於長期的貶謫生涯、生活困頓和精神折磨，柳宗元英年早逝，享年47歲。好友劉禹錫將其遺稿整理成《柳河東集》。

　　柳宗元居永州九年，含垢奮發，辛勤寫作，留下了許多不朽詩文。所作〈黔之驢〉、〈臨江之麋〉、〈永某氏之鼠〉，世謂「三戒」，採用寓言形式，犀利警策，發人深思。其他如〈羆說〉、〈鞭賈〉、〈蝜蝂傳〉等文，亦寓意深刻。〈黔之驢〉中的一段，這樣描寫：「他日，驢一鳴，虎大駭，遠遁，以為且噬己也，甚恐。然往來視之，覺無異能者；益習其聲，又近出前後，終不敢搏。稍近益狎，蕩倚衝冒。驢不勝怒，蹄之。虎因喜，計之曰：『技止此耳！』因跳踉大闞，斷其喉，盡其肉，乃去。」作者描寫虎對驢試探了解的心理活動，對虎的畏懼、謹慎、喜悅、跳咬進行刻劃；而寫驢則從形聲和技窮著筆，突出驢的外強中乾的本質，形象生動，語言簡潔，表達了柳宗元對政敵外強中乾的蔑視。現在，成語「黔驢技窮」婦孺皆知，但人們因「黔」為貴州簡稱，認為「黔之驢」即「貴州驢子」。其實，當時與永州接壤的今懷化靖州、麻陽、黔陽等地均屬於黔中道，黔中道治所黔州在今四川彭水縣。因此，柳宗元所說「驢子」也許是今天湘西洪江某地的驢子，或四川的驢子，不一定就是「貴州的驢子」。

　　柳宗元在永州也寫作了不少優秀散文，如〈捕蛇者說〉、〈河間傳〉與〈宋清傳〉等。其中，〈捕蛇者說〉透過捕蛇者蔣氏講述三代人畏懼殘酷的

賦役而寧可冒死捕蛇的遭遇，深刻揭露了統治者的橫征暴斂和「苛政猛如虎」、「賦斂之毒甚於蛇」的黑暗現實，表達對人民的深切同情和改革時弊的願望。「永州之野產異蛇，黑質而白章」這一名句成了今天永州蛇酒最好的廣告詞，天下聞名。柳宗元也成了「永州異蛇酒」最好的「形象代言人」。柳宗元散文中數山水遊記水準最高。典範之作有〈始得西山宴遊記〉、〈鈷鉧潭記〉、〈鈷鉧潭西小丘記〉、〈至小丘西小石潭記〉、〈袁家渴記〉、〈石渠記〉、〈石澗記〉、〈小石城山記〉八篇，史稱「永州八記」。

「永州八記」描繪瑰奇秀美的瀟湘山水，寄寓政治革新失敗後悲憤憂鬱的情懷，文筆清雋，富有詩情畫意，是中國古代遊記散文的重大發展。如〈鈷鉧潭西小丘記〉記敘了作者用四百文購得不足一畝的山丘，當即拿起鋤頭和刀，剷除雜草，削平荊棘，於是「嘉木立，美竹露，奇石顯。由其中以望，則山之高，雲之浮，溪之流，鳥獸之遨遊，舉熙熙然回巧獻技，以效茲丘之下。枕蓆而臥，則清泠之狀與目謀，之聲與耳謀，悠然而虛者與神謀，淵然而靜者與心謀」。這種令人心曠神怡的明淨空靈景色經過作者心靈的加工後，別有情趣。又如〈至小丘西小石潭記〉：「潭中魚可百許頭，皆若空游無所依，日光下澈，影布石上，怡然不動，俶爾遠逝，往來翕忽，似與遊者相樂。」作者運用虛實相生、動靜互襯的表現手法，著意描寫了潭水的澄清，文筆簡潔而形象鮮明，韻味無窮。讀「永州八記」美文，如身臨其境，永州山水的瑰麗秀美更令人神往。

柳宗元在永州還留下了許多賦作名篇。有的諷刺和鞭撻各種醜惡現象，如〈罵屍蟲文〉、〈哀溺文〉、〈憎王孫文〉等；有的歌頌美好的人和事，託物言志，如〈牛賦〉、〈瓶賦〉、〈弔屈原文〉等；也有的情緒比較消沉，如〈懲咎賦〉、〈夢歸賦〉、〈囚山賦〉等。其體式多樣，文辭簡潔，思致幽

第三章 湖湘文脈：魏晉至唐代的詩書風雅

深。柳宗元的辭賦在唐代 300 年間首屈一指。柳宗元詩現存百餘首，大都是貶謫永州所作，其中有名篇〈江雪〉：「千山鳥飛絕，萬徑人蹤滅。孤舟簑笠翁，獨釣寒江雪。」該詩刻劃了一個迎風雪、鬥嚴寒、勇於與惡劣環境抗爭的老漁翁形象，柳宗元藉此藝術地表達了自己處境孤立卻不肯妥協的內心世界。另一首名作〈漁翁〉寫道：「漁翁夜傍西巖宿，曉汲清湘燃楚竹。煙消日出不見人，欸乃一聲山水綠。回看天際下中流，巖上無心雲相逐。」在這首僅六句的詩中，作者以明快清麗的筆調，描繪了日出前後江上神奇萬變的景色，刻劃了悠然自得的漁翁形象，流露出被貶後一種對自由生活的嚮往之情。此外，還有〈南澗中題〉、〈溪居〉、〈秋曉行南谷經荒村〉等，均為傳世名作。

此外，柳宗元還創作了〈非國語〉、〈時令論〉、〈斷刑論〉、〈天說〉、〈天對〉等哲學論著，將古代樸素唯物主義無神論思想發展到了新的高度。他寫的系列政論文，集中反映了他的政治主張。〈封建論〉，揭露了封建制的弊端，肯定郡縣制。〈六逆論〉、〈晉問〉等，主張任人唯賢，反對世襲特權。

柳宗元被貶湖南，是他人生的不幸，也是他人生的大幸，他雖然失去了仕途官運，卻成為永垂青史的文學家和思想家。由於他在永州與人民有了密切接觸，對社會弊病有了深刻認知，永州秀麗的山水又給予他靈氣，使他能創作出獨具一格的美文佳作，為湖南人民留下了一份寶貴的文學遺產和精神財富。至今，永州柳子街有柳子廟，始建於南宋，清朝光緒三年重修，三進三開，磚木結構，占地四畝。廟中有碑，韓愈作文，蘇軾書寫，歌頌柳宗元德政，故稱「三絕碑」。柳子廟對面有愚溪，附近有永州八景，愚溪入瀟水處築有愚溪橋。每年 7 月 13 日，人們在此舉行廟會，紀念柳宗元的誕辰。

朗州貶官劉禹錫

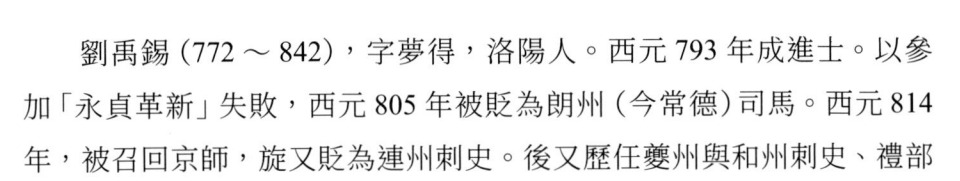

劉禹錫（772～842），字夢得，洛陽人。西元793年成進士。以參加「永貞革新」失敗，西元805年被貶為朗州（今常德）司馬。西元814年，被召回京師，旋又貶為連州刺史。後又歷任夔州與和州刺史、禮部郎中、集賢殿學士、蘇州刺史等職。西元836年，遷太子賓客，故世稱劉賓客。他前後在湖南生活十個年頭，創作詩文近200篇。

西元805年，劉禹錫前往朗州途經洞庭湖時作〈望洞庭〉：「湖光秋月兩相和，潭面無風鏡未磨。遙望洞庭山水翠，白銀盤裡一青螺。」詩人將湖面開闊靜謐的景象和自己的主觀想像交織融合，給予人靜態美，尤其是「白銀盤裡一青螺」更是想像豐富而生動。劉禹錫以湘妃祠為題材，創作了兩首詞〈瀟湘神〉：「湘水流，湘水流，九嶷雲物至今愁。君問二妃何處所，零陵香草露中秋。」「斑竹枝，斑竹枝，淚痕點點寄相思。楚客欲聽瑤瑟怨，瀟湘深夜月明時。」詞作以露中芳草比英魂愁容，刻意新巧。

劉禹錫到朗州後創作了一組詠物寓言詩〈聚蚊謠〉、〈百舌吟〉、〈飛鳶操〉、〈鶗吟〉、〈白鷹〉等，藉動物形象諷刺政敵，表達了他堅持革新絕不屈服的頑強精神。如〈聚蚊謠〉：「沉沉夏夜閑堂開，飛蚊伺暗聲如雷。嘈然欻起初駭聽，殷殷若自南山來。喧騰鼓舞喜昏黑，昧者不分聰者惑。露華滴瀝月上天，利嘴迎人看不得。我軀七尺爾如芒，我孤爾眾能我傷。天生有時不可遏，為爾設幄潛匡床。清商一來秋日曉，羞爾微形飼丹鳥。」詩人將宦官、貴族、官僚、藩鎮聯合成的豪族集團喻為群蚊，牠們在黑暗中嗡嗡叫，吸人鮮血，雖暫時猖獗，但待到秋日必將滅亡。詩用民歌體，自然流暢，通俗易懂。

劉禹錫雖貶謫朗州，但他豁達樂觀，心情豪放自喜。如〈秋詞〉寫

道:「自古逢秋悲寂寥,我言秋日勝春朝。晴空一鶴排雲上,便引詩情到碧霄。」該詩展現出作者奮發向上、激越開朗的精神。又如〈竹枝詞〉:「山上層層桃李花,雲間煙火是人家。銀釧金釵來負水,長刀短笠去燒畬。」寫景狀人,形象和諧鮮明。「山上層層桃李花」,畫面濃麗,生機勃勃,與女子銀釧金釵的美麗服飾協調一致,又與男子燒山春耕、滿溢活力融為一體,勾勒出一幅富有湘西山地少數民族生活特色的風俗畫面,彷彿今天湘西的苗侗山寨。「銀釧金釵」、「長刀短笠」,又句中自對,讀來頓挫鏗鏘,富有韻律美。

劉禹錫借用武陵地區的山歌形式,創作了〈採菱行〉、〈競渡曲〉、〈桃源行〉諸詩,很有特色。〈採菱行〉:「白馬湖平秋日光,紫菱如錦彩鴛翔。蕩舟遊女滿中央,採菱不顧馬上郎。爭多逐勝紛相向,時轉蘭橈破輕浪。長鬟弱袂動參差,釵影釧文浮蕩漾。笑語哇咬顧晚暉,蓼花緣岸扣舷歸。歸來共到市橋步,野蔓繫船萍滿衣。家家竹樓臨廣陌,下有連檣多估客。攜觴薦芰夜經過,醉踏大堤相應歌。屈平祠下沅江水,月照寒波白煙起,一曲南音此地聞,長安北望三千里。」該詩以武陵青年女子採菱為題材,用民歌形式反映了她們緊張而歡樂的生活,表現了她們勤勞的優良品德,並抒發自己被貶的憤懣心情。

劉禹錫散文以論見長,他在朗州期間除寫作了〈秋聲賦〉和〈砥石賦〉等情調高亢、寄意深遠的散文外,還創作了《天論》等哲學著作。他在《天論》中指出,天是有形中最大的,人是動物中最聰明的。天的功能人類固然不能勝任,而人類的功能天也有所不能勝任。天地萬物的發展變化之所以無窮無盡,就在於「交相勝而已,還相用而已」,就是說天人之間是既互相取勝,又互相利用的。人之所以能夠勝天,就在於天有其自然法則,可以為人所認識和利用。

常德桃花源雞鳴峪口有劉禹錫草堂，芭草屋頂，土牆玄柱，簡窗陋室，面闊 15 公尺，進深 5 公尺，塑劉禹錫像，並附詩文碑刻數塊，以資紀念。

破天荒進士劉蛻

眾所周知，成語大都是四字，但也有一個三字成語，這就是「破天荒」，並且這個成語與唐代的長沙進士劉蛻有關。劉蛻，字復愚，自號文泉子，西元 850 年中進士。據載，唐朝推行科舉取士制度，管轄今湖南大部分地區的荊南節度使每年解送舉人入京趕考，連續 50 多年都沒有人考中進士，時人有「天荒解」之謂。直到劉蛻考中，才終於有荊州地區的舉人中進士，時人稱為「破天荒」。荊南節度使崔鉉特地獎賞劉蛻七十萬貫「破天荒錢」。劉蛻答謝道：「五十年來，自是人廢；一千里外，豈曰天荒。」

劉蛻曾擔任左拾遺，為官耿直，不畏權貴，經常直言進諫。西元 863 年 8 月，唐懿宗任命宦官吳德應為館驛使，劉蛻以違反舊制請收回成命。懿宗說：「敕命已行，不可復改。」劉蛻上書辯駁：「自古明君從諫如流，豈有已行而不改者！且敕自陛下出之，自陛下改之，何為不可？」懿宗不聽。864 年，劉蛻受誣陷，被貶為華陽令。但劉蛻不畏權貴、剛正不阿的品行，為人稱道。劉蛻酷愛詩文，自稱：「飲食不忘於文，晦冥不忘於文，悲戚怨憤，疾病嬉遊，群居行役，未嘗不以文為懷也。」其作品曾有《文泉子集》十卷，已佚。明代韓錫輯有《文泉子集》一卷，另有明吳骵輯《劉蛻集》六卷。

第三章　湖湘文脈：魏晉至唐代的詩書風雅

　　劉蛻以散文名世。晚唐文人多喜作華麗駢文，劉蛻獨以恢復古文為己任。他的散文風格獨特，文筆古樸奇奧，見解精闢，少有虛誇修飾的辭語和矯揉造作的情調，感情真摯，多憤世嫉俗，特別是後期之作同情農民，表現出一種平均主義思想。他在《山書》中寫道：「車販妾媵，所以奉貴也。然而奉天下來事貴者，賤夫！有車服必有雜珮，有妾媵必有娛樂。聖人既為之貴賤，是欲鞭農夫父子以奉不暇，雖有杵臼，吾安得粟而舂之。嗚呼！教民以杵臼，不若均民以貴賤。」文中「教民以杵臼，不若均民以貴賤」表達了作者的民本思想，對封建王朝制度予以否定，對農民的深切同情躍然紙上。《古漁父》講了一則有趣的故事：「有置魚於葦間，仰見鳴鳶集其上，乃冠木於器旁以懼之。明日，澤西漁者乃刻材澤畔。前日置魚者目視而去，而三年不敢漁。其妻笑曰：『始偽以紿（音代，欺騙）一器之魚，學偽得盜一澤之利。』」第一位漁夫將木人放在魚器旁嚇老鷹，騙得一器之魚；而第二位漁夫將木牌插到岸邊，嚇得第一位漁夫三年不敢來打魚，辛辣地諷刺了那些慣於行騙以售其奸的人和每況愈下的世風。

　　劉蛻辭賦取法漢代揚雄，文字奇奧怪僻，以〈憫禱辭〉為典型，很有特色：「公邑之南兮，禱龍之潭。空波隣天兮，雲物中涵。鱗鰓觳碧兮，淵怪相參。風翼輕翔兮，帶直煙嵐。吏不政兮，胥為民蠱。政不繩兮，官為胥酟。彼民之不能口舌兮，為胥之緘。進不得理兮，若結若鉗。陰戾陽返兮，民之不堪。燥日流焰兮，赫奕如惔。泉沸湧兮，如湯而炎。役巫女兮，鼉鼓坎坎。風笛搖空兮，舞袂衫衫。胥不虔祈兮，官資笑譚。胡不戮狡胥兮，徇此潔嚴？胡不罪己之不正兮，去此貪婪？荷天子之優祿兮，胡為而不廉？又何役女巫而禱空潭？」文中一些字眼非常奇特怪僻，包括「蠱」和「酟」等，但仔細思索，又覺得在理。此文不僅在

文字上模仿揚雄，還進一步發揮了揚雄諷喻的創作手法，鞭撻了官吏蔑視和箝制人民的醜惡嘴臉，對「民之不能口舌」予以深切同情，最後連用幾個反詰句批判了可恥的官吏，義正詞嚴。

劉蛻還有《弔屈原辭》三章，辭句與《楚辭》相似，且風格也與《楚辭》一脈相承，悲哀怨憤，感人至深。清劉熙載《藝概·文概》對劉蛻作品有中肯的評價：「劉蛻文意欲自成一子，如《山書》十八篇、《古漁父》四篇，辭若僻而寄託未嘗不遠。學《楚辭》尤有深致，《哀湘竹》、《下清江》、《招帝子》，雖止三章，頗得《九歌》遺意。」

劉蛻在潭州有故宅，位於今長沙通泰街。清代，浙江巡撫胡興仁曾在此建有一座風景別緻的園林，取名「蛻園」。後左宗棠部將陝甘提督周達武用其地築樓臺池館。之後，蛻園又幾易其主，戊戌維新時期陳寶箴、陳三立父子曾在此居住，西元 1890 年，東方史學家陳寅恪也誕生於蛻園。1905 年，教育家朱劍凡在此創辦周南私學。可見，「破天荒」進士劉蛻文才澤被後世，哺育了一代又一代湖湘菁英。

澧州才子李群玉

李群玉（約西元 808～862 年），字文山，澧州（今澧縣）人。早年發憤讀書，喜吟詩，善吹笙，工書法。其書室置於澧浦仙眠洲上，每當入夜風輕雲淡、漁歌星火之時，李群玉常觸景生情，賦詩抒懷，詩筆妍麗，名重一時。裴休任湖南觀察使時，對李群玉十分器重，曾厚禮延致幕中。但李群玉出身低微，一直被士族排斥。他長期處身江湖，一生頗不得志，雖然多次投詩於達官貴人希望得到引薦，並不只一次上京應

第三章 湖湘文脈：魏晉至唐代的詩書風雅

試，但都未成功。西元 854 年，已屆不惑之年的李群玉以布衣之士的身分遊長安，向宣宗李忱獻詩 300 首，經宰相裴休引薦，授弘文館校書郎。然而晚唐殘酷的社會現實，使他親身感受到朝政的腐敗黑暗、官場的爾虞我詐和社會的世態炎涼，在短短三年之後就辭職南歸，漫遊各地，不再入仕。

李群玉作為唐代有名的湖南詩人，現存詩歌 267 首及斷句二聯，有《李群玉集》傳世。《全唐詩》收其詩 258 首，在唐代湘籍詩人中僅次於齊己。他工於五言古詩，尤擅長抒寫羈旅愁懷，歷代詩歌理論家多有評論。明謝榛《四溟詩話》：「李群玉〈雨夜〉詩『請量東海水，看取淺深愁』，觀此悲感，無發不皓。若後削冗句，渾成一絕，則不減李白矣。」清人賀裳《載酒園詩話又編》：「文山雖生晚唐，不染輕靡僻澀之習，五言古頗有素風。」

李群玉詩作在藝術風格上可分為沉鬱哀怨和清越妍麗兩類。李群玉與杜甫經歷相似，其沉鬱哀怨詩風與杜甫一脈相承。如〈黃陵廟〉：「小姑洲北浦雲邊，二女容妝自儼然。野廟向江春寂寂，古碑無字草芊芊。風回日暮吹芳芷，月落山深啼杜鵑。猶似含顰望巡狩，九嶷愁絕隔湘川。」首聯交代黃陵廟中二妃形象；頷聯描繪廟前淒涼荒蕪的景象；頸聯繼續寫景，並寓情於景；尾聯展開想像，二妃愁眉緊鎖，仰望遠巡瀟湘九嶷山的舜帝，一望一隔，將二妃無限的情愁哀怨表達得淋漓盡致。此詩妙在將環境、神話、古人和自己系統結合，既憑弔黃陵廟，又融進自己的不幸際遇，頗具沉鬱哀怨的特色。全詩未有一悲字，而悲景全出。

李群玉還有一些詩作卻給人輕鬆愉悅之感。如〈引水行〉：「一條寒玉走秋泉，引出深蘿洞口煙。十里暗流聲不斷，行人頭上過潺湲。」此詩描寫百姓用竹筒引水的情境，內容簡單，卻給人欣喜可愛之感。再如〈湖

閣曉晴寄呈從翁二首〉之一：「嶺日開寒霧，湖光蕩霽華。風鳥搖逕柳，水蝶戀幽花。蜀國地西極，吳門天一涯。輕舟欄下去，點點入湘霞。」詩中用絢麗多彩的語言刻劃所見景物，表達了詩人的喜悅心情。

　　李群玉一生坎坷，潦倒失意，看破紅塵，認為「城市不可居」，官場似「樊籠」，「須知香餌下，觸口是銛鉤」，「富貴榮華春夢中」，嚮往山林隱居，寫了不少頗有情趣的詠物詩和閒逸詩。如〈釣魚〉：「七尺青竿一丈絲，菰蒲葉裡逐風吹。幾回舉手拋芳餌，驚起沙灘水鴨兒。」還如〈江南〉：「鱗鱗別浦起微波，泛泛輕舟桃葉歌。斜雪北風何處宿？江南一路酒旗多。」李群玉詩歌在藝術創作手法上很有工夫，注重詩句自然工巧和富有寓意。如〈山驛梅花〉：「生在幽崖獨無主，溪蘿澗鳥為儔侶。行人陌上不留情，愁香空謝深山雨。」此詩運用烘托的藝術手法，渲染山驛梅花冷寂無人賞的遭遇，寄寓了詩人知音難尋、懷才不遇的憂憤。

胡曾詠史

　　胡曾（西元839～？年），邵西竹山灣（今邵陽縣長陽鋪鎮）秋田村人，自號秋田。他少負才名，詩文為鄉里所稱許，應進士試落第。曾賦閒客居長安，所作〈寒食都門作〉記述自己在京華的憔悴失意：「二年寒食住京華，寓目春風萬萬家。金絡馬銜原上草，玉顏人折路傍花。軒車競出紅塵合，冠蓋爭回白日斜。誰念都門兩行淚，故園寥落在長沙。」西元871年，劍南西川節度使路巖招其入官。此時已32歲的胡曾喜出望外，立即從長安起程去成都。途中作〈劍門寄路相公啟〉，有「方嗟碌碌之生，忽忝戔戔之幸」，「既蒙蜀顧，敢望秦留」等詩句，藉以表達心中

第三章　湖湘文脈：魏晉至唐代的詩書風雅

的喜悅。

胡曾入成都後，被辟為掌書記。路巖死後，他又在高駢幕府擔任同一職務。當時南詔國勢力強盛，屢次侵犯西南邊境，並木夾傳書，提出割讓土地，揚言要「飲馬錦江」。胡曾奉命回書，檄文義正詞嚴，氣勢磅礴，將唐王朝喻為眾星相拱的「北」和百川趨匯的「東海」，「四方八表，莫不輻輳」。信出，大兵隨發，南詔首領畏懼，即送子入朝為質乞和，並承諾不敢再犯。西元881年，僖宗任高駢為京城四面都統、檢校太尉。高駢不聽令，謀反，被罷職。不久，胡曾離開高駢幕府。關於胡曾的死，說法不一，一說「終老於家」，一說「終於幕府」。邵陽民間傳說，胡曾受高駢叛逆罪株連被殺，後朝廷認為是誤殺忠良，為之昭雪，但找不到人頭，皇帝賜以金頭，朝禮葬之。

胡曾在文學上以詠史詩名世。《新唐書・藝文志》輯錄胡曾的著作有《安定集》十卷、《詠史詩》三卷。其詩作憑藉無數可歌可泣的歷史事實，詠嘆封建王朝的治亂興衰、文官武將的窮達榮辱、忠臣義士的品德氣節、黎民百姓的苦難辛酸，抒發自己感時紛亂和懷才不遇的苦悶心情。曾作〈自序〉：「夫詩者，蓋美盛德之形容，刺衰政之荒怠，非徒尚綺麗瑰琦而已。故言之者無罪，讀之者足以自戒。」可見其作詠史詩的本旨是託古諷今，意存勸誡。

胡曾詠史詩的思想價值主要表現在關心民生疾苦、諷刺暴君奸臣上，鄭振鐸在《插圖本中國文學史》中，稱胡曾是「真正的民間詩人」。如其〈長城〉：「祖舜宗堯自太平，秦皇何事苦蒼生？不知禍起蕭牆內，虛築防胡萬里城。」辛辣諷刺了秦始皇濫用民力修築長城的愚蠢行為。再如〈昆明池〉：「欲出昆明萬里師，漢皇習戰此穿池。如何一面圖攻取，不念生靈氣力疲！」尖銳批評了漢武帝的窮兵黷武政策。〈阿房宮〉亦表達了

這種思想:「新建阿房壁未乾,沛公兵已入長安。帝王若竭生靈力,大業沙崩固不難!」胡曾對殘害忠良的奸臣深惡痛絕,如〈殺子谷〉:「舉國賢良盡淚垂,扶蘇屈死樹邊時。至今谷口泉嗚咽,猶似秦人恨李斯。」寫秦代扶蘇蒙冤的故事,而曰「至今」,使作品的批判具有強烈的現實性。

胡曾詠史詩涉及120多位歷史名人,大凡重要歷史事件和名勝古蹟多薈萃其中,內容廣泛。他忠於史實,立論公允,不虛美,不隱惡。如對劉邦治國用人唯賢表示讚賞,對其誅殺功臣大加譴責的〈雲夢〉:「漢祖聽讒不可防,偽遊韓信果罹殃。十年辛苦平天下,何事生擒入帝鄉?」對項羽這位才能出眾的失敗英雄則表示同情,如〈烏江〉:「爭帝圖王勢已傾,八千兵散楚歌聲。烏江不是無船渡,恥向東吳再起兵。」此外,胡曾詠史詩語言淺顯通俗,風格質樸平易,如〈青門〉:「漢皇提劍滅咸秦,亡國諸侯盡是臣。唯有東陵守高節,青門甘作種瓜人。」胡曾詩因其通俗性和故事性強,流傳很廣,從唐至明清曾為訓蒙讀物,歷史小說《三國演義》等多有引用,對中國通俗文學的發展有獨特貢獻。

詩僧齊己

齊己(西元約863～937年),俗姓胡,字邇潙,名得生,晚年自號衡岳沙門,益陽人。齊己幼時家貧,父母早逝,7歲時至寧鄉大潙山為峝慶寺牧牛。齊己少時聰穎,牧牛時常用竹枝在牛背上比劃作詩,詩句出人意表。峝慶寺僧侶十分驚異,勸他剃度出家,以冀為寺院延譽。齊己出家後先居峝慶寺,後棲居衡山東林寺。齊己勤奮好學,詩名日盛,仍四出遊歷,虛心求教。鄭谷為齊己「一字之師」便是一段佳話。據載,齊己雲遊天下時,曾持其詩作〈早梅〉向鄭谷請教。詩句是:「萬木凍欲折,

第三章 湖湘文脈：魏晉至唐代的詩書風雅

孤根暖獨回。前村深雪裡，昨夜數枝開。風遞幽香出，禽窺素豔來。明年如應律，先發望春臺。」鄭谷閱後，笑著說：「數枝」非早，不如「一枝」更佳。齊己聽罷，不覺對鄭谷肅然起敬，叩地膜拜。從此，人們便稱鄭谷為齊己的一字之師。齊己此詩被清人譽為「照耀古今」之作。

西元921年，齊己應蜀僧之約赴劍南，因戰亂半途折回。路過江陵，為荊州節度使高季興挽留，任龍興寺僧正，80歲時圓寂於江陵。《全唐詩》收錄其詩800餘首，這是湖南籍詩人中收錄最多的，在《全唐詩》幾千名詩人中，數量僅次於白居易、杜甫、李白、元稹而居第五位。弟子西文將其詩文輯錄成《白蓮集》十卷，並於938年雕版刻印，這比中國現存最早的雕版印刷書《金剛經》僅晚70年，也是迄今已知最早的湖南文人雕版詩文集。他與中晚唐的皎然、貫休並稱為三大詩僧，其作品數量最多，被四庫全書編者推為唐代第一詩僧。

齊己詩名遠播，秉節高亮，但其貌不揚。頸部長一瘤贅，時人戲稱為「詩囊」。他性格逸放，「不滯土木形骸，頗任琴樽之好」，平日則破衲擁身，枲麻纏膝，怡然自得。因長年的坐禪念佛和方外生活，其詩歌不像李白的那樣激情飛揚和想像奇特，也不像杜甫那樣憂國憂民和沉鬱頓挫，而表現一種清淡冷峭高遠雅致的風格。如〈和鄭谷郎中幽棲之什〉：「誰知閑退跡，門徑入寒汀。靜倚雲僧杖，孤看野燒星。墨沾吟石黑，苔染釣船青。相對唯溪寺，初宵聞念經。」齊己交遊甚廣，與僧俗友人酬贈之作甚多。但他一生「懶謁王侯，至有『未曾將一字，容易謁諸侯』句為狎」。實際情況也是如此，齊己很少與諸侯公卿有過詩文往來，更未曾有阿諛奉承、歌功頌德之詞。

齊己有不少作品透著濃厚的佛家思想，與王維的禪宗哲理詩相似。如〈日日曲〉：「日日日東上，日日日西沒。任是神仙客，也須成朽骨。

浮雲滅復生,芳草死還生。不知千古萬古人,葬向青山為底物?」在詩人看來,世間萬事萬物如同日出日落一樣,人世間的功名富貴如過眼煙雲,不必苦求。又如〈詠撲滿〉:「只愛滿我腹,爭如滿害身。到頭須撲破,卻散與他人。」此詩寫出了蓄錢罐錢滿身亡的現象,含蓄地諷刺了拚命積聚錢財到頭來卻落得人財兩空的下場的行為,宣揚了佛家「一切皆空」的思想。還如〈白髮〉:「莫染亦莫鑷,任從伊白頭。白雖無耐藥,黑也禁不秋。靜枕聽蟬臥,閒垂看水流。浮生未達此,多為爾為愁。」詩人用江南民歌體清淡的語言,勸導人們應心情閒適,順其自然,不必為白髮憂愁。還如〈野鴨〉:「野鴨殊家鴨,離群忽遠飛。長生緣甚瘦,近死為傷肥。江海遊空闊,池塘啄細微。紅蘭白蘋渚,春暖刷毛衣。」野鴨的長生在於牠經常運動,瘦而精;死亡的鴨是為肥所傷。其佛學哲理不言而喻。

　　齊己也有少數詩作反映現實和人民疾苦。如〈寓言〉:「造化安能保,山川鑿欲翻。精華銷地底,珠玉聚侯門。始作驕奢本,終為禍亂根。亡家與亡國,云此更何言?」又如〈輕薄行〉寫道:「玉鞭金鐙驊騮蹄,橫眉吐氣如虹霓。五陵春暖芳草齊,笙歌到處花成泥。日沉月上且鬥雞,醉來莫問天高低。伯陽道德何唾咦,仲尼禮樂徒卑棲。」對驕奢淫逸的公卿侯門與紈褲子弟予以指斥、諷刺。還如〈耕叟〉:「春風吹蓑衣,暮雨滴箬笠。夫婦耕共勞,兒孫飢對泣。田園高且瘦,賦稅重複急。官倉鼠雀群,只待新租入。」表達了詩人對人民的深切同情。還如〈老將〉別有情趣:「破虜與平戎,曾居第一功。明時不用武,白首向秋風。馬病霜飛草,弓閒雁過空。兒孫已成立,膽氣亦英雄。」再如〈古劍歌〉:「古人手中鑄神物,百鍊百淬始提出。今人不要強砸磨,蓮鍔星文未曾沒。一彈一撫聞錚錚,老龍影奪秋燈明。何時得遇英雄主,用爾平治天下去?」

表明齊己自己身處亂世，希望有英主出現，平亂致治。

齊己詩工於詠物，融情於景，含蓄有致，善於從不同角度捕捉物象，展開聯想。如寫月夜中的祝融峰「巨石凌空黑，飛泉照夜明」。寫早鶯「藏雨並棲紅杏密，避人雙入綠楊深。曉來枝上千般語，應共桃花說舊心」。孫光憲為其詩集作序云：「師氣尚孤潔，詞韻清潤，平淡而意遠，冷峭而旨深。」

齊己對於詩歌理論也有深入研究，曾撰《風騷旨格》一卷，闡述詩的格式、類別、題材與寫作方法，對宋以後的詩論有一定影響。齊己的書法，特別是行書，筆跡灑落，曾與其詩文一起「傳布四方」。宋人編寫的《宣和書譜》和元人陶宗儀編寫的《書史會要》都介紹了齊己的詩文書法。《宣和書譜》還記載，宋御府收藏他的行書七件、正書兩件。

第四章

湖湘書院：
五代十國至兩宋的學術與武風

第四章　湖湘書院：五代十國至兩宋的學術與武風

馬楚興衰

　　馬殷，字霸圖，許州（今河南）鄢陵人，「少為木工」，唐末應募從軍，曾參與鎮壓黃巢起義和江淮藩鎮之亂，素以驍勇著稱。西元892年，他率部逃竄江西，攻入湖南。劉建鋒死後，他成了湖南的最高統治者。907年，後梁代唐，馬殷採納謀士高郁「尊王仗順」之策，向梁進貢稱臣，以閉境自保。梁太祖朱溫封其為楚王。910年，後梁加封馬殷為「天策上將軍」，在其轄境內建武安、武平、靜江三節度使。馬殷在潭州建天策府，置左右相，「有文苑學士之號，知詔令之名，總制二十餘州，自署官吏，征賦不供」，初具立國規模。923年，李存勗滅後梁，建立新朝，史稱後唐。馬殷遣子入覲，稱臣納貢。927年，後唐正式冊封馬殷為「楚國王」。馬殷依天子制，以潭州為長沙府，建楚國，立宮殿，以姚彥章、許德勛為左右丞相，置百官，建立了名副其實的獨立王國，史稱「馬楚」。

　　透過十餘年征戰，馬殷消滅了各支割據勢力，統一了湖南。他採納謀士高郁建議，在政治上採取「上奉天子，下撫士民」，內靖亂軍，外禦強藩的政策，形成了一個相對安定的環境；在經濟上，興修水利，獎勵農桑，發展茶業，提倡紡織，通商中原，使社會經濟得到較快發展，「國以富饒」。諸項重大政治、經濟和外交政策都由高郁制定，高郁對馬楚的安定和富強功不可沒。馬楚既強，為鄰國所忌。他們深知高郁對馬楚的重要，欲弱馬楚，必先除高郁，於是散布謠言，中傷高郁。馬希範入覲後唐時，唐莊宗見他年少，撫其背一語雙關地說：「國人皆言馬家社稷必為高郁所取，今有子如此，高郁安得取此耶？」馬希範回湘後詣告其父，欲誅殺高郁。馬殷指出這是敵方的離間計，不許。荊南高氏更加忌

恨高郁,派人至楚國造謠:「季昌聞楚用高郁,大喜,以為亡馬氏者,必郁也。」馬希聲兄弟與父親爭執,終於罷免了高郁兵權,並暗中使人誣告高郁謀反,將其誅殺。馬殷聞悉後,知楚國氣數已盡,拊膺痛哭。

西元 930 年,馬殷去世,馬希聲因母寵得立。馬希聲凶殘貪婪。父喪將葬衡陽,他全然不顧,依舊如往日一樣「食雞肉數器」。禮部侍郎潘起目不忍睹,譏誚說:「昔阮籍居喪而食蒸豚,世豈乏賢耶!」另有史載:「海商有鬻犀帶者,值數百萬,晝夜有光,洞照一室」,馬希聲即殺商奪其帶。932 年,馬希聲死,弟馬希範繼王位。他治湘 15 年,開天策府,立溪州銅柱,建開福寺,頗有政聲。但他生性驕奢殘暴,即位之初,先後囚禁同母弟馬希旺、鴆殺異母弟馬希杲。尤其是他縱情聲色,窮奢極欲。

史載,馬希範「性剛愎,且奢靡而喜淫,先王妾媵多加無禮。又令尼僧潛搜士庶家女有容色者,強委禽焉,前後數百人,猶有不足之色。」他大興土木,極盡奢靡之能事。所建天策府,「極棟宇之盛,戶牖欄檻,皆飾以金玉,塗壁用丹砂數十萬斤。地衣,春夏用角簟,秋冬用木綿。」,「為長槍大㮶,飾之以金,可執而不可用,募富民年少肥澤者八千人,為銀槍都」。在城北營造「會春園、嘉宴堂、金華殿,其費鉅萬」;在城南營建碧湘宮、九龍殿,極盡豪華,「九龍殿,刻沉香為八龍,飾以金寶,長十餘丈,抱柱相向,希範居其中,自為一龍」。

如此大肆揮霍,原本「財貨豐殖」的馬楚國庫迅速告罄。馬希範下令重為賦斂,瘋狂搜刮。「遣使者行田,專以增頃畝為功,民不勝租賦而逃。」他大言不慚:「但令田在,何憂無穀?」他公開賣官鬻爵,「以財多少為高卑之差」,以錢得官的富商大賈充斥於楚國。「民有罪,則富者輸財,強者為兵,唯貧弱受刑。」馬希範「令常稅之外,大縣貢米兩千斛,

第四章　湖湘書院：五代十國至兩宋的學術與武風

中千斛,小七百斛,無米者輸布帛」,如此橫征暴斂,民怨鼎沸。馬希範自知民有怨言,「置函於府門,便人投匿名書互相告詰」,許多人因被誣告而招致殺身之禍。天策府學士拓跋恆上書諫阻,馬希範大怒,不與相見。拓跋恆長嘆:「王逞欲而慢諫,吾見其千口飄零無日矣!」

西元947年,馬希範死,馬希廣繼位。其餘諸弟擁兵自雄,紛爭不已,史稱「五馬爭槽」。950年,馬希萼自朗州率蠻漢大軍攻陷潭州。「朗兵及蠻大掠三日。殺吏民,焚廬舍,自武穆王(馬殷)以來所營宮室皆為灰燼,所積寶貨,皆入蠻落。」馬希萼縊死馬希廣,自立為楚王。並搜殺李弘皋等文臣,「湖南要職,悉以朗人為之」。馬希萼得志後,「多思舊怨,殺戮無度,晝夜縱酒荒淫」,不理政事。掌握軍政大權的馬希崇「復多私曲,刑政紊亂」,於次年推倒馬希萼,骨肉相殘,混戰不已。其時,中原正值後周代後漢,無暇顧及馬氏窩裡鬥。馬希萼、馬希崇兄弟不約而同地向世敵南唐求救,結果引狼入室。

西元951年,南唐大將邊鎬率軍從江西袁州攻入湖南,將馬氏兄弟各個擊破。南漢國乘機出兵,攻占馬楚在南嶺的轄地。邊鎬初入長沙,尚能收攬人心,「大發馬氏倉粟賑之,楚人大悅」,流傳「鞭(邊)打馬,馬急走」的童謠。馬楚滅國後,邊鎬奉命「悉收湖南金帛、珍玩、倉粟,乃至舟艦、亭館、花果之美者,皆徙於金陵」,並將馬氏家族及其將佐千餘人遷往南唐都城金陵。當他們在湘江登舟前往金陵時,行者悲慟欲絕,「送者皆號泣,響震川谷」。曾顯赫一時、「雄於列國」56年的馬楚統治終於在一片悲泣中落下帷幕。數年後,馬希萼病死金陵,馬希崇兄弟17人在後周世宗南征金陵時又被擄往汴京。

茶馬古道

湖南茶葉生產，南朝時已有記載。《荊州土地記》載：「武陵七縣通出，茶最好。」隋唐時期，記載增多。郎蔚之《隋州圖經》釋曰：「茶陵縣者，所謂陵谷生茶茗者也。」李泰《括地志》載：「辰州漵浦縣，山多茶樹。」李肇《國史補》載：「風俗貴茶，茶之名品益眾，湖南有『衡山』，岳州有『㳽湖之含膏』。」劉禹錫〈武陵書懷〉有「茗坼滄溪秀」之句，自注云：「滄溪茶為邑人所重。」據載，西元641年，松贊干布迎娶文成公主，㳽湖含膏也帶入西藏。可見，岳州名茶在唐代已是宮廷佳品。由於唐末五代藩鎮割據，長江下游商道阻斷，唐代前期暢銷海內外的銅官窯瓷衰落了。為解決財政困難，活躍地方經濟，馬殷採納高郁「聽民摘山」和「聽民售茶北客」的建議，使茶葉生產和貿易獲得了很大發展，茶稅成馬楚政權重要的財政收入。「令民得自造茶以通商旅，而收其算，歲入凡百萬計。」為促進茶葉貿易，馬楚政權採取了三點措施：

◆ 第一，實行重商的關稅和貨幣政策

馬楚利用湖南地處南方各政權中心的地理優勢，大力發展與中原及周邊地區的貿易，免收關稅，招徠各地商人。據記載：「是時王（楚王）關市無徵，四方商旅聞風輻輳。」楚王採納高郁鑄鉛鐵錢的建議，促進貨物外銷。因為鉛錢和鐵錢笨重，外地商人不便攜帶，故離境時用所獲之錢大量採購湖南物產運載而去。「商旅出境，無所用錢，輒易他貨去，故能以本地所餘之物，易天下百貨，國以富饒。」

第四章　湖湘書院：五代十國至兩宋的學術與武風

◆ 第二，保障商道暢通

中國歷來是南茶北銷。南方氣候適合茶樹生長，茶葉主要產於長江以南，北方游牧民族以肉食為主，食茶有助於消化，因而有嗜茶風俗，但北方不產茶，因此成了南茶的主要銷售市場。由於產地不同，茶葉北銷路線主要有三條：閩浙等沿海地區茶葉沿運河銷往中原，為東線；巴蜀茶葉跨過秦嶺進入關中和漠北，為西線；嶺南、湖南、荊襄茶葉沿湘江、洞庭，跨長江，溯漢水北上中原，為中線。五代時，江淮藩鎮割據，連年戰亂，東線茶道阻斷。西線由於蜀道險窄，茶葉不能大規模北運。因此，中線成為主要的茶葉北銷通道。楚國北邊的荊襄地區產茶不多，南漢產茶主要銷往海外。馬楚正是利用了這種有利的環境和時機，大力發展茶葉北銷貿易。為保證商路暢通，楚國交好於北方政權，甚至不惜稱臣納貢。西元937年，石敬瑭對淮南用兵時，馬希範以「大茶三萬斤」，以助軍餉。

◆ 第三，設定回圖務，促進茶葉北銷

西元908年，馬殷於「汴、荊、襄、郢、復州置回圖務，運茶河之南北，以易繒紆、戰馬」。回圖務，有兩種功用，一是作為湖南茶葉北銷的轉運貨棧和旅店，二是作為茶葉銷售站。馬楚政權組織茶商（號「八床主人」）收購茶葉，運往各回圖務，轉售「北客」。茶葉貿易主要有茶繒交易、茶馬交易兩種形式。前者以中原居民為銷售對象，後者以大漠南北的少數民族為銷售對象。大都透過貨幣結算，賣出茶葉後，再就地購買繒、紆和戰馬運回南方。從每年茶稅以百萬計來看，湖南茶葉北銷的數量很大，很可能已壓倒了江淮茶、福建茶，壟斷了北方市場。

溪州銅柱

　　馬楚前期，在處理和少數民族關係上沿襲唐制，以羈縻安撫為主，以軍事鎮壓為輔，湖南少數民族相安無事，鄰省少數民族亦前來投奔歸順。江西吉州廬陵彭氏「世居赤石洞為酋豪」，唐朝末年，彭瑊、彭瑊、彭玕兄弟「聚徒眾得數千人，自為首領」，鎮壓了當地民變，彭瑊升補為刺史。不久，彭瑊來湖南投馬殷，馬殷授其為辰州刺史。西元909年，彭玕率部族「數千人奔楚」，馬殷授其為郴州刺史。馬殷還娶彭玕之女為馬希範妻，採取聯姻形式加強對彭氏及其部屬的控制。「彭氏兄弟強力，多積聚，故能誘脅諸蠻歸之，勝兵萬餘人。」馬殷時對彭氏一再表示懷柔安撫，以利用他們來統治少數民族地區。910年，彭瑊戰死，其子彭士愁繼任溪州刺史，轄今永順、龍山、保靖等縣。馬希範繼楚王位後，驕奢淫逸，橫征暴斂，溪、獎、錦等州少數民族深受其害。

　　西元939年，溪州刺史彭士愁揭竿而起，反抗馬希範暴政。他「引獎、錦州蠻萬餘人，寇辰、澧州，焚掠鎮戍」。馬希範遣左靜江軍指揮使劉勍進剿。彭士愁兵敗，「棄州走保山寨」。山寨四面石崖險絕，楚軍伐木緣山架棧道，作梯形仰攻。彭士愁率溪峒兵固守，並點燃烽火，召集各溪峒救援。劉勍在溪澗投放毒藥，使溪峒援兵「飲其水者病嘔不能戰，死者甚眾」。940年初，劉勍藉風勢發射火箭，將山寨廬舍焚毀。彭士愁被迫率眾突圍，逃往獎、錦州深山頑抗。彭士愁雖敗，但在湘西蠻族中頗有威望；馬希範雖勝，但內有兄弟王位之爭的危機，外有強鄰窺伺的威脅，不敢傾巢出兵。最後，雙方議和。彭士愁「遣其子師暠帥諸酋長，納溪、錦、獎三州印，請降於楚」。「彭師暠為父輸誠，束身納款」，充當人質。溪州刺史仍由彭士愁擔任，但州治遷往酉水下游平地，

第四章　湖湘書院：五代十國至兩宋的學術與武風

以便於控制。並以劉勛為錦州刺史，鎮懾諸蠻。

西元940年，馬希範立銅柱為界，北面屬彭氏管轄，南面屬馬氏管轄，雙方各守領土互不侵犯。天策府學士李宏皋撰〈復溪州銅柱記〉為雙方盟約，鏤於銅柱上。其中寫道：

「溪州彭士愁，世傳郡印，家總州兵，布惠立威，識恩知勸，故能歷三四代，長千萬夫。非德教之所加，豈簡書而可畏；亦無辜於大國，亦不虐於小民。多自生知，因而善處。無何忽乘間隙，俄至動搖。我王每示含宏，常加姑息，漸為邊患，深入郊圻，剽掠耕桑，侵暴辰、澧，疆吏告逼，郡人失寧。非萌作孽之心，偶昧戢兵之法，焉知縱火，果至自焚。」

「王曰：古者叛而伐之，服而柔之，不奪其財，不貪其土，前王典故，後代著龜。吾伐叛懷柔，敢無師古？奪財貪地，實所不為。乃依前奏，授彭士愁溪州刺史，就加檢校太保。諸子、將吏，咸復職員，錫賚有差，俾安其土。仍頒廩粟，大賑貧民。乃遷州城，下於平岸。」

「爾宜無擾耕桑，無焚廬舍，無害樵牧，無阻川途，勿矜激瀨飛湍，勿恃懸崖絕壁。荷君親之厚施，我不徵求；感天地之於仁，爾懷寧撫。苟違誠誓，是昧神祇。垂於子孫，庇爾族類。」

「當都願將本管諸團百姓軍人及父祖本分田場土產，歸明王化。當州大鄉、三亭兩縣，苦（通「古」）無稅課，歸順之後，請只依舊額供輸。不許管界團保軍人百姓，亂入諸州四界，劫掠滋盜，逃走人戶。凡是王庭差綱，收買溪貨，並都幕採伐土產，不許輒有庇占。其五姓主首、州縣職掌有罪，本都申上科懲，如別無罪名，請不降官軍攻討。若有違誓約，甘請准前奏發大軍誅伐。」

「王曰：爾能恭順，我無科徭。本州賦租，自為供贍；本都兵士，亦不抽差。永無金革之虞，克保耕桑之業。」

銅柱銘誓，反映了戰爭起因於馬楚的橫征暴斂，此後馬楚沿用羈縻安撫政策，彭氏也獲得較多自主權。政治上，州縣官員由溪州酋領擔任，且可世襲。司法上，各部酋長和州縣官員有罪者，只由彭氏向楚王「本都申上科懲」，馬楚不得直接干預。若「別無罪名」，馬氏不得攻討。財政上，「本州賦租，自為供贍」。但馬楚需要的「溪貨」土產須依價收買，「不許輒有庇占」。軍事上，「本都兵士，亦不抽差」，溪州兵由彭氏掌管，馬楚不得呼叫。溪州銅柱化干戈為玉帛，結束了民族間的血腥殘殺，有利於該地區社會經濟發展和民族融合，同時也奠定了彭氏此後綿延28代800年溪州土司統治的基業。

　　溪州銅柱由純銅澆鑄而成，重2.5噸，高4公尺，直徑39公分，八面柱體，每面寬25公分；柱文41行，共2,118字，為陰文顏、柳體。在宋代曾多次被人移動，故柱上還有宋人刻字490餘個。溪州銅柱是研究五代湖南民族關係、冶銅、書法和文學的寶貴資料。1961年，溪州銅柱被中國國務院列為全國第一批重點保護文物。溪州銅柱原立於溪州故城（今永順縣東南的會溪坪），1971年因酉水河修建鳳灘水電站，移至酉水上游永順王村崇山坡。如今，湘西猛洞河旅遊開發有限公司獲得了溪州銅柱的經營權，建立了溪州銅柱園，這不僅可以打造湘西又一張旅遊名片，也可以加強對銅柱的保護，使後人得以瞻仰這件展現民族友好團結的寶物。

開福名剎

　　長沙城北有一座殿宇宏偉、氣勢非凡的千年古剎，這便是禪宗臨濟宗楊岐派著名的寺院開福寺，其歷史悠久。唐末，馬殷在此設會春園，

第四章　湖湘書院：五代十國至兩宋的學術與武風

西元 927 年其子馬希範將會春園施捨給僧人保寧，建立開福寺。馬希範繼位後，大興土木，壘紫微山，開碧浪湖，使開福寺成為風景名勝，有內外 16 景。明代長沙藩王予以修繕，規模宏壯。李冕曾題詩〈開福寺〉：「最愛招提景，天然入畫屏。水光含鏡碧，山色擁螺青。抱子猿歸洞，衝雲鶴下汀。從容坐來久，花落滿閒庭。」

開福寺興盛時，住僧達千餘人。歷經宋、元、明、清各朝，香火不絕，名僧輩出。北宋前期，開福寺高僧洪蘊擅長醫藥，向宋太宗呈獻數十祕方，被封為「廣利大師」。宋徽宗時，高僧道寧成為開福寺中興祖師，他曾在金陵蔣山習禪宗臨濟宗，任開福寺住持時修建廟宇，招僧達 500 人。道寧圓寂後遺五色舍利，弟子建道寧捨利塔。道寧五傳法嗣法燈覺心，將臨濟宗楊岐派禪法傳入日本，並創立「法燈派」，被日皇賜以「法燈圓明國師」諡號，故開福寺為日本佛教臨濟宗派「祖庭」，日本每年都派人前來朝拜。

明清時期，開福寺幾經興廢。寺山門為清代所建，有三門洞。中門有清代書法家韓藥撰聯：「紫微棲鳳；碧波潛龍。」正門上方有光緒年間福山總兵陳海鵬題「古開福寺」四金字，古樸大方。邊門上方橫額分別為「回頭」、「是岸」。光緒年間，名僧寄禪、笠雲與名士王闓運等僧俗 19 人在此結碧湖詩社，賦詩談禪，寺內有徐樹鈞所撰〈長沙開福寺碑〉記載了這段盛事。笠雲在寺內創辦「湖南僧立師範學堂」，培養僧伽人才。1905年，他應日本佛教界之邀，率領門徒前往弘揚佛法。1919 年，住持慧休重修毗盧殿。1922 年，寶生和尚重修大雄寶殿和三聖殿，並邀請天台宗僧人空也法師創辦湖南佛學講習所。此後，臺灣惠空大師和唯一大師多次造訪開福寺，香港、澳門和韓國、新加坡等國高僧和著名比丘尼紛紛前來交流佛法。

1994 年，開福寺進行全面整修，山門前修建了 18 畝的進香廣場，廣場中建巨型香爐，新增僧堂、放生池、清泰橋、鐘鼓樓等建築物。1997 年，開福寺從緬甸、臺灣等國請回 5 公尺高的佛祖釋迦牟尼玉像、4 公尺高的阿難和迦葉二弟子玉像以及五部大藏經。2006 年，開福寺進行了擴建，寺院增加百畝，修復了紫微山、碧浪湖、會春園、千佛塔、羅漢堂、大悲殿等十處景點。目前，開福寺主要建築有山門、天王殿、大雄寶殿、毗盧殿及兩廂堂舍。放生池中建有漢白玉觀世音菩薩聖像。天王殿內供奉著彌勒佛像，兩邊是四大天王像。大雄寶殿正中供奉釋迦牟尼佛，兩邊是迦葉和阿難二弟子，佛像莊嚴，金身閃爍。殿中有一副對聯：「齋魚敲落碧湖月，覺覺覺覺，先覺後覺，無非覺覺；清鐘撞破麓峰雲，空空空空，色空相空，總是空空。」聯中折射的佛學哲理耐人尋味。毗盧殿正中供奉毗盧佛，兩旁有五百羅漢像，形態各異，栩栩如生，有的托腮搔耳，有的捧腹大笑，也有的怒目暴睛，凜凜可畏。進廟香客和遊客總要到這裡數羅漢，以測吉凶。

禪宗源流

　　西元 268 年，嶽麓山始建麓山寺，被譽為「漢魏最初名勝，湖湘第一道場」。此後，湖南逐漸形成了以南嶽衡山為中心，以長沙為重鎮，天台宗、淨土宗、禪宗遍布省內的局面。南北朝時期佛教興盛，形成了「南朝四百八十寺，多少樓臺煙雨中」的繁盛景象，湖南也修建了法輪禪寺、南臺禪寺、福嚴禪寺、方廣寺等著名寺廟，南嶽福嚴禪寺被譽為「南山第一古剎」「老祖不二法門」。隋文帝曾推行按人口比例自由出家與建造佛像的政策，在嶽麓山建舍利塔，花崗石砌築的塔高 12 公尺，基礎

第四章　湖湘書院：五代十國至兩宋的學術與武風

有二層須彌座，四角做成蕉葉形插角，每葉浮雕一個金剛。隋煬帝南巡時，敕建了南嶽上封寺。

唐朝初期，提倡佛教，採取「凡道士給田三十畝，女冠二十畝，僧尼亦如之」等鼓勵政策。唐高祖李淵遣人修建南嶽大廟，後經多次擴修，成為五嶽中規模最大、整體布局最完善的古殿式廟宇。唐太宗向福嚴寺賜梵經 50 卷珍藏。唐玄宗資助國師承遠和尚創立南嶽祝聖寺，這是目前湖南境內規模最大的佛寺。朝廷的支持使寺院經濟惡性膨脹，丁口流入佛門，危及國家財政收入，導致唐武宗會昌滅佛。國立佛寺的根基受到衝擊，此後禪宗興盛。

西元 713 年，懷讓禪師來到南嶽，將般若寺闢為禪宗道場，傳播慧能開創的「頓悟法門」，提倡農禪結合，門徒廣布南方各省，形成溈仰宗和臨濟宗。後來，禪院土地增多，除僧侶耕種外，將土地出租給佃農。隨著禪林的世俗地主化，禪林莊園經濟迅速壯大，寺院又繁榮起來。青原行思一系大力弘揚「頓宗」。南嶽南臺寺希遷和尚參學於六祖慧能，也拜師於青原行思，因此希遷和尚是南宗頓悟法門和頓宗兩大系中的重要人物。他的 21 個弟子分立了曹洞宗、雲門宗和法眼宗。南禪兩系五宗都源出於南嶽，佛教史上稱為「一花五葉」。禪宗七祖懷讓的道場更有「五葉流芳」的美譽。「五葉」中以臨濟宗、曹洞宗為最盛，被譽為「臨濟臨天下，曹洞曹半天」。曹洞宗是中國佛教史上規模最大、影響最深遠的禪宗主流，法嗣遍布天下。曹洞宗在南宋時傳至日本，日本尊南臺寺為祖庭，南臺寺故有「天下法院」之稱。希遷和尚所著《參同契》和《草菴歌》至今仍為日本曹洞宗僧人必修日課。

禪林莊園遠離城邑鬧市，與當權者保持一種疏散的關係。這種超然境界對於失意落魄的士子很有吸引力，他們的廣泛參與加速了佛教與傳

統文化的融合，擴大了佛教力量。南嶽歷來是士人遊學、隱居之處。唐代陳子昂、王勃、韓愈、柳宗元、李白、杜甫、王維、張九齡等都在南嶽留下了名篇佳作。李白稱衡山為「江南之仙山」，具有「黃鶴之英氣」。王維作〈方尊師歸南嶽〉：「山壓天中半天上，洞穿江底出江南。瀑布松杉常帶雨，夕陽蒼翠忽成嵐。」唐朝宰相李泌曾在南嶽集賢峰下隱居，並與張九齡論道於此。福嚴寺高明臺壁上的「極高明」三字出自李泌之手。宋代歐陽脩、朱熹、張栻等在南嶽書院講學。

密印萬佛

寧鄉縣西陲有溈山，相傳為舜帝幼子溈定居於此而得名。溈山腰毗盧峰下有千年古寺密印寺，為佛教禪宗五派之首溈仰宗祖庭。西元807年，南嶽高僧靈祐禪師奉命前來溈山開拓佛地。849年，篤信佛教的宰相裴休貶職潭州，捐田千餘畝修寺，請靈祐禪師召集天下名僧匯聚溈山，奏請御賜「密印禪寺」門額。密印寺全稱為「敕建十方密印寺」，「十方」是指佛法無邊，東、西、南、北、東南、西南、東北、西北、上、下十方無所不包；「密印」指由印度傳入的佛教密宗，它宣揚「口誦真言（語密），手結契印（身密），心作觀想（意密），三密相印，即可現身成佛」。853年，靈祐禪師圓寂，詔諡大圓禪師。靈祐大弟子慧寂在江西仰山弘揚靈祐宗風，創立「溈仰宗」，密印寺山門聯云：「法雨來衡嶽；宗風啟仰山。」裴休之子在此出家後，成為金山寺創始人法海和尚。

密印寺香火興旺，殿宇宏偉，有密印、同慶、三塔三大寺及密印庵、石獅庵、齊己庵等62小廟，擁有寺田3,700畝，僧眾多達3,000

第四章　湖湘書院：五代十國至兩宋的學術與武風

人，鑄有千僧鍋。宋大觀元年（1107），鑄有一口 5,048 斤的大鐘，塗以黃金，置之鐘樓，晨敲夕叩，聲聞數里，與《潙山警策》5,048 卷、寺田 5,048 石合稱「密印三藏」。密印寺曾於西元 1104 年、1370 年、1619 年、1665 年、1918 年五度被焚，並屢焚屢建。現存的舊建築除禪堂為清順治年間修建外，其餘鐘鼓樓、萬佛殿、觀音殿、警策堂、祖堂、藏經樓、寮房，大多由僧寶 1933 年募捐重修。民國以來，辦有潙山佛學社，王闓運、楊度、于右任、何鍵、王東原等民國名人曾遊歷於斯。惜「文革」初期，該寺遭受洗劫。1972 年，湖南省將密印寺定為重點文物保護單位，1979 年撥款重修萬佛殿。1995 年，密印寺禪堂、齋堂整修一新，新塑釋迦牟尼等三尊大佛，全身貼金。有詩讚曰：「世事滄桑暫廢禪，潙山潙水仍相依。五塗劫難毀萬佛，十年往事論前非。風和日暖春光好，萬明更新滿錦川。再次重修密印寺，而今屹立在山前。」

目前，密印寺占地 38 畝，有山門、萬佛殿、後殿、配殿、禪堂、祖堂等建築。萬佛殿仿南嶽大廟大殿建造，高九丈，重簷歇山金色琉璃瓦頂，內外 38 根白色花崗石柱，牆磚高尺餘，每磚模製貼金佛像，佛像神態肅穆，共 12,182 尊，鑲嵌於殿內四壁，金碧輝煌。傳說其中有純金佛像一尊（另說十尊），若能辨認出來，則因緣殊勝五福加身。密印寺作為潙仰宗祖庭，在國內外佛教界享有崇高聲譽，超過長沙開福寺、杭州靈隱寺，培養的高僧遍及各地。前中國佛教協會會長一誠大師，出此佛門。潙仰宗第九代傳人宣化上人，模擬密印祖庭在美國洛杉磯建立萬佛城。東南亞、日本、港澳等地，也有不少潙仰宗弟子。2005 年，寧鄉首屆國際佛文化節在密印寺隆重開幕。

密印寺內有裴休墓，墓前石柱上有宋代禮部尚書易祓撰寫的墓聯：「亮節高風乾坤並老；慈懷道氣天地長春。」寺內有一塊高五丈、圍二丈

的黑色石，上有二孔，一孔出油，一孔出鹽，稱為「油鹽石」，相傳為裴休妻陳夫人齋僧處。寺周山環水繞，有回心橋、來木井、養生池、仙人獻寶、龍王井、蘆花水、鏡子岩、獅子岩、萬人床、銀杏含檀、祖塔寺、香嚴庵、齊己庵、張浚墓、張栻墓、裴休庵以及黃材水庫、四大溶洞等「溈山勝景」，是遊人尋幽覽勝的好處所。

嶽麓書院

嶽麓書院，坐落在長沙風光秀麗的嶽麓山東麓清風峽口，為中國宋代四大書院之冠，也是中國目前保存最完好的古代書院。嶽麓書院發展至今湖南大學，千餘年來一脈相承，絃歌不絕，其建立年代比著名的牛津大學早得多，比號稱世界最早的埃及愛資哈爾大學尚早七年。

早在東晉，長沙郡公陶侃就在此築「杉庵」，唐代僧人築「道林精舍」，裴休、杜甫、劉長卿等在此「開廬結舍」。西元 976 年，潭州太守朱洞正式創辦嶽麓書院，初設講堂 5 間、齋室 52 間。1001 年，潭州太守李允則擴建嶽麓書院舍宇，奏請皇帝賜予國子監典籍。1015 年，宋真宗召見山長周式，賜「嶽麓書院」門額，書院名聲大振。南宋紹興元年（西元 1131 年），嶽麓書院毀於兵禍。乾道元年（西元 1165 年），湖南安撫使劉珙因舊址復建，延請張栻主持。1167 年，理學大師朱熹、張栻「會講」，出現了「座不能容，飲馬池水立涸，輿止則冠冕塞途」的盛況，書院生徒增多。流傳「道林三百眾，書院一千徒」的民謠，被譽為「瀟湘洙泗」，與孔子講學之處齊名。這是嶽麓書院全盛時期。1276 年，元兵攻長沙時遭嶽麓書院師生激烈抵抗，元軍惱羞成怒，將書院付之一炬。十年後，

第四章　湖湘書院：五代十國至兩宋的學術與武風

學正劉必大重修嶽麓書院。明代，書院屢經擴建，主體建築布局在中軸線上，配以亭臺牌坊，於軸線右側建文廟，形成亭臺相濟、樓閣相望、山水相融的基本格局，集講學、藏書、祭祀三大功能於一體。此後，嶽麓書院數經兵災，屢次重修。康熙、乾隆先後御賜「學達性天」、「道南正脈」匾額，書院恢復舊觀。

明代，嶽麓書院在學術上仍以朱張理學為宗，清代則主要傳授儒學。道光年間，湖南巡撫吳榮光在書院內創立湘水校經堂，又成為漢學研究重鎮。清末，維新變法思潮興起，書院開始傳播新學，推行教育革新。1903 年，嶽麓書院與湘水校經堂並改為湖南高等學堂，1912 年更名為湖南高等師範學校，1917 年更名為湖南公立工業專門學校，1926 年正式改名為湖南大學。從嶽麓書院到湖南大學的千年辦學史，反映了中國教育制度的變遷，是中國高等教育發展史的一個縮影。

1938 年，書院遭到日軍飛機轟炸，原有建築大都炸毀。1980 年代，按原貌重修。目前，嶽麓書院占地 2.1 萬平方公尺，分為講學、藏書、供祀三大部分，有山門、講堂、文昌閣、御書樓、六君子堂、湘水校經堂、濂溪祠、四箴言亭、半學齋、文廟、赫曦台等建築。書院山門有「嶽麓書院」匾額和「唯楚有材，於斯為盛」楹聯。二門有「納於大麓，藏之名山」楹聯。講堂是書院的核心建築，為當年「朱張會講」之所，堂上懸乾隆御賜金匾，兩側牆上嵌朱熹手書「忠孝廉節」石刻，每字高 1.6 公尺，寬 1.2 公尺。牆壁上還嵌有山長王文清撰刻的〈嶽麓書院學規〉。文昌閣保存有宋真宗御筆「嶽麓書院」石刻屏風。六君子堂祭祀朱洞、李允則、周式、劉珙、陳鋼、楊茂元等六位建立或修復嶽麓書院的先賢。半學齋為歷代山長住所。「半學」取自《尚書》「唯教半學」一語，即「半教半學，教學相長」。

嶽麓書院對湖湘學派的形成、崛起影響至大，其經世致用的學風更是中國傳統文化瑰寶。湖湘學派的代表人物周敦頤、胡安國、胡宏、朱熹、張栻、王陽明等先後在此講學，造就了哲學大師王船山、理財大師陶澍、啟蒙思想家魏源、中興名臣曾國藩、軍事家左宗棠、外交家郭嵩燾、政治家胡林翼、維新運動領袖唐才常等傑出英才。書院改為學堂後，黃興、蔡鍔、陳天華等先後在此求學。這些仁人志士都是在湖湘文化哺育下成長起來的，他們在各領域取得了碩果纍纍，他們的成就又豐富、發展了湖湘文化。

石鼓書院今又盛

　　衡陽市北門外，蒸、湘二水匯合處有一座海拔69公尺的石鼓山，因三面環水，水浪擊石，其聲如鼓而得名。唐代，石鼓山「據烝、湘之會，江流環帶，最為一郡佳處」。西元810年，衡州名士李寬在石鼓山尋真觀旁結廬讀書，為書院雛形。997年，衡陽郡人李士真拓展其故址，興建書院，為講學之所。1035年，宋仁宗欽賜「石鼓書院」匾額，與河南商丘睢陽書院（即應天府書院）、江西廬山白鹿洞書院、長沙嶽麓書院並稱全國四大書院。南宋理學昌明，作為宣傳陣地的書院隨之而興。1186年，部使者潘時「始因舊址列屋數間，牓以故額，將以俟四方之士有志於學而不屑於課試之業者」。光宗時，宋淵「益廣之，別建屋以奉先聖師之像」，添印書籍，選納人才。

　　唐宋以來，韓愈、周敦頤、朱熹、張栻、范成大、辛棄疾、文天祥、徐霞客、王夫之、曾國藩、彭玉麟等名士接踵而至，或講學授徒，

第四章　湖湘書院：五代十國至兩宋的學術與武風

或賦詩作記，或題壁刻碑，或尋幽覽勝。宋代大儒朱熹的〈石鼓書院記〉讓「『石鼓』有聲於天下」。曾國藩的勁旅湘軍水師就是在演武坪和石鼓嘴練成。彭玉麟早年曾在石鼓書院叩問經義，鑽研詩書。

石鼓書院在中國眾多書院中特立獨行，其教學以自學清修為主，執教者為王陽明、湛若水、鄒守益等碩儒，院規奉行朱熹的〈石鼓書院記〉，勸誡諸生辨明義利，勿為科舉功名所亂。學生亦甘於隱居孤島，遠離塵俗，布衣粗食，不屑課業。這種類似於佛教禪宗的教育理念與積極入世的主流思想格格不入，書院的沒落也就自然而然了。1944年6月，日軍發動長衡會戰，石鼓書院毀於炮火。因石鼓山地域狹窄，發展空間不大，戰後沒有重建。1960年代初，中國政治家陶鑄視察衡陽時曾指示恢復書院。限於當時條件，只在廢墟上建了一座石鼓公園，無法恢復舊觀。1998年，中國郵政部發行「宋代四大書院」郵票，曾派人至石鼓山考察，只見山石不見書院，而以登封嵩陽書院取代之。

為及時搶救珍貴的石鼓書院文化遺產，衡陽市政府在2004年斥資興建了占地3.18公頃的石鼓文化休閒廣場，將〈石鼓書院記〉鏤刻於花崗岩質巨型石書上，修復了古樸典雅的將軍樓和行人道，樹立了韓愈、朱熹、周敦頤等先賢銅像。2006年4月，衡陽市政府又招商引資按清末舊制重修石鼓書院，恢復武侯祠、七賢祠、李忠節公祠、周敦頤故居、王船山故居、大觀樓、敬業堂、合江亭、櫺星門等主要建築。千年書院重顯英姿，供人憑弔。

江南名勝岳陽樓

「洞庭天下水,岳陽天下樓。」岳陽樓與武昌黃鶴樓、南昌滕王閣並稱「江南三大名樓」。岳陽樓位於岳陽市城西,俯瞰洞庭湖,遙對君山島,登樓遠眺,湖光山色盡收眼底,氣勢磅礡。

早在西元215年,孫權與劉備爭奪湖南,派大將魯肅率軍駐巴丘。魯肅在洞庭湖操練水軍,在湖邊城臺上建「閱軍樓」,這便是岳陽樓前身。716年,中書令張說謫守岳陽,擴建閱軍樓,改稱「南樓」,後改稱「岳陽樓」。唐代張九齡、孟浩然、李白、杜甫、韓愈、劉禹錫、白居易、李商隱等文人墨客在此登臨覽勝,留下膾炙人口的詩文名篇,杜甫的〈登岳陽樓〉、李白的〈與夏十二登岳陽樓〉和李商隱的〈岳陽樓〉使岳陽樓聲名鵲起。1044年,滕子京謫守巴陵,重修岳陽樓,范仲淹作〈岳陽樓記〉,使其聲名遠播。〈岳陽樓記〉全文僅300餘字,駢散相間,清綺壯美,尤其是其借景議人,獨具匠心。「先天下之憂而憂,後天下之樂而樂」的名句膾炙人口,千古傳誦。

滕子京在新樓落成之日,憑欄遠眺,詩興大發,填了一首詞:「湖水連天,天連水,秋來分澄清。君山自是小蓬瀛,氣蒸雲夢澤,波撼岳陽城。帝子有靈能鼓瑟,悽然依舊傷情。微聞蘭芷動芳馨,曲終人不見,江上數峰青。」但好樓還要有好文相配,他想到了范仲淹。范仲淹與滕子京曾同朝為官,兩人因支持王安石變法觸怒權貴,相繼被貶。范仲淹貶於河南鄧州,勤政愛民,百姓因此安居樂業,外地乞丐都去鄧州謀食。范仲淹對此感觸很深,決定向朝廷寫份奏摺,論述施政之道,強調為官者應以天下為公,「先天下之憂而憂,後天下之樂而樂」。恰在此時,好友滕子京重修岳陽樓並「千里求文」,范仲淹當即欣然允諾。當晚,即以

第四章　湖湘書院：五代十國至兩宋的學術與武風

鄧州好酒款待信使，開懷暢飲，並趁著酒興，秉燭執筆，狀物寫景，千古宏文〈岳陽樓記〉一揮而就。

據載，范仲淹雖是江蘇人，但他早年喪父，母親改嫁至湖南安鄉，范仲淹在洞庭湖濱度過了少年時代，曾與漁家孩子一起鑽蘆葦、蕩漁舟，對於洞庭湖的潮漲潮落，對於漁民的生活非常熟悉，洞庭湖區也是他的第二故鄉。因此，〈岳陽樓記〉的寫景狀物如此優美動人，與他早年在安鄉的生活經歷以及對第二故鄉的熱愛分不開。范仲淹見奏摺的核心思想巧妙融入了〈岳陽樓記〉，並如此渾然一體，非常滿意，便將奏摺付之一炬，故後人見不到那份奏摺，唯〈岳陽樓記〉傳留人間。

西元 1639 年，岳陽樓毀於戰火，翌年重修。1880 年，知府張德容進行大規模整修，將樓址內遷六丈。1983 年，進行了落架重修，將腐朽的構件複製更新。現在的岳陽樓為「純木結構，盔式樓頂」建築，主樓三層，高 20.35 公尺，四根楠木大柱撐起整個大樓，重簷高聳，雕梁畫棟，凝結著人民的聰明才智和精湛工藝。此外，岳陽樓也是集詩文、對聯及民間故事於一體的藝術寶庫。除歷代名家所書〈岳陽樓記〉外，還有不少對聯，長者百餘字，短者僅八字。其中，清代著名書法家何紹基的長聯最有名。其上聯：「一樓何奇？杜少陵五言絕唱，范希文兩字關情，滕子京百廢俱興，呂純陽三過必醉。詩耶？儒耶？吏耶？仙耶？前不見古人，使我愴然涕下！」下聯為：「請君試看：洞庭湖南極瀟湘，揚子江北通巫峽，巴陵山西來爽氣，岳陽樓東道崖疆。瀦者！流者！峙者！鎮者！此中有真意，問誰領會得來？」上聯道出岳陽樓的特點，指出它的奇妙之處；下聯描繪岳陽樓的環境及景物。整副對聯，談古說今，寫景抒情，引人遐思，給人啟迪。

理學鼻祖周敦頤

　　周敦頤（西元 1017～1073 年），字茂叔，號濂溪，道州營道縣（今湖南永州市道縣久佳鄉樓田村）人。出生於書香世家，其父周輔成曾任賀州桂嶺縣令。周敦頤少時父母雙亡，投靠舅父龍圖閣大學士鄭向。西元 1137 年，因舅父蔭功出任主簿。從 1046 年起，先後任郴縣令、桂陽令八年，為官清廉，頗有政績。1061 年，周敦頤獲國子監博士頭銜，至江西贛州任職，並聚徒講學，程顥、程頤兄弟慕名前來求業。1068 年，他在邵州興建州學。1072 年，周敦頤辭官隱退廬山，在蓮花峰下創辦濂溪書院。

　　周敦頤生活的時代，政治上統一，思想上儒、佛、道三教並行，各種社會矛盾日趨激化，在宋仁宗、神宗兩朝出現了慶曆新政和王安石變法。為鞏固封建統治，維護封建倫理綱常，統治者迫切需要建立一套融自然觀、認識觀和道德修養方法於一體的統治哲學，改造已被神化卻又遭到破壞的儒學，從思想上加強對人民的箝制。為適應這一政治需求，周敦頤刻苦鑽研，以孔孟儒家為核心，融合佛、道思想，建構新的哲學體系，創立了理學。

　　周敦頤藉助《道德經》的「無極」和《易傳》的「太極」概念，系統論述了宇宙的本源、萬物演化以及人性善惡問題。他在《太極圖說》中說：「無極而太極。太極動而生陽，動極而靜，靜而生陰，靜極復動。一動一靜，互為其根；分陰分陽，兩儀立焉。陽變陰合而生水火木金土，五氣順布，四時行焉。五行一陰陽也，陰陽一太極也，太極本無極也。五行之生也，各一其性。無極之真，二五之精，妙合而凝。『乾道成男，坤道成女』。二氣交感，化生萬物，萬物生生而變化無窮焉，唯人也得其秀

第四章　湖湘書院：五代十國至兩宋的學術與武風

而最靈。形既生矣，神發知矣，五性感動而善惡分，萬事出矣。聖人定之以中正仁義而主靜，立人極焉。」在周敦頤看來，「無極」是萬物的本原，它沒有外形，也不具備內在規定性的非物質性的宇宙本性。這是周敦頤哲學的最高範疇。由無極而至有動靜的宇宙實體太極，太極動而生陰陽，陰陽而生五行，五行而生萬物，這是他建構的宇宙生成模式，是一個客觀唯心主義思想體系，卻包含有豐富的辯證思想。周敦頤將「人性」與宇宙萬物演化連在一起，認為人性善惡由五行之氣感動而生。周敦頤所著《太極圖說》和《通書》被宋儒推為宇宙和人生最精簡的說明。

周敦頤作為宋明理學的開山鼻祖，其最大的貢獻是為儒學建立了一個宇宙論體系，使儒家倫理的「人道」納入宇宙論的「天道」之中，將古代的宇宙本原學說和天人合一學說推向新的階段。周敦頤去世後，其弟子程顥、程頤繼承並弘揚其學說，又經過程氏門人朱熹的完善，程朱理學終於成為宋元明清700餘年的正統哲學思想。周敦頤被尊為上承孔孟、下啟程朱的碩儒。受二程弟子楊時影響的胡安國至湖南躲避兵亂，開創了湖湘學派。因此，湖湘學派淵源於周敦頤，以理學為歸宗，是二程洛學南傳的結果。故乾隆御賜嶽麓書院「道南正脈」匾額，王闓運撰對聯：「大江東去，無非湘水餘波；吾道南來，原是濂溪一脈。」

周敦頤雖為理學鼻祖，卻惜墨如金，著述不多，流傳於世的《太極圖說》249字，《通書》2,832字，其他詩文、書簡、題記3,143字，加上《太極圖》標注24字，共6,248字。後人將其著作合編為《周子全書》和《周濂溪集》。其中文學作品千餘字，如在永州做通判時撰《拙賦》僅65字：「或謂予日：『人謂子拙。』子日：『巧，竊所恥也，且患世多巧也。』喜而賦之：巧者言，拙者默。巧者勞，拙者逸。巧者賊，拙者德。巧者凶，拙者吉。嗚呼！天下拙，刑政徹，上安下順，風清

弊絕。」全文言簡意賅，尤其是這種守拙觀近似道家的無為而治，故宋明理學又被稱為「道學」。

周敦頤酷愛蓮花的高潔，在書院內建愛蓮堂，堂前鑿蓮池，作《愛蓮說》僅119字：「水陸草木之花，可愛者甚蕃。晉陶淵明獨愛菊；自李唐來，世人甚愛牡丹；予獨愛蓮之出淤泥而不染，濯清漣而不妖，中通外直，不蔓不枝，香遠益清，亭亭淨植，可遠觀而不可褻玩焉。予謂菊，花之隱逸者也；牡丹，花之富貴者也；蓮，花之君子者也。噫！菊之愛，陶之後鮮有聞；蓮之愛，同予者何人？牡丹之愛，宜乎眾矣！」在這篇託物言志的散文中，作者先以菊和牡丹作為陪筆，然後著力描寫蓮花，表達自己卓然自立、潔身自愛、與世俗異趣的君子情操。文如周敦頤其人，也是靜而不寂，饒有生趣，故為歷來所重。

周敦頤在廬山創立的濂溪書院，近千年來累經興廢，幾度遷移。現蓮花洞舊址尚存廂房數間。當地百姓為紀念這位先賢，將舊址後面的青山稱為書院山，舊址前面的溪水稱為濂溪港，港上石橋「濂溪橋」三字依稀可見。位於廬山區栗樹嶺的濂溪先生墓地也得以修葺，供人憑弔。湖南汝城西郊桂枝嶺麓有濂溪書院，建於西元1804年，為紀念周敦頤1041年曾任桂陽（今汝城）縣令。寧遠縣城西門街有濂溪宗祠，係周氏後裔於1881年購置的清式民居，現為永州市文物保護單位。

梅山文化

「梅山蠻」風俗沿襲至今，形成了一種獨具特色的梅山文化。1988年5月召開的「中國長江文化研究會」，首次確認「梅山文化」的學術地位。

第四章　湖湘書院：五代十國至兩宋的學術與武風

梅山文化，即湖南古梅山地區以原始狩獵神張五郎崇拜為基本內容的一種非常古老的原始文化，它蘊藏了人類童年時期的許多思維特徵和文化資訊，其發展演變過程反映了人類從山林走向平原、從原始狩獵文明向農耕稻作文明轉化的過程。關於梅山的來歷，世人說法不一。

一種說法是，170萬年前的元謀人分數支內遷，一支沿水路到達黃河上游，創造了黃河政治文明；一支沿水路到達長沙上游，創造了三星堆文明；一支則跋涉至湘中梅山地區，因「謀」與「梅」音近，因此，梅山人即元謀人後裔。第二種說法認為，春秋戰國時期，湘中地區是楚王部眾居住地，楚為芈（ㄇㄧˇ）姓，楚人居住地為芈山，這是後來梅山的前身。第三種說法是，秦末民變中，吳芮、梅鋗助劉邦稱帝有功，故劉邦將吳芮封為長沙國王，將梅鋗封為梅山侯。梅鋗所封之地為湘中山地（今新化、安化一帶），梅山由此得名。《宋史‧梅山蠻傳》記載：「上下梅山峒蠻，其地千里，東接潭（潭州，今長沙），南接邵（邵州，今邵陽），其西則辰（辰州，今沅陵），其北則鼎（鼎州，今常德）。」梅山地區大致相當於今天的新化、安化、冷水江、漣源四縣市的全部以及鄰近的新邵、隆回、漵浦、雙峰等縣部分地區，總面積約一萬平方公里。

梅山文化，就是梅山地區一種融合了楚湘文化的地域文化，沒有具體的文獻記載，主要蘊藏於這裡的宗教、歌謠、武術、民俗、藝術、語言、飲食等載體中。梅山峒民信奉原始的「梅山教」，具有系統的神、符、演、會和教義。他們信奉男神張五郎為梅山祖師，在逢年過節、進山巡獵、抗擊外敵之前都祭祀張五郎，以求「獸見自退，蛇見自藏，瘴見自隱，妖見逃之」。他們信奉很多女神，如相信白氏仙娘總管禽畜，當禽畜生育或逢瘟遇災時，峒民都要求其消災化吉，保佑六畜興旺。

音樂是梅山民俗文化的重要內容。峒民在治病、驅魔、婚喪喜慶

時，總要鑼鼓相擊。逢年過節，喜慶豐收，全峒男女要吹吹打打，載歌載舞，一連數天。梅山峒民喜用歌謠來記事傳書，表情達意。在生活與生產中，梅山峒民事事必歌，處處有歌，人人會歌，漁鼓、地花鼓、三棒鼓、喪鼓等流傳至今。著名的花鼓戲《劉海砍樵》取材於城步白水洞的「劉海故事」。明代成書的《楊家將演義》，許多情節來源於城步「楊家將」系列故事。

武術是梅山文化的另一重要內容。古老的梅山居民以漁獵為生，他們狩獵中的格鬥、捕殺技能是梅山武術的源頭。梅山峒蠻長期「不服王化」，峒主雄踞一方，教民習武，外禦強敵，內務狩獵，峒民個個好武喜鬥，勇猛異常。自古以來，梅山武術在峒民強身健體、懲惡除暴、抗擊外侮中發揮了積極作用。

此外，梅山文化在當地方言中也有所展現。新化方言保存了較多古漢語的語音、詞彙和語法，和現代漢語差別很大。如稱「他」為「其」（古音讀ㄐㄧ），「來」為「犁」，「沒關係」是「何樂」，「確實」就是「丁梆旺」。一句「他確實要來，就讓他來，沒關係的」，用道地的新化話說出來，就是「其丁梆旺要犁，就要其犁何樂」。聽起來和外語差不多。新化橫陽的「三合湯」也很有梅山風味，不僅選料講究，而且製作嚴格，要選用公黃牛的肉、母黃牛的血和肚，調製時要注意火候，並加入當地特有的山胡椒油。食用又辣又香的三合湯不僅可以增強食慾，促進消化，還有祛風溼、強筋骨的保健功效。曾國藩領湘軍時，曾重金聘請名廚為將士精心烹製「三合湯」，並美其名曰「霸王湯」，湘軍將士食用後得以身強體壯，勇猛無比。

在這種特有的梅山精神薰陶下，新化、安化等地自清以來人才輩出，先後湧現出了著名數學家黃宗憲，中國近代地學開山鼻祖鄒漢勳，

第四章　湖湘書院：五代十國至兩宋的學術與武風

被梁啟超譽為「湘學復興導師」的鄧湘皋，近代經世派領袖陶澍，中國開眼看世界第一人魏源，中國民主革命宣傳家蹈海烈士陳天華，被黃興譽為「能爭漢上為先著，此復神州第一功」的武昌首義辛亥元老譚人鳳，光復滬寧、身任六軍總司令的辛亥功臣李燮和，近代著名軍事家、護國軍總司令蔡鍔，袁吉六、羅元鯤，曾任黃埔軍校教育長的方鼎英等等。

梅山文化作為農耕文化與狩獵文化並行融合的南方文化，是荊楚文化及湖湘文化的重要分支，其蘊含的歷史、民族、宗教、民俗、地理、藝術、文學、經濟、政治等方面的珍貴資料和典籍文獻，對於了解和研究湖南古代經濟文化和社會生活，具有重要價值。

瀟湘八景今何在

「莫厭瀟湘少人處，水多菰米岸莓苔。」晚唐詩人杜牧在名作〈早雁〉中第一次提出「瀟湘」的概念。唐末五代詩僧齊己曾雲遊瀟湘各地，也有「洞庭栽種似瀟湘，綠繞人家帶夕陽。霜裏露蒸千樹熟，浪圍風撼一洲香」的詩句。此後以「瀟湘」入詩詞的佳作層出不窮，瀟湘也逐漸成為湖南秀美山水的雅稱。五代南唐山水畫派的開山鼻祖董源作〈瀟湘圖〉。該圖後為明代董其昌、袁樞等珍藏，現藏北京故宮博物院。

宋初山水畫大師李成 (919～967) 首次創作了〈瀟湘八景圖〉。其學生宋迪曾任荊南轉運判官，常宦遊荊楚瀟湘之地。西元 1063 年，他在永州創作瀟湘風景平山遠水八幅。據載：「度支員外郎宋迪工畫，尤善為平山遠水，其得意者有平沙落雁、遠浦歸帆、山市晴嵐、江天暮雪、洞庭秋月、瀟湘夜雨、煙寺晚鐘、漁村夕照，謂之八景，好事者多傳之。」西

元 1080 年，著名書畫家米芾到麓山寺觀摩「麓山寺碑」，途中購得李成所作〈瀟汀八景圖〉，自稱「拜石餘間，逐景撰述，主人以當臥遊，對客即如攜眺」，於是寫成〈瀟湘八景圖詩序〉。宋寧宗趙擴看後龍顏大悅，將「瀟湘八景」組詩用硃紅御筆重抄一遍，瀟湘八景頓時名聲大噪，文人墨客、達官貴人、宮廷畫師，紛紛泛舟瀟湘，走馬湘楚，慕名而來。可見，「瀟湘八景」肇始於董源，發展於李成，定型於宋迪，推廣於米芾，聞名於趙擴。

「瀟湘八景」分布在湖南各地，以湘江流域最多。

- 「瀟湘夜雨」，在永州芝山區北面瀟湘亭。瀟、湘二水在蘋島處匯合，島上有「蘋洲書院」。夜宿蘋島，雨打芭蕉，這是舊時文人遷客難以忘懷的意象。米芾題「大王長嘯起雄風，又逐行雲入夢中。想像瑤臺環珮溼，今人魂斷楚江東」。

- 「平沙落雁」，在衡陽回雁峰。冬天大雁南飛至此停歇，來年再返回北方，「回雁峰」由此得名。瀟湘自永州而來，流經此處，曠野平沙，大雁起落，相戲蘆洲，動靜相宜，風光秀美。因此有詩句：「山到衡陽盡，峰迴雁影稀。應憐歸路遠，不忍更南飛。」

- 「煙寺晚鐘」，在衡山縣城北清涼寺。湘江從回雁峰流至此處僅三十餘公里。每當晚風輕拂江面，江岸山寺傳來「夜半鐘聲」，悠遠深沉。米芾讚嘆道：「絕頂高僧未易逢，禪林常被白雲封。殘鐘已罷寥天遠，杖錫時過紫蓋峰。」

- 「山市晴嵐」，在湘潭與長沙接壤處的昭山。一峰獨立湘江之濱，亭亭若仙女，常嵐煙繚繞，雲蒸霞蔚。故米芾嘆曰：「亂峰空翠晴還溼，山市嵐昏近覺遙。正值微寒堪索醉，酒旗從此不須招。」

第四章　湖湘書院：五代十國至兩宋的學術與武風

- 「江天暮雪」，在長沙橘子洲。橘子洲自古為長沙名勝，東望城郭，西瞻嶽麓。冬雪紛飛，江天一色，暮色與煙霧迷茫，人的心境亦特別清冷悠閒。米芾題曰：「蓑笠無蹤失釣船，彤雲黯淡混江天。湘江獨對君山老，鏡裡修眉已皓然。」

- 「遠浦歸帆」，在湘陰縣城江邊。這裡曾是古代水驛要塞，魚米匯聚，商貿繁榮。每當黃昏，遠山含黛，岸柳似煙，歸帆點點，漁歌陣陣，等待歸船的漁婦和企盼宿客的青樓女子站在晚風斜陽中，襯托出一片溫馨而悵望的繁忙景象。米芾題詩曰：「江漢遊女石榴裙，一道菱歌兩岸聞。賈客歸帆休悵望，閨中紅粉正思君。」

- 「洞庭秋月」，在洞庭湖君山一帶。秋夜皓月當空，風息浪靜，八百里洞庭湖面如鏡，泛舟湖上，或憑樓遠眺，不禁心曠神怡。米芾題詩：「李白曾移月下仙，煙波秋水洞庭船。我來更欲騎黃鶴，直上高樓一醉眠。」

- 「漁村夕照」，在桃源武陵溪。〈桃花源記〉描繪的「人間天堂」令人心馳神往，米芾再題「晒網柴門返照新，桃花落水認前津。買魚沽酒湘江去，遠弔〈懷沙〉作賦人」，更是錦上添花。

歷代丹青高手對「瀟湘八景」都有摹繪，但這些千古名作大都流落海外，被異族所有。如南宋禪僧法常（亦號梅溪）所作的〈煙寺晚鐘圖〉、〈遠浦歸帆圖〉、〈漁村夕照圖〉，現分別藏於日本東京白金臺富山紀念館明月軒、京都國立博物館和東京青山根律美術館。南宋玉澗和尚所作「瀟湘八景圖」之〈山市晴嵐〉，現藏日本出光美術館，都被日本人視為「國寶」或「重要的文化財產」。南宋畫家王洪所作絹本〈江天暮雪圖〉，現藏於美國普林斯頓大學藝術博物館。南宋宮廷畫家夏圭摹繪〈瀟湘八景圖〉僅存〈洞庭秋月圖〉，現藏於華盛頓佛利爾美術館。

據學者冉毅研究,「瀟湘八景」文化可謂牆裡開花牆外香,在故里遭受冷遇,但在東鄰日本卻得到了弘揚。目前,完全以原創「瀟湘八景」為畫題的〈瀟湘八景圖〉共144件,中國僅北京故宮博物院和上海博物館收藏4件,朝鮮半島藏有13件,日本藏有112件。日本畫師所畫〈瀟湘八景圖〉作品為中國的6倍。

「瀟湘八景」文化的形式與內涵在日本也得到廣泛的拓展和延伸,從欣賞八景繪畫、臨摹八景圖、賦八景詩、創作八景和歌,乃至將八景融入戲劇、藝名、地名等,「瀟湘八景」成為日本繪畫、詩歌、連歌等藝術形式最經典的素材和創作泉源。2007年1月,日本滋賀縣在長沙舉辦旅遊博覽會,打出了「唐崎夜雨」、「比良暮雪」、「堅田落雁」、「矢橋歸帆」、「栗津青嵐」、「三井晚鐘」、「石山秋月」、「瀨田夕照」等「近江八景」的旅遊品牌,完全是「瀟湘八景」的翻版。相比之下,在湖南卻有許多人講不清「瀟湘八景」在哪裡。經有識之士的大力呼籲,2005年4月,在長沙市湘江風光帶樹立了大型「瀟湘八景」青銅浮雕。2006年,又拍攝電視風光展示片《瀟湘神韻》。湖南省觀光局還開展了「新瀟湘八景」的評選和宣傳活動,這對於挖掘「瀟湘八景」、弘揚湖湘文化很有意義。

江永女書

1982年,在湖南江永考察的中南民族學院宮哲兵老師發現當地有一種傳女不傳男、只有女性知曉的神祕文字,並率先開展調查研究,於是江永女書引起了學界廣泛的關注,形成了女書研究熱。法國女學者芭芭拉說:「女書是女人的聖經。真想不到在地球上某個角落還有一種只供婦

第四章　湖湘書院：五代十國至兩宋的學術與武風

女使用的文字。」美國學者哈里‧諾曼說：「這是世上最令人驚奇的發現之一。」2006 年，江永女書被列入《金氏世界紀錄》。

女書共有 2,000 個字和符號，只有點、豎、斜、弧四種筆畫。字形奇特，傾斜修長，呈長菱形。書寫時，先中後右再左，句中沒有標點。女書作品大都是手抄本，只有正文，沒有書名、作者、抄寫者以及日期，也沒有封面和封底。女書作品主要有書、紙、扇、巾四種載體，分別稱為女書、女紙、女扇和女巾。女書作品中除極少數珍品餽贈親友外，大都人亡書銷，尤其是戰亂及「文革」的破壞，故保留下來的女書文物很少。1949 年，女書被誤認為是間諜暗號，曾一度禁止使用。尤其是近幾十年來，隨著婦女地位的提高以及現代教育的普及，通曉女書的女性越來越少，女書瀕臨失傳。2004 年，江永女書最後一位自然傳人、98 歲高齡的陽煥宜在家中安詳辭世。

女書產生於何年，至今尚無定論。主流的觀點是女書可能產生於宋代。據女書《玉秀探親書》載，宋哲宗將永明（今江永縣）才女胡玉秀選為皇妃。由於宮中生活冷清，胡玉秀遠離親人，滿腹憂傷，無人訴說，於是根據家鄉女紅圖案創造了一種特殊文字，記述自己的不幸以及對親人的無限思念，然後託人帶回家鄉，並囑咐家人按傾斜的方向辨認，按土話的音調解讀。後來，人們在江永桐口村修建了「鳴鳳閣」，以紀念這位創造女書的皇妃。2005 年，考古專家在東安縣蘆洪市鎮斬龍橋發現了一塊殘存二十餘字的女書碑刻。

據清朝《東安縣志‧山水篇》記載，斬龍橋「創自宋代」，已有 800 年歷史。這也證明了女書至遲可溯至宋代。同時也說明，女書在當時並非女性專用文字，男性可能也會用，因為搬運沉重的巨石以及艱苦的文字鏤刻工作更可能由男性來完成。有專家推測，在湘粵桂三省交界的苗瑤

地區曾廣泛流傳這種文字，約在清康乾年間，當地苗瑤民族用這種文字廣泛聯絡，組織起義大軍。朝廷派遣官軍鎮壓起義後，強迫兒童習用漢語漢文，不得使用原來的苗文瑤語，違者殺頭。因男子在外拋頭露面，稍有不慎即招致殺身之禍，女子常處深閨，相對安全。因此，逐漸形成了這種傳女不傳男、只有當地女性才會懂的奇特文字。

　　江永女書的流傳也有其特定的社會背景。按瑤俗，婦女婚前只能在閨中做女紅，婚後三天即返回娘家，直到懷孕生子後才正式居住夫家，婦女不用下田耕作，只需在家紡紗織布。這種習俗使女性與同性夥伴的感情遠勝於對丈夫的依戀。當地有一句俗話：「姐妹面前不講假話，丈夫面前不講真話。」為了迴避男人，保守隱私，婦女便用這種獨特的文字互通心跡，訴說衷腸。同年出生的女性尤其親密，互稱「老同」或「老庚」。若關係融洽，即舉行儀式結為姐妹，並經常書信往來。若某人出嫁，其餘姐妹要「歌堂哭嫁」唱女書，並在她結婚第三天寫「三朝書」賀信。每年正月十五和四月初八為女子「鬥牛節」，青年女子帶著自己做的食物和女書作品到本村即將出嫁或年紀最長的女性家中聚餐，評議刺繡，「讀紙讀扇」。

　　《永明縣志》載有〈花山行〉：「巾扇年年逢五月，歌喉宛轉出高林。」《湖南各縣調查筆記》載：「每歲五月，各鄉婦女持扇同聲歌唱，其所書蠅頭細字，似蒙古文，全縣男子能識該文字者，余未見之。」每年夏季炎熱之時，當地女子相邀聚集，選擇風涼舒服之家，一起紡織刺繡，以女書賦詩酬答，稱「女子吹涼節」。據說清末民初每年5月花山廟會前夕，有精通女書的才女代寫女書紙扇、巾帕，並在集市上出售。太平天國政權實行男女平等，設定女官，某位懂女書的女性擔任了要職，發行了「雕母錢」，錢幣背面鑄有女書，右為「天下婦女」，左為「姐妹一家」。

第四章　湖湘書院：五代十國至兩宋的學術與武風

女書大都是詩歌作品，七言體為主，五言和七言雜五言占少數；在體裁上，有敘事詩、抒情詩、敬神詩；在類別上，有三朝書、通信、結交書、傳記、哭嫁歌、山歌、兒歌、謎歌。還有一種很特別的「行客歌」，即感情至深的結拜姐妹（有些甚至是同性戀關係）在婚後仍經常走訪，用女書互訴衷腸。女書內容廣泛，涉及婚姻家庭、女紅藝術、社會生活、風俗宗教等各方面，有的詠唱美好的少女時光，表達結拜姐妹間的真摯情感；有的控訴婦女的悲慘命運，如「新華女子讀女書，不為當官不為民，只為女子受盡苦，要憑女書訴苦情」。

女書作品均展現出男女平等的強烈願望，鄙視男性熱衷的功名富貴。作品中的主角大都是個性張揚的女中豪傑，男性則是配角，被小化或被醜化。女書作品主要是原創，如《盧八女》、《楊細細》等；也有部分是由漢語作品譯改而成，如《祝英臺》、《王氏女》等。在修辭技巧上，女書作品常用比喻手法。如訴說苦難時，自喻「身似青藤乾枯樹，黑雲底下過時光」，「塘裡沒魚蝦公貴，家中無子女抵錢」；如出嫁離鄉別友時，「女是可比燕鳥樣，身好毛長個自飛」，「深山孤鳥樣，啼聲兩個愁」。此外，女書作者常將自己以及與自己相關的事物比作「花」。

女書是迄今世界上發現唯一的女性文字，是舉世罕見的記號音節文字，堪稱世界文化瑰寶。江永女書為人類文字學、語言學、歷史學、考古學、民族學、女性學、民俗學、民間文學等領域的研究提供了珍貴的文獻，日益受到各界重視。江永縣上江圩鄉普美村建成了女書學堂、女書繡樓、女書文化園、女書展覽室。2002年11月19日，舉行首屆江永女書國際學術研討會，並編撰出版了《女書詞典》。目前，圍繞女書這一獨特文化現象已發表150多篇論文，出版了20餘種著作。

鍾相楊么起義

　　北宋滅亡後，趙宋小朝廷苟安於江南半壁江山，殘酷搜刮民脂民膏，江南人民處於水深火熱之中，鍾相、楊么率領義軍在洞庭湖區揭竿而起。早在北宋末年，鼎州武陵人鍾相就在家鄉利用宗教活動號召民眾，宣傳「法分貴賤貧富，非善法也。我行法，當等貴賤，均貧富」。他否定「法分貴賤貧富」的封建法權制度，號召建立一個政治上等貴賤、經濟上均貧富的理想社會，得到貧苦農民的廣泛擁護，「環數百里間，翕然從之」。鍾相結集鄉莊，自號老爺，又稱天大聖。他在武陵天子崗置立寨柵，「聚眾閱習武藝」，建立武裝力量。經過二十餘年的努力，影響擴大到洞庭湖周圍各縣，為武裝起義做了心理和物資上的準備。

　　西元 1127 年初，金人入侵，鍾相命長子鍾子昂率義兵三百人北上勤王。這支隊伍剛至河南鄧州，開封淪陷，宋高宗趙構決計南逃，詔令遣返各支「勤王軍」。金兵渡江南犯，燒殺擄掠，宋潰軍趁火打劫，統治者橫徵暴斂，江西、福建、荊湖各地爆發民變。1130 年初，鍾相在金人屠潭州，孔彥舟潰軍犯澧州、鼎州之際，率眾起義，保衛家鄉。鍾相自稱「楚王」，建國號「楚」，建元「天載（一作天戰）」，立長子鍾子昂為太子，設立官屬。

　　義軍「焚官府、城市、寺觀、神廟及豪右之家，殺官吏、儒生、僧道、巫醫、卜祝及有仇隙之人」。他們將殺貪官汙吏稱為「行法」，將平分其財產稱為「均平」，斥宋朝國法為「邪法」，保護「執耒之夫」和「漁樵之人」。凡是參加義軍，一律免除賦稅差科，不受官府法令束縛。起義隊伍迅速壯大至四十萬人，攻占鼎、澧、荊南（今湖北江陵）、潭、峽（今湖北宜昌）、岳、辰等州 19 縣。義軍的革命行動和浩大聲勢使貴族非常恐懼，他們勾結孔彥舟匪軍進駐鼎州，鎮壓民變。3 月 25 日夜，孔彥

第四章 湖湘書院：五代十國至兩宋的學術與武風

舟率十萬之眾，乘筏夜渡，偷襲鍾相營寨，占領義軍大本營。鍾相及子鍾子昂被俘遇害。

鍾相的徒弟、龍陽人楊么帶領義軍繼續抗爭。他利用河湖港汊的優越條件，在洞庭湖周圍、沅水下游一帶建立大批水寨，尤以上沚江（沅水支流，在今漢壽縣境）的楊么、夏誠二寨最為險要。楊么寨位於鼎口（漢壽西北四十里）南岸，據陸向水，防守嚴密。夏誠寨在上沚江口，三面阻湖，只有西面有平地，設有多重城壕，壕外又設陷馬坑，陸攻則入湖，水攻則登岸，官兵無可奈何。

楊么義軍利用水寨，創造了「兵農相兼，陸耕水戰」的耕戰體制。在村落基礎上建造水寨，實行平等互助、兵農合一、勞武結合。春夏則耕耘，兵夫協力耕作。「秋冬水落則收糧於寨，載老小於船中」，戰士則四出打擊敵人。在這種體制下，農業生產得到發展。寨裡各家飼養豬羊雞鴨，還飼牛養蠶；寨外有鄉社酒坊，有集市墟場。這種「田蠶興旺，生理豐富，儲積甚富」的繁榮景象，與湖外官軍占領區「田疇亦皆荒廢」，「水鄉荒原，無物食用」的荒涼情景相比，宛若天堂。

西元 1131 年，義軍俘獲南宋官軍車船工匠，組織他們打造了「大德山」、「大檕山」、「大欽山」、「大夾山」等車戰樓船十餘艘。這種車樓船有二層或三層，大者可載千餘人。兩邊有護板，前後有踏車，「踏車迴旋，其速如飛」，進退皆可。前後左右設有撞竿，「官舟犯之即破」。船上置拍竿，長十餘丈，上置巨石，下安轆轤，預繫繩索，遇官軍船近，即倒拍竿將其擊碎。還有一種「木老鴉」戰具，為三尺許的堅重木，兩端削尖，從樓船上擲拋敵船，頗具威力。義軍還有機動靈活的「海鰍船」與車船配合，「蓋車船如陸戰之陣兵，海鰍船如陸戰之轉兵，而官船不能進，每戰輒敗」。楊么水軍多次挫敗官軍，在水戰中一直保持優勢。1133 年 4 月，

義軍重建楚政權，立鍾相之子鍾子儀為太子，楊么為「大聖天王」。義軍迅速發展到二十萬人，控制了方圓數千里的地區，北達公安，西及鼎、澧，東至岳陽，南抵長沙之界。

西元1133年冬，宋高宗派禁軍將領王燮率兵前往鎮壓。王燮從上游的鼎州水陸並進，對沅水兩岸的義軍水寨發動攻擊，並在下游埋伏大量水軍，企圖上下夾擊，一舉殲滅義軍。楊么獲悉王燮意圖後，悄悄將上游主力和家屬轉移，使敵人撲空。他又發車船數隻，偃旗息鼓，順流而下。埋伏在下游的崔增、吳全水軍誤認為是義軍失敗後留下的空船，於是全隊爭先入湖，數百隻官軍舟船被義軍車船撞沉，崔、吳二人葬身湖底。一日之內，義軍殲滅南宋水軍上萬人，宋軍為之膽寒。

西元1135年，宋高宗派宰相張浚親自督戰，並連下十二道金牌，從抗金前線抽回岳飛軍隊。岳飛在湖區各要道屯駐重兵，縮小包圍圈，加緊經濟封鎖，踐踏禾稼，起義地區出現嚴重的經濟困難。岳飛還開展政治誘降，黃佐、楊欽相繼叛降。楊欽叛降時帶走了部眾萬餘人、大小船800餘隻、牛500餘頭、馬40匹，極大地削弱了義軍力量，軍心動搖。1135年6月，岳飛發動總攻，楊么力戰失敗，被牛皋斬首。夏誠、雷德進等率澧州義軍固守小寨，堅持一年多，最後失敗。

鍾相、楊么起義是宋代規模較大、歷時最久的起義，他們迫使當權者推行輕徭薄賦的休養生息政策，促進了湖南社會經濟的發展。他們的英勇事蹟至今在洞庭湖區流傳，留下許多遺址供後人憑弔。如沅江市黃茅洲鎮有子母城，相傳是楊么為鍾相妻伊氏、子鍾子儀所建。萬子湖有更鼓臺，草尾咀有楊么之子屯兵所，名孩兒城，南洞庭有楊么墓。岳飛因鎮壓民變受到後人指責，但在鎮壓義軍過程中，他撫老慰弱，收編的楊么部眾數萬人也成為南宋水師和岳家軍主力。

第四章　湖湘書院：五代十國至兩宋的學術與武風

辛棄疾創飛虎軍

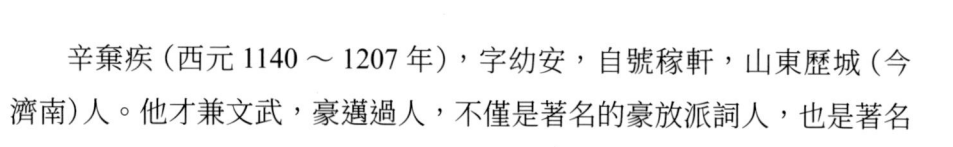

　　辛棄疾（西元1140～1207年），字幼安，自號稼軒，山東歷城（今濟南）人。他才兼文武，豪邁過人，不僅是著名的豪放派詞人，也是著名的抗金將領。他年輕時組織了兩千人的抗金隊伍，中年時在長沙建立飛虎軍，其精忠報國的品行為湖南人民留下了一筆寶貴的精神財富。

　　西元1179年春，39歲的辛棄疾奉調來湘，擔任湖南轉運判官。是年秋，他改任潭州知州兼湖南安撫使。時值金兵入侵中原，各地潰兵盜寇蜂起，社會動盪。為抵禦金兵南犯，他決定在長沙建立一支精銳之師。他首先選擇在城北馬殷營壘故基建造新營房。這一舉動，遭到朝廷投降派反對。他們以「聚斂民財」的罪名，狀告辛棄疾。皇帝聽信一面之詞，詔令他立即停工。辛棄疾接到命令後，既不害怕，也不聲張，督令部屬在一月內盡快完工。其時正值梅雨季節，建房所需二十萬片青瓦無法燒製，壘築營房和擴建道路所需石塊也無著落。部下非常著急，辛棄疾卻胸有成竹，他一面令部下向官舍神祠取瓦，一面號召百姓每戶進獻青瓦，凡送足額定瓦片者可得錢一百文。潭州居民紛紛響應，所需瓦片在兩天內如數調齊。他又調出在押囚徒，命他們到城北駝嘴山採石，以石贖罪。囚犯歡天喜地，拚命取石，建營石材很快備齊。就這樣，營房提前建成，他將建營經過、經費來源、開支情況連同飛虎營寨圖樣一併啟奏朝廷。因辦事迅速圓滿，反對派無懈可擊，孝宗皇帝也釋然於懷。

　　營房建成後，辛棄疾四方羅致，招兵買馬，選拔精兵強將，妥為安置配備，各方人才亦慕名而來。長沙城內立起了營帳，組建了有兩千步兵、五百騎兵的「飛虎軍」。辛棄疾還派人攜五萬元至廣西購買500匹戰馬，並請廣西安撫使司代買30匹戰馬，以作備用。辛棄疾非常重視

軍事訓練。他不僅督導操習，還經常給軍人訓話，嚴申軍紀，擾民者輕則罰，重則格殺勿論，勉勵將士精忠報國，抗金雪恥。在他的嚴格訓練下，飛虎軍士氣旺盛，驍勇善戰，「雄鎮一方，為江上諸軍之冠」，成為南宋最精銳的地方軍之一，馳騁江南三四十年，與金兵血刃沙場數十載，金人聞之喪膽，稱為「虎兒軍」。

辛棄疾在潭州撫湘期間，積極彈劾貪官，整頓吏治，興辦教育，啟迪民智。他曾下令荊湖南路的各州郡在青黃不接之時用官倉存糧招募流民浚築陂塘，一來接濟飢民，二來興修農田水利，宛若 1933 年美國羅斯福總統推行的「新政」。辛棄疾有膽有識，其利民之舉贏得了長沙民眾的擁戴。朝廷擔心他日後擁兵自重，於西元 1184 年將他改任隆興知府兼江南西路安撫使。多年後，他作〈破陣子〉：「醉裡挑燈看劍，夢回吹角連營。八百里分麾下炙，五十弦翻塞外聲，沙場秋點兵。馬作的盧飛快，弓如霹靂弦驚。了卻君王天下事，贏得生前身後名，可憐白髮生。」回想當年在長沙創辦飛虎營的宏壯場景，感嘆自己壯志未酬，「可憐白髮生」。

作為南宋傑出的豪放派詞人，辛棄疾在長沙的詞作多慷慨激昂，如膾炙人口的〈滿江紅·暮春〉：「可恨東君，把春去，春來無跡。便過眼，等閒輸了，三分之一。畫永暖翻紅杏雨，風晴扶起垂楊力。更天涯，芳草最關情。烘殘日，湘浦岸，南塘驛。恨不盡，愁如織。算年年辜負，對他寒食。便恁歸來能幾許？風流早已非疇昔。憑畫欄，一線數飛鴻，沉空碧。」〈減字木蘭花〉卻頗具婉約意境：「盈盈淚眼，往日青樓天樣遠。秋月春花，輸與尋常姐妹家，水村山驛，日暮行雲無氣力。錦字偷裁，立盡西風雁不來。」作者藉一個被遺棄婦女的口吻，委婉表達了自己遠離抗金前線、鬱鬱不得志的憤懣心情。

辛棄疾走後，長沙民眾對這位愛國儒將非常懷念，將他創辦飛虎營

的地方稱為營盤街。4公尺寬的營盤街麻石路面一直保存到1981年，此後麻石路面改成柏油路面。2002年，街道拓改，又拓成40公尺寬的營盤街，並在路旁樹立辛棄疾戎裝塑像，供後人憑弔。

胡安國開創湖湘學

道州周敦頤是宋明理學鼻祖，其再傳弟子福建崇安的胡安國、胡宏父子則開創了宋明理學湖湘學派。胡安國（西元1073～1138年），字康侯，西元1097年中進士，是私淑二程洛學而集大成者。他曾任大學士、給事中、提舉湖南學事等職。1131年，北方金兵入侵，宋室南遷，胡安國避入湖南，在弟子引領下，來到了景色秀美的湘潭隱山。他見此處泉水「色如拖藍，投物水中皆碧」，遂與弟子開荒芟草，植松竹，築書堂，名曰「碧泉書堂」，編輯《二程文集》。後又在衡山築「春秋樓」，撰寫《春秋傳》。其《春秋傳》「感於時勢」而作，「尊君父，討亂賊，闢邪說，正人心，用夏變夷」的旨意非常明顯，深得孔子「筆削《春秋》」原意。宋高宗閱後，甚為讚賞，稱為「深得聖人之旨」。其《春秋傳》在元、明兩朝成為科舉考試的範本。胡安國死後葬於湘潭隱山，其季子胡宏承其志。

胡宏（西元1106～1162年），字仁仲，號五峰。15歲時撰〈論語說〉。從其父學，編《程氏雅言》。弱冠，至京師入太學，師從程門高徒楊龜山，與樊光遠、張九成等名士交遊。為實現自己「繼古人之後塵，而為方來之先覺」的理想，將「碧泉書堂」更名為「碧泉書院」，撰〈碧泉書院上梁文〉，號召學界以此為開端，振興書院。其文曰：「伏願上梁以

後，遠邦朋至，近地風從，襲稷下之芬芳，繼杏壇而蹟濟。」胡宏於南嶽山下講道二十餘年，「玩心神明，不捨晝夜」。衡湘人士影從，被仰為一代師表，張栻、韓璜、吳翌、彪居正、孫蒙正、趙孟、趙棠等皆其高足，其中張栻成就最高。朱熹雖未直接從師於他，但與其高足張栻關係密切，間接受其影響，故《宋元學案》稱他為胡宏的私淑弟子。

胡氏父子以書院為陣地，研究和傳播理學，培養弟子，形成經世濟民的學術風格，開創湖湘學派，碧泉書院成為宋代湖湘學派的發源地。南宋理學家真德秀論及湖湘學及其淵源時，曾說：「二程之學，龜山得之而南，傳之豫章羅氏，羅氏傳之延平李氏，李氏傳之考亭朱氏，此一派也。上蔡傳之武夷胡氏，武夷胡氏傳其子五峰，五峰傳之南軒張氏，此又一派也。」一方面肯定湖湘學出於二程，由胡氏父子傳上蔡之學；一方面也反映湖湘學作為理學流派之一，在胡氏父子時業已形成，到張栻時豐富發展，足以與朱氏閩學並駕齊驅。明代彭時稱胡氏父子「俱為大儒，遂啟新安朱氏、東萊呂氏、南軒張氏之傳，而道學益盛以顯。」

胡氏父子的學術成就和政治傾向對湖湘學風影響至深。《知言》是胡宏論學治言的讀書札記，反映了他的哲學、政治、倫理和教育思想，是湖湘學派傳播理學的重要著作。全祖望在《宋元學案》序錄中評說：「紹興諸儒所造，莫出五峰之上。其所作《知言》，余以為過於《正蒙》，卒開湖湘之學統。」胡宏的哲學思想繼承二程唯心主義世界觀，認為道是第一性，物是第二性的。但他注意將經世思想同理學有關道、性、心、仁等哲學範疇結合起來，提出新的命題，形成自己的特色。胡宏主張性無善惡，提出「天理人欲，同體而異用」的命題，一反自孟子以來儒家正統的性善論，公開宣稱聖人和眾人沒有天然區別。他還強調心、仁的經世作用。「治天下有本，仁也；何謂仁？心也。」將仁、心同治國平天下

第四章　湖湘書院：五代十國至兩宋的學術與武風

連繫起來，這樣，仁就成了經世致用之本。他提出先察識、後持養的修養方法，主張在道德實踐中進行道德修養，反對正統儒家的內省功夫。

胡宏政治上主張抗金，改革弊政，舉賢任能，具有積極意義。他作〈上光堯皇帝〉書，嚴厲譴責「北面事仇，偷安江左」的行為，反對秦檜投降主義路線，力主復仇雪恥。這種愛國主義精神和重實用的政治觀成為湖湘理學的主要特徵。

湘潭西南四十公里的黃荊坪隱山有胡宏及父母合葬墓，墓碑題寫「始祖胡公文定老大人、胡母劉氏老孺人之墓二世祖五峰公附墓」，墓長7公尺，寬9公尺。附近有碧泉書院和紀念胡安國父子的三賢祠。隱山海拔雖僅437公尺，卻是「湖湘文化的發源地」。理學鼻祖周敦頤曾在此隱居三年，撰寫〈愛蓮說〉（今湘潭簡稱「蓮城」莫非與此有關）。明正德皇帝朱厚照巡遊至此，御書「天下隱山」。尤其是胡安國弟子先後講學於碧泉、嶽麓、城南、南軒諸書院，培養出一批又一批碩學鴻儒，形成隱山胡氏學派，黃宗羲稱之為「湖湘學派」，王闓運稱之為「潭學」：「胡開潭學，朱張繼響。五子名家，季隨為長。自治治人，何分歧兩？且立程門，功先涵養。」

東南三賢有張栻

胡安國父子開創湖湘學派，其高足張栻將其發揚光大，並將湖湘學派的中心從碧泉書院搬到嶽麓書院，與朱熹、呂祖謙並稱「東南三賢」。

張栻（西元1133～1180年），字敬夫，號南軒，祖籍四川綿竹，自西元1150～1158年隨父張浚徙居永州。張浚為南宋中興賢相、抗金名

將，敬仰胡宏，認為「中興諸儒所造，莫出五峰（胡宏）之上」，讓張栻師從胡宏於湘潭碧泉書院。張栻志向高遠，為學勤奮，經名師指點，學業大進，「遂得湖湘之傳」，並青出於藍而勝於藍。黃宗羲說他所學「得之五峰，論其所造大要，比五峰更純粹，蓋由其見處高，踐履又實也」。

西元 1161 年，張浚出任潭州通判，舉家遷往長沙。張栻於長沙妙高峰築書院，張浚題「城南書院」匾額。城南書院建有監院、講堂、書房等，張浚父子精心營造了麗澤堂、琮琤谷、書樓、養蒙軒、月榭、捲雲亭、集樓臺等十景。書院採用個別鑽研、相互問答、集眾講解相結合的教學方法，以研習儒家經籍為主，間或議論時政，使之成為「昔賢過化之地，蘭芷升庭，杞梓入室，則又湘中子弟爭來講學之區也」。

西元 1166 年，湖南安撫使劉珙重修嶽麓書院，聘請張栻為主講。張栻致力於傳播理學，「使四方來學之士，得以傳道授業解惑焉」，嶽麓書院聲名遠播。翌年，朱熹自福建崇安「如長沙，訪張南軒，講學城南、嶽麓」，掀起了湖南理學的高潮。朱熹在長沙逗留兩月，與張栻探討了諸如「中和」、「太極」、「仁」等哲學命題。據朱熹弟子范伯崇記載，「二先生論《中庸》，三日夜不能合」。可見，朱、張二人討論很熱烈，且在一些問題上有分歧。同時，張栻大張講壇，教授學生，從者蜂擁，出現了「學徒千餘，輿馬之眾，至飲池水立竭」的盛況。

朱、張的學術活動促進了湖湘理學的發展，嶽麓書院成為當時學術最前端、思想最活躍的地方，開展了不同學派書院會講之先河，這種「百家爭鳴」、「相容並蓄」的學風，使湖湘學派在中國學術和歷史舞臺上占有重要的地位。另外，也使湘學與閩學取長補短，促進了兩者的交流和發展。朱熹曾說：「去冬走湖湘，講論之益不少。」他對張栻的為人為學欽佩不已：「學之所就，足以名於一世」，「與敬夫相與講明其所未聞，

第四章　湖湘書院：五代十國至兩宋的學術與武風

日有問學之益，至幸，至幸……敬夫學問越高，所見卓然，議論出人意表，近讀其《語說》，不覺胸中灑然，誠可嘆服。」朱熹還談到了兩人在學術上的分歧：「蓋有我之所是，而兄以為非；亦有兄之所然，而我之所議。」

西元1180年，張栻病逝於江陵，賜諡宣。他一生著述頗富，編為《南軒先生文集》44卷，收入《四庫全書》。在張栻學說的陶冶下，培養了彭龜年、吳獵、遊九言、遊九功、胡大時等「嶽麓鉅子」，他們成長為湖湘學派的中堅。李肖聃在《湘學略》中說：「南軒講學於嶽麓，傳道於二江，湘蜀門徒之盛，一時無兩。」這些弟子來自湖南各地，回去後紛紛效法師門，授徒講學，傳播理學。侯外廬《宋明理學史》指出：「張栻主嶽麓書院教事，從學者眾，因而奠定了湖湘學派的規模。」張栻創辦的城南書院幾經興廢，1822年由湖南巡撫左杏莊在妙高峰故地復建，並增建南軒夫子祠、文星閣，道光帝御書「麗澤風長」匾額。湘中名士陳本欽、孫鼎臣、何紹基等都先後出任山長，湘中大儒李元度、左宗棠，民主革命家黃興、陳天華，著名教育家楊昌濟、譚雲山等亦藏修於此。1903年，城南書院與湖南師範學堂合併，次年改為中路師範學堂，民國初年改為湖南第一師範學校。

張浚臨終時曾說：「吾不能恢復中原，以雪祖宗之恥，死不當歸葬先人墓左，葬我衡山下足矣。」乃葬於寧鄉溈山之南，在今寧鄉縣城西五十四公里官山鄉官山村境內。因張浚曾封魏國公，其墓又稱魏公墓。張栻卒後亦附葬於此。明嘉靖三年（西元1524年），敕建張浚祠堂與南軒學舍，並定其墓地為官山，以示尊崇。張公墓現為省級文物保護單位。

第五章

湖湘群雄：元明清的興替與英傑

第五章　湖湘群雄：元明清的興替與英傑

一世之雄馮子振

　　馮子振（西元 1251～1348 年），字海粟，自號「怪怪道人」，湘鄉洪塘山田人。他能詩文曲賦，書畫亦有佳品，是一位通才式文人，其作品在中國文學史上有重要地位。元蒙執掌政權，推行民族等級制度，湖南士人亦處於前所未有的壓抑之中。天才的馮子振以狂放不羈的姿態，將元代湖南文學推上了新的高度。明初文學家宋濂讚嘆道：「海粟公以博學英詞名於時，當其酒酣氣豪，橫厲奮發，一揮萬餘言，少亦不下數千，真一世之雄哉！遺墨之出，爭以重貨購之，或刻之金石，或藏諸名山，往往有之，則為人之寶愛可知。」

　　西元 1287 年，馮子振應召入都，先後擔任承事郎、集賢待制，與著名書畫家、詩人趙孟頫同在翰林學士院，深受元世祖忽必烈賞識。1291 年，正當馮子振躊躇滿志、銳意進取之時，奸臣桑哥事發。馮子振因曾作詩稱譽過桑哥，被人參劾，「遣還家」。馮子振結束了仕宦生活，開始了失意文人的流落生涯。他在審視元代特殊的社會制度尤其是明瞭「九儒十丐」的文人地位後，及時調整心態，潛心佛學，廣泛交遊，將精力投入詩文、書法創作中，在詩、文、賦、曲及書畫諸方面取得了傲人成就。

　　馮子振能詩。《元詩選》稱其「語必驚人」，高啟說他與李白「才氣風流頗同調」。他曾飲酒時偶見趙孟頫所作梅花詩畫，即執筆賦詩，寫成〈憶梅〉、〈夢梅〉、〈友梅〉、〈寄梅〉、〈紅梅〉等 100 首，內有「家是江南友是蘭，梅花於我最相歡。人生離合關友誼，珍重清春為歲寒」，「若有人兮湘水濱，冷香和月浸黃昏。自憐不入離騷譜，待把芳心弔楚魂」等明志之句，一時膾炙人口。高僧中峰亦步其韻作詠梅詩 100 首。趙孟

頻讀後，讚賞不已，題為〈百梅雙詠〉，刻印發行，後世和者甚眾。王夫之對馮子振出仕元蒙頗有微詞，但對他的詩文推崇備至，曾偕友人至馮子振故里踏雪尋梅，步其餘韻，冥思兩晝夜，僅「戲作桃花絕句數十首抵之，以示鄭重」。馮子振的〈梅花百詠〉因才思奔放、筆氣淋漓而名聲大振。而馮子振七言詩水準最高，如〈登金山〉等有「全詩整麗，首尾勻和」之妙：「雙塔嵯峨聳碧空，爛銀堆裡紫金峰。江流吳楚三千里，山壓蓬萊第一宮。雲外樓臺迷鳥雀，水邊鐘鼓振蛟龍。問僧何處風濤險，郭璞墳前浪打風。」可見其詩有幽燕悲歌似的「粗豪」。

馮子振能文。據載：「子振於天下之書，無所不記。當其為文也，酒酣耳熱，命侍史二三人，潤筆以俟，子振據案疾書，隨紙數多寡，頃刻輒盡。雖事料釀鬱，美如簇錦，律之法度，未免乖剌，人亦以此少之。」《海粟集輯存》收其文六篇，皆豪肆有奇氣，文學成就應在其詩上。如所撰〈顯靈義勇武安英濟王碑記〉正氣凜然，慷慨激昂，開篇便有一股浩然正氣：「大丈夫忠憤不酬於尺寸，而廟食滂沛於九州；功名不留於須臾，而義烈感慨於千古。」

馮子振的賦在當時即有盛名。「嘗著〈居庸賦〉，首尾五千言，宏衍巨麗。又著〈十八公賦〉，亦四千餘言，皆傑作也。」馮子振所作〈十八公賦〉，以一股陽剛之氣將18棵挺拔的青松描寫得出神入化。「十八公」在那「驛亭沙塞，荒寒寥落」的環境中，「以其倔奇瑰傑，有如此者，無論南北萬里，殆九州之表六合之外，自有宇宙以來未之有也」。這篇極妙的「松樹贊」，是詩人價值取向和人生追求的表現，也是「楚魂」的突顯。

馮子振最拿手的是散曲，《中國文學史》將其列為元代八大散曲家之一，他也是南方少有的散曲作家。《海粟集輯存》錄其散曲44首，《全金元詞》錄41首。鄧子晉在〈太平樂府序〉中稱其散曲「字按四聲，字

第五章 湖湘群雄：元明清的興替與英傑

字不苟，辭壯而麗，不淫不傷」。楊維楨在〈沈氏今樂府序〉中將其列為「豪爽」派，稱其為「一代詞伯」。其中最為人稱道的〈鸚鵡曲〉42 首是他在酒宴中以汴、吳、上都、天京風物故事為題材一氣呵成之作，氣度不凡。這些曲作多能抒發真情實感。如〈鸚鵡曲‧農夫渴雨〉：「年年牛背扶犁住，近日最懊惱殺農父。稻苗肥恰待抽花，渴煞青天雷雨。〔幺〕恨殘霞不近人情，截斷玉虹南去。望人間三尺甘霖，看一片閒雲起處。」對農民渴盼甘霖的焦慮心情刻劃得淋漓盡致，足以引起讀者強烈的共鳴，具有屈賈憂國憂民之遺風。馮子振曾題〈楊妃病齒圖〉：「華清宮，一齒痛；馬嵬坡，一身痛；漁陽鼙鼓動地來，天下痛。」字字如刀，句句見血，告誡後世為人君者不荒於色，為人臣者不失其節，要體恤百姓之痛。〈鸚鵡曲‧赤壁懷古〉：「茅廬諸葛親曾住，早賺出抱膝梁父。談笑間漢鼎三分，不記得南陽耕雨。〔幺〕嘆西風捲盡豪華，往事大江東去。徹如今話說漁樵，算也是英雄了處。」展現出「豪辣灝爛，不斷古今」的風格。

馮子振的影響遠及日本。西元 1325 年，馮子振過金陵，應日本僧人吉林清茂之請，作〈保寧寺賦〉。清茂非常寶愛，在賦後跋曰：「且作臺樣。別尋大樣紙寫過，恰上雕鎪可也。」「海粟學士觀書此賦，識與不識，終不可與。月林皎藏主一見，且曰：『吾鄉雖海外之邦，文物之盛無甚。今日倘不吝布施，齎歸本國，足可以終身之榮也。』由是不惜，仍囑之曰：『汝當寶之，雖千金不易。』」〈保寧寺賦〉惜已佚，僅存〈保寧寺賦跋〉，現藏於日本東京梅澤一氏處。馮子振還有三件手書詩文作品現藏於日本東京：〈與晦上人無隱語〉藏國立博物館，〈與放牛光林語〉藏上野保之氏處，〈與晦上人無隱詩〉藏五島美術館。

馮子振的創作，既有活潑的思想，又有狂傲的個性，輔之以逐漸向通俗化靠攏的跌宕生動的語言，無論其詩、文、賦、曲都表現出一種豪

放爽利的風格。這與他長期生活在北方，受幽燕士風的感染有關，也與湖湘浪漫主義文學淵源及其衝動的天性有關。清代黃文玠曾說：「湘之人能傳數百載者，在宋為王公南強，在元為馮公海粟。然南強著述不多，覘其族屬，亦迄無可稽，論者惜之。至海粟公以集賢院學士與趙王孫輩文采風流，掩映一時，清詞麗制，層見疊出。」因此，馮子振的詩文為元代湖南文壇塗抹了最燦爛的一筆。

西元1348年，馮子振近百歲而終，葬鈴子山岩下龜祖墓（今雙峰梓門鎮鈴山村），生前曾手書「山田故居，巖下祖墓」。好友朱德潤作詩哀輓：「登高原而悵望兮，殞喬木於江城，謂耆德之方茂兮，將演年而百齡……惜為周流四方兮，涉世路之險平……慘物交兮鳥悲鳴。」1825年，馮子振後裔重修其墓，墓碑有對聯：「一叢芳草先人墓；百樹梅花學士魂。」明代，馮子振故里修築馮氏祠堂，漣水北岸修建了梅花渡石坊，現仍存梅花碼頭。清道光年間，進士龍章曾慕名至山田村設館授徒。鄧顯鶴將馮子振詩文及生平事蹟採整合書。700多年過去了，世事滄桑變幻，伊人所作〈梅花百詠〉仍為人們傳頌。

兒科名醫曾世榮

曾世榮（西元1252～1332年），字德顯，號育溪，衡陽人。幼年師從李月山習儒，熟讀儒家經典。青年後，又改從劉思道習醫。劉思道出身於醫學世家，其五世祖劉茂先是宋代兒科名醫，曾師承宋徽宗御醫、「活幼宗師」戴克臣。曾世榮得世醫指點，繼承了劉、戴二家之說，前後行醫六十餘年，成為元代著名的兒科醫生。

第五章 湖湘群雄：元明清的興替與英傑

曾世榮將劉思道的方論、詩訣等遺著詳加編次，刪增補缺，又旁求當時高醫論述，並彙集自己平時心得與方劑，於1294年撰成《活幼心書》3卷，刊行於世。又著《活幼口議》20卷，論述兒科醫理。兩書在中國廣為流傳，並遠及日本。《活幼心書》中所述〈議原本〉、〈議難易〉、〈議同異〉、〈議虛實〉等篇，結合兒科臨床實踐，闡明兒科疾病發展變化的一般規律，發前人之所未發；〈逆證以順〉、〈陰證反陽〉、〈虛極生熱〉、〈理實致虛〉、〈利表傷裡〉等篇均屬臨床實踐的總結，對兒科疑難病症的診治具有指導意義。他提倡「通權達變」，即在掌握一般規律和特殊規律的基礎上，要注意靈活運用。

在「四診」中，他強調「望」診的重要性，用藥主張攻邪，不偏重於補，注意辨證論治，用藥精當，尤其對驚風的診治有獨到見解。曾氏在多年臨床經驗的基礎上，對驚風的病理和臨床表現作了概括，提出了「四證八候」的概念：「四證者，驚、風、痰、熱是也。八候者，搐、搦、掣、顫、反、引、竄、視是也。搐者兩手伸縮，搦者十指開合，掣者勢如相撲，顫者頭偏不正，反者身仰向後，引者臂若開弓，竄者目直似怒，視者睛露不活。」他認為急驚風之病因外感風熱、暴受驚恐，「鬱蒸邪熱積於心，傳於肝」而發病。因此，治療當以清熱為主，其治療急驚風善用五苓散。這都是他對兒科醫術的重要貢獻，其理論得到後世醫家認可，沿用至今。

曾世榮學識淵博，經驗豐富，治學嚴謹，一絲不苟。他曾作〈議金銀薄荷篇〉：「薄荷湯內用金銀，多為訛傳誤後人。細讀明醫何氏論，於中載述得其真。」由於古方中有金銀薄荷湯，後之醫者望文生義，令病家在煎薄荷湯時加入金環或銀環同煎。金銀環飾物有積垢，並不衛生，且薄荷湯主治發散風熱和透疹，加入金、銀環有何用？他帶著這一疑惑，

反覆查證，終於在北宋醫家何澄的相關論述中弄清了真相。原來金銀薄荷就是金錢薄荷，「即今之家園薄荷葉小者是也，其葉似金錢花葉，名曰金錢薄荷，此理甚明，非所謂再加金銀同煎。大概錢字與銀字相近，故以訛傳訛，是亦魯魚亥豕之類也」。

曾世榮醫德高尚，為人仁篤，重義輕利，不分貴賤貧富，對患兒一視同仁。他曾作〈為醫先去貪嗔〉：「為醫先要去貪嗔，用藥但憑真實心。富不過求貧不倦，神明所在儼如臨。人有恆心，踐履謹慎，始可與言醫道矣。凡有請召，不以晝夜寒暑，遠近親疏，富貴貧賤，聞命即赴。視彼之疾，舉切吾身，藥必用真，財無過望，推誠拯救，勿憚其勞。」他謙虛謹慎，尊重同行。曾世榮在《活幼心書》中寫道：「大抵行醫片言處，深思淺發要安詳。更兼忠厚斯為美，切戒逢人恃己長。」認為醫生應當忠厚老實，謙和安詳，絕不可自逞己能，恃才傲物。他批評有些醫生一味「訾毀前醫」，「唯務妒賢嫉能，利己害人，驚譴病家，意圖厚賂，尤其不仁之甚矣」。他自題面像云：「涉歷風波老此身，業醫唯務體諸仁。幼吾幼及人之幼，一念融為四海春。」廉公亮在《活幼心書》序言中寫道：「育溪曾德顯，儒家者一流，明小方脈，幼幼之心，不啻父母仁人之用心也。」

曾世榮深為時人所敬重。據《衡州府志》載，西元 1306 年，衡州大火，焚燒店鋪及民宅 2,000 餘家，唯有曾宅被民眾及時搶救而安然無恙。

巫水邊的高椅村

懷化會同縣雪峰山西麓、沅水支流巫水之濱有一處明清古建築群落，因其三面環山一面臨水，宛如一把太師椅，故名「高椅古村」。高椅

第五章　湖湘群雄：元明清的興替與英傑

古村現存自西元 1380～1881 年 500 年間徽派民居 104 棟（原有 330 棟），總建築面積 19,416 平方公尺，被譽為「建築史書」、「古民居建築活化石」、「古民居博物館」，現已列為全國重點文物保護單位。

唐宋時，高椅名「渡輪田」，黃姓「蠻峒」曾在此聚居 11 代，至今周圍山上仍有石榴寨、上坪寨等地名。西元 1267 年，楊家將後人楊再思六世孫楊盛隆、楊盛榜兄弟為躲避元兵，卜居於此，並將「渡輪田」改名為「高錫」。宋元以來，隨著建房業、造船業、家具製造業和茶葉貿易的發展，湘西靖州、沅州、辰州杉木、桐油等特產市場需求擴大，洪江、常德等地商貿繁榮，高椅就是靖州木材和桐油的集散中心。據記載，早在宋代，靖州等地的杉木業就很發達。據宋人記載，杉木「本身為枋，枝梢為板」。枋又分等，曰出等甲頭，曰長行，曰刀斧；板也分等，曰水路，曰笏削，曰中扛。表明當時杉木生產具有相當規模，並向專業化發展。政府在鼎州設定木材交易市場。高椅楊氏駕馭滿載杉木、桐油的船隻順巫水、沅水到達常德，並將出產從常德轉運至全省，或經洞庭湖出長江，向北運往中原，向東運銷江浙。

楊氏在多年的貿易中累積了鉅額財富，於是大興土木，修造門庭，以光宗耀祖，並在明清兩代達到了頂峰。建築牆壁的銘磚上隨處可見「乾隆三十四年」、「咸豐三年秋月吉日」、「道光元年」、「道光十年」等字樣，就說明了這一點。民國時期，高椅水運繁盛，木材貿易依然興盛，並且這裡也是雲貴煙土運往洪江、邵陽的必經之地。抗戰後期，高椅曾是重要的軍需轉運站。1945 年，日軍為攻占芷江機場，發動了湘西會戰。國民革命軍第七十四軍將美製裝備從芷江機場經高椅轉運往武岡，終於取得了雪峰山大捷，洞口山門也成了日軍先頭部隊的「不歸路」。

高椅古村民居按《周易》的陰陽五行原理選址、布局，巷道與封閉

式庭院呈八卦陣式。古村落被青石板路、田園分隔成五個自然群落，如同一朵五瓣梅花，五通廟是花蒂，大塘是花蕊，老屋街、大屋巷、上下寨、坎腳、田段等建築聚落即五枚花瓣。古村建築均為木質穿斗式結構，四周封有高高的馬頭牆，僅開小窗，構成相對封閉的庭院，當地人稱之為「窨子屋」。這種建築結構集採光、防風、防火和防盜功能於一體，數百年來高椅沒有因一家失火而殃及毗鄰建築。

用小片石砌成的牆基一般高於 60 公分，最高至 2 公尺。高椅每年有三個月梅雨期，相對溼度常在 80% 左右，高牆基可以「避雨、避潮、防腐朽」，加上齊全的排水溝、下水道和門窗等精巧設計，古民居通風防潮效能良好，歷經 600 餘年而不腐朽。宅院門前走廊大都採用青石板鋪砌，而高椅不產石材，這些石板都是當年楊氏販運木材去常德從白河買回來的「滑石」。據當地老人介紹，「船回高椅，是逆水，空船不穩，需要重物，正好就運石材回來建屋」，且越富有的人家運回的石材越大，最大的一塊青石板長 4.08 公尺。建築式樣優美多姿，大多飾有壁畫、牆頭畫。門窗都是槅扇花式，花紋各異，或是龍騰鳳舞，或是花鳥人物，獨具匠心，技藝精湛，現仍保存有很多丹青墨寶、石雕、石碑、鏤刻等藝術品。

高一村的大屋建築群中央建有兩個水塘。左塘餵養觀賞魚，稱紅魚塘；右塘餵養食用魚，稱黑魚塘。兩塘與周圍六幢住宅以木欄杆相連，魚塘上的「一甲涼亭」白天是男人們休憩閒話的場所，晚上則是女人們唱歌娛樂之處。魚塘還有提供消防用水、淨化生活汙水的功效。兩池塘與村中央「最後起沉澱去汙作用」的大塘（建於西元 1533 年）相通，一起組成了村落的排水淨水系統，這種設計既展現出「山水平衡」、「天人合一」的哲學境界，也遵循了「一片水世界，群龍棲息地」的風水理念。一座明朝早期修築的住宅裡，廚房的碗櫥下還設定了防盜監聽缸。缸口直徑 60

公分,深55公分,缸口與地面持平,平時蓋上木板,不易被人發現,監聽時取掉木蓋板,可以聽到50公尺外的腳步聲。據說這是中國最早的監聽裝置。高二村的月光大院是一座帶有歐式拱窗的宅院。宅主原是民國初年走南闖北經營藥材的醫師,見多識廣,因此仿效京、滬等地西洋建築風格在大院旁建了月光樓。中西合璧的月光樓旁有座繡樓,曾是女子拋繡球挑選意中人的地方。

高椅楊氏在經商致富的同時,尊儒重教,習文從武。他們尊東漢的廉吏楊震為先祖。楊震為陝西華陰縣人,學識淵博,剛正廉潔,有「關西孔子」、「四知先生」的美譽。高椅楊氏謹承楊震遺風,在門額題寫「清白家聲」、「關西世家」、「清白堂」、「四知堂」牌匾。以前村內建有族學和私塾,清末開設了五所學堂,醉月樓則改為女學館,這是省內最早的女學。在尊師重教的族規家風薰陶下,高椅古村民風純樸,人才輩出。據族譜載,全村先後出進士2名,文武舉人3名,貢生9名,廩生、秀才、千總等293名。

1950年代初,公路運輸日益發達,高椅水運逐漸衰落,昔日繁盛的商業經濟退回到了農耕經濟,高椅古村被劃為兩個行政村。1959年「大躍進」鍊鋼鐵,需要開發湘西南的森林和礦產,擬建洪江至綏寧的鐵路,高椅的青石板被撬去修築隧道,結果鐵路未修成,石板也廢棄了。「文革」時期,建築群遭到嚴重毀壞。1980年,為修築影劇院,拆毀了建於西元1257年的五通廟道觀。村中精美的明清古家具因古董商高價收購而不斷流失。1996年夏季,山洪暴發,洪水一度淹沒了高椅古村的住宅閣樓。如今,為了充分挖掘高椅古村深厚的文化底蘊,使高椅古村再次煥發生機,相關部門科學規劃,招商引資,對其進行保護性開發,建造3A級旅遊景區。

諸王藩府

　　明太祖朱元璋鑑於宋元不建藩屏、王室孤立的教訓，在完善郡縣制和衛所制的同時，還推行分封制，將皇子皇孫分封於全國各地，以拱衛王室。湖南「苗蠻」民族甚多，長沙、武岡、常德、衡陽等軍政要地先後共有 48 位藩王。其中武岡和長沙最為集中，武岡有 11 位，長沙先後開潭王府、谷王府、襄王府和吉王府，傳續十代 195 年。

　　西元 1371 年，朱元璋將其第八子朱梓封為潭王。1386 年，朱梓就藩長沙。在長沙城內原元朝湖南元帥府舊址修建藩王府，置三千護衛。王府占地廣闊，城垣高聳，外有城門，內有王殿官署，頗有藩王氣派。據《明史‧諸王列傳》載，朱梓英敏好學，善作文章，常召集王府儒臣飲酒賦詩，親自評品其高下。其時，朱元璋大興黨獄，法網森嚴。1391 年，潭王妃於氏父兄因受「胡惟庸案」牽連被殺，朱梓惶恐不安，明太祖遣使安慰，召其入京。朱梓恐懼，與於氏自焚而死。第一代長沙藩王溫文儒雅，竟自毀於黨禁之下，令人哀嘆。明初名臣夏原吉、明後期著名詩人袁宗道都曾作詩憑弔。

　　潭王無子，封國被除，長沙藩王府邸一度冷落淒涼了十二春秋。西元 1402 年 11 月，朱元璋第 19 子朱橞成為王府主人。他曾於 1392 年就藩河北宣府（古上谷地），故稱谷王。1402 年，他在「靖難之役」中因打開南京金川城門、投靠燕王朱棣有功，徙封長沙。

　　「靖難之役」即燕王朱棣從其姪朱允炆手中奪取皇位的鬥爭。朱元璋建立明朝後，為避免皇室內部紛爭，確立了嫡長子繼承制。西元 1368 年，他立長子朱標為太子。惜 1392 年朱標病逝，朱元璋立朱標之子朱允炆為皇太孫。1398 年朱元璋辭世，21 歲的朱允炆按明太祖遺詔繼位，改

第五章　湖湘群雄：元明清的興替與英傑

元建文。朱允炆為開明君主，施仁政，國泰民安，政通人和。但他年少為皇，各位手握重兵的藩王非常嫉妒，朝廷與諸王間關係緊張。為加強中央集權，朱允炆實行削藩政策，他先以迅雷不及掩耳之勢在一年內剷除了周王、岷王、齊王、代王、湘王五藩勢力，然後將矛頭直指駐北京的燕王朱棣。1399年7月，朱棣打著「靖難」旗號，起兵反叛，戰爭持續四年之久。1402年5月，朱棣攻破南京稱帝，是為明成祖。

南京皇宮大火沖天，凡忠於建文帝者慘遭殺害。朱允炆下落不明，生不見人，死不見屍。有人說他已葬身火海，有人說他已逃出宮外，或乘船下了南洋，或騎馬逃往西域。朱棣也懷疑朱允炆尚未死難，便派鄭和七下西洋，派陳誠出使西域，尋找建文帝下落。600年過去了，湘潭民俗專家何勁歌在《湘潭錦石何氏族譜》中發現，1402年明大將何福之弟何祿率部將護送建文帝從江西撫州臨川逃往湘潭，先隱居於銀塘，後移居於碧泉。朱允炆娶當地何氏女為妻，子嗣繁衍生息，人口日眾，在錦石之陽建宗祠，稱湘潭錦石何氏。其始祖何必華即朱允炆。

朱㭎為人奸險凶毒，就藩長沙後更是專橫跋扈，不可一世。永樂初，原戶部尚書、忠誠伯茹瑺回衡山故里，途經長沙時未至王府拜謁，朱㭎便上奏朱棣，陷之以罪。茹瑺因此下獄，飲藥自盡。朱㭎「遂益驕肆」，強奪民田，侵取公稅，擅殺無辜。王府長史虞廷綱幾次諫勸，他誣陷虞廷綱誹謗親王，將其肢解處死。隨著權勢的擴張，朱㭎的政治野心迅速膨脹。他廣招亡命之徒，操習兵法戰陣，打造軍器戰艦，與長沙衛指揮使張成、王府宦官吳智和劉信密相往還，稱張成為「師尚父」，稱吳、劉為「國老令公」，謀劃藉元宵節進京獻燈之機，選壯士隨同入宮，伺隙發動政變。他還致書邀約蜀王朱椿一起謀反。蜀王之子朱悅燇避罪來長沙，被其藏於王府。

西元1417年2月，蜀王朱椿、谷王府護衛都督僉事張興將朱橞謀叛行徑上奏朝廷，明成祖朱棣將朱橞及其子醴陵郡王廢為庶人，粉碎了這起政變陰謀。朱橞被廢後，萬念俱灰，避往長沙西北七十里處深山中的寧禪寺為僧，今天望城境內的谷山由此得名。2005年，望城縣螞蟻山發掘了谷王朱橞乳母張妙壽的墓葬，出土銀幣、銅鏡、瑪瑙等器物以及紙本書籍《太上洞玄靈寶高上玉皇本行集經》。

　　谷王廢黜之後，長沙王府又兩換門庭。西元1429年，已故仁宗朱高熾第八子襄獻王朱瞻墡就藩長沙。他在諸王中年齡「最長且賢」，「莊敬有令譽」，頗為謹慎，1436年就藩湖廣襄陽府。1478年，20歲的明英宗朱祁鎮第七子吉王朱見浚就藩長沙。他對王府進行了大規模改建，「工役浩繁，財費鉅萬，民不堪命」。據載，吉王府「廣袤若干里」，有四座城門，南曰端禮，北曰廣智，東曰體仁，西曰遵義，南門外有一座五楹石坊，上刻「藩屏王城」。四門建有營房，駐紮甲士1,769戶，專門充當儀仗護衛的儀衛司衙門就叫司門口。

　　王城內有承運殿、書院、祠廟、倉庫，外有長史司、儀衛司、審理所、紀善所等官署。湘江邊建有藩城堤以禦洪水。現在八角亭、走馬樓、藩正街等地都在藩王府內，是吉王出巡、駐足之處。他在府內營建花園，園內堆有「紫金山」，開濬萬春池，後人稱之為「四方塘」。宮闕臺閣、亭榭池塘占據了大半個長沙城，以至「城內地方半屬王府」。王府禁地，長沙府縣官員、巡捕「不得擅侵」。藩府倚仗權勢自行其政，甚至干預地方政務，「以掣有司之肘」；「奸人出沒其間」，地方官亦「莫可究詰」。吉王府一時成為長沙的城中之城和城中之國。

　　朱見浚之後，先後經歷了朱厚焆、朱載均、朱翊鎮、朱翊鑾、朱由棟幾代吉王。吉王之子孫封為長沙、谷城、德化、福清等郡王。吉王第

第五章　湖湘群雄：元明清的興替與英傑

　　五世孫朱翊鎦聰穎勤學，詩文亦佳，府邸有藏書數萬，「矻矻窮年兮，連屋編籍。胸羅雲漢兮，手織天章。散為國華兮，光被湖湘」。西元 1620 年，朱翊鎦病逝，葬於「善化縣十一都七里山之原」。1636 年，第七代吉王朱慈煃即位。此時，陝北興起的民變已席捲中原，滿族旗兵也雄踞山海關外，朱明皇朝已處於風雨飄搖之中。

　　西元 1643 年，張獻忠率「大西」農民軍殺進湖南，攻克長沙。存在了 167 年的吉王府土崩瓦解，明朝降將洪承疇不顧故主遺封，拆下藩府的磚石修築了城牆。吉王朱慈煃倉皇逃往衡州、永州、廣西等地，國亡後死於緬甸。吉王朱翊鎦庶子朱萬世逃往寧鄉，為隱匿避禍，將「吉」字加「囗」，改姓「周」。清末，寧鄉石家灣煤礦工人周達武投入左宗棠部下，以軍功先後任四川、貴州、甘肅提督，後來周達武買下長沙城北蛻園以為休憩之所，這是當時省城首屈一指的蘇式園林。民國成立，周達武次子周家純呈上家譜，請求湖南督軍府批准復姓，改名朱劍凡。朱劍凡樂於攬天下英才而教之，將蛻園捐贈周南女中作校舍，至今尚有劍凡堂，真可謂「英雄割據雖已矣，文采風流今尚存」。

　　除長沙外，武岡藩王勢力較為集中。武岡藩王府的開基者為朱楩。朱楩是明太祖朱元璋與周妃所生的庶第 18 子，西元 1392 年他始封為岷王，建國於岷州（今甘肅岷縣）。1399 年被建文帝廢為庶人，遠徙福建漳州。朱棣稱帝後，他恢復爵位，開府雲南，1408 年被削除護衛、官屬。1425 年 4 月，他從雲南北遷至寶慶府武岡州開王府，直至 1450 年去世，諡為莊，史稱岷莊王。

　　西元 1451 年，岷莊王之子廣通王朱徽煠和陽宗王朱徽焲藉苗瑤勢力策劃叛亂。朱徽煠遣武岡州民段友洪和苗瑤起義首領蒙能、陳添仔等聯絡，「誘諸苗以銀印幣，使發兵攻武岡」，敕封都廠寨苗首楊友伯為「靈

武侯」，封天柱寨苗首金龍為「欽武侯」，賜橫嶺洞苗首吳英頭等銀牌。朱徽焆亦派家人李祥協與段友洪召誘苗兵。後來事情敗露，朱徽煠和朱徽焆被貶為庶人，押入京城幽禁終身。武岡藩王由朱徽煣繼位，史稱岷恭王，之後又有順王朱音、簡王朱膺鉌、靖王朱彥汰、康王朱譽榮、憲王朱定燿、岷王朱禋洪和岷王朱企崟等繼承王位，並先後有王子封為江川、廣通、南渭、安昌、充城、黎山、沙陽、唐年、南安、南豐、建德、遂安、長壽、綏寧、南漳、祁陽、廣濟、青林、常寧郡王。在此期間，武岡王都不斷擴建，享有「武岡城牆甲天下」的美譽。

武岡城牆始建於宋。西元1371年，江陰侯吳良主修內城，長七百七十四丈，高二丈，頂闊八尺。1548年，岷康王朱譽榮建小王城，長二百七十丈。1567年，寶慶府同知段有學、武岡知州蔣時謨增築外城，長七百三十六丈，高一丈，頂闊八尺，堆頭高八尺。其後屢經修葺。三城北高南低，似巨環相連，總長一千七百八十丈，計5,874公尺。城垣均為方條形青石砌築，上築戰樓760間，建城樓13座、大小炮臺54座。桂王朱由榔建立政權，曾將都城從廣西全州遷至武岡。武岡城內曾有「興龍」、「攀龍」、「驤龍」、「游龍」和「化龍」五座橋，民間流傳「五龍不出城」的傳說。現殘存城門四座（濟川門、清渠門、迎恩門、慶成門）、西水門一座及城垣四段，長1,450公尺。

岷王後裔在武岡共生息218年，直到西元1643年，張獻忠義軍攻入武岡，岷王被殺，朱氏家族四散逃離，其中一支逃至長沙棠坡（今長沙安沙鎮和平村）。在其後幾百年間，他們又白手起家，艱難創業，直到近代才有起色。1848年，湖南糧食豐收，穀價降至千錢三石，棠坡朱昌琳（字雨田）認為穀賤傷農，來年肯定會糧食減產，於是傾其所有大量購入。次年天災，糧價飛漲十倍。朱昌琳將糧食全部拋售，獲利頗豐。此

第五章　湖湘群雄：元明清的興替與英傑

後，他又轉販鹽茶，設錢莊，開礦業，成為長沙首富，修築朱家花園，「登之，可極盡嶽麓湘江之勝，名於是邦矣」。朱昌琳暴富後，樂善好施，設保節堂、育嬰堂、施藥局、麻痘局，置義山，辦義學，並疏濬新河，賑濟災民，被譽為「長沙近代慈善事業的開創者」。

此外，明憲宗第 13 子榮莊王朱祐樞在常德開榮王府，並分封福寧、惠安、永春、富城、貴溪、肇慶等郡王。1956 年，在德山發掘了榮恭王朱翊鉁及其李、楊二妃之墓。宮殿式墓穴結構龐大，寬 17 公尺，長 13 公尺，高 6 公尺，分前後兩室。西元 1499 年，雍靖王朱祐枟就藩衡州府。1507 年，王薨，無子，封除。1627 年，神宗第七子桂端王朱常瀛就藩衡州府，並置安仁、永明、永興、新田、江華、嘉善等郡王。1643 年，張獻忠攻陷衡州，桂端王朱常瀛逃往廣西，1645 年薨於蒼梧。其子永明郡王朱由榔繼位，1646 年於肇慶建立政權，國號永曆。1659 年朱由榔被緬甸人俘虜。1660 年，清軍抵達中緬邊境，緬人交出朱由榔。翌年，朱由榔死於雲南，子嗣皆降。

藩王的封置加強了明王朝對湖南地區的統治，個別藩王也有些作為。如吉簡王朱見浚刻《四書集注》36 卷，在嶽麓書院刻《先聖圖》、《尚書》以授學者；第六代吉王朱翊鑾刻《二十家子書》28 卷，尤為精品。但藩王府的規定，帶給了百姓沉重的負擔。按明制，皇子稱親王，每年祿米一萬石；皇孫稱郡王，祿米兩千石；皇曾孫稱鎮國將軍，祿米一千石。明初諸王享有政治、軍事和經濟特權，每王府有左右王相、左右王傅各一人，參軍、紀善各一人，錄事二人。王府還有護衛指揮使司，下轄三護衛和兩千戶所，滿員兵額約 1.9 萬人。

皇家子弟向來錦衣玉食，養尊處優，封王後妃嬪成群，侍從眾多，還有大批屬官、衛士，衣食用度、開支浩大。明初潭王就藩，歲祿萬

石，即從長沙租賦中劃給。吉王初封，「奏立王莊」，占田三萬多畝，「每畝納銀四分」，至萬曆年間增至 4.6 萬畝。常德榮王曾「乞辰州、常德田二千頃、山場八百里、民舍市廛千餘間」，「悉予之」。藩王莊園占地日多，但朝廷糧賦不減，地方官府將其分攤勻派至百姓頭上。此外，王府還經常向百姓強派各種供支和勞役。

明中後期朝廷財政拮据，諸王支出繁浩，以「長沙地土廣闊，出產穀粟」，加派荊、遼、榮、楚、岷五王府祿米和襄王府柴薪，共值銀八萬多兩。百姓苦不堪言，地方官員亦怨聲載道：「宗藩日盛」，「長沙之民不勝其苦矣！」武岡岷藩王朱企鎧橫征暴斂，恣行無忌，極淫且侈，奪民妻女無數。武岡百姓不敢在白天娶親完婚，改在夜間迎娶，遂有「火把迎親」之俗流傳至今。

洪江古商城

在懷化沅、巫二水交會處有一座起源於唐代、發展於宋代、鼎盛於明清的商業重鎮洪江古商城。因其「扼西南之咽喉而控七省」的特殊地位，「商賈雲集，貨財輻輳，萬屋鱗次，帆檣雲聚」，「煙火萬家，稱為巨鎮」。古商城現保存有明清 500 年間 380 餘棟建築，是中國目前保存最完整的大型明清商業建築群，堪稱江南古民居的建築典範、〈清明上河圖〉的活版本。2006 年，洪江古商城被評為「新瀟湘八景」之一，並被確立為全國重點文物保護單位。

洪江，古稱雄溪，早在春秋時期就是楚國的桐油供應基地。西漢時，洪江是中原與大西南地區物資交換的樞紐。唐朝時，洪江形成了

第五章　湖湘群雄：元明清的興替與英傑

「草市」。西元 1090 年，洪江建置「洪江寨」，隸屬黔陽縣。元末明初，洪江建商埠，店鋪林立，作坊成片。明末清初，洪江以集散桐油、木材、鴉片、白蠟而蜚聲中外，是滇、黔、桂、湘、鄂五省通衢之地，有「小南京」、「西南大都會」的美譽。清咸豐年間，每年僅出口英美的 20 萬擔桐油就值銀百萬餘兩。貴州和湘西的優質木材亦從洪江集散，成為特供皇室營造的上等木料；又從外地運來食鹽、布匹、百貨，轉銷於湘、黔、桂、滇邊遠地區。

全國 18 省 24 州府 80 餘縣曾在此設立商業會館，洪江商人也在武漢、鎮江、上海等地設立分號，聘請經理人，經營錢莊與票號。犁頭嘴的「五府十八幫」生意紅火，曾流傳「漢口千豬百羊萬擔米，比不上洪江犁頭嘴」的諺語。抗戰時期，東部大片國土淪陷，洪江成為供應軍需民生的重要基地，四方輻輳，人煙鼎盛。1939 年，有 20 萬人避難於此。當時，為使洪江免遭日軍飛機轟炸，國民政府還下令將全城所有白粉牆塗成黑色。1950 年代初，洪江的窨子屋大都分給了老百姓，只有極少數歸還以前的舊主。隨著鐵路、公路和航空運輸的興盛，水運逐漸衰落，且鋼鐵取代木材，鴉片被取締，化工漆取代桐油，這個曾經盛極一時的商業重鎮逐漸歸於沉寂。

古商城完整地保存了明清以來興建的七大銀行、八大油號、十大會館、18 家報社、23 個錢莊、34 所學堂、44 個經商碼頭、48 個半戲臺、50 餘家妓院、60 多個煙館、70 餘所酒家、80 來座客棧、380 棟窨子屋、近百個作坊、近千個店鋪，面積近十萬平方公尺，其規模之大，氣勢之雄，建築之奇，堪稱中國明清建築博物館。古商城的建築是典型的江南營造法式，並帶有明顯的沅湘特色。建築大都為三進三層或兩進兩層，皆配有天井和晒樓，雕梁畫棟，飛簷翹角，以磚、木、石為材料，不用一顆鐵釘。古建築群一律按井字排列，錯落有致，形成「七衝、八巷、

九條街」的獨特格局。「衝」在凹處，窄小彎曲；「巷」平整悠長；「街」寬敞平直。街巷密集交錯，大都通向江邊碼頭，除正街外，最長的約500餘公尺，一般長200～300公尺，寬2～4公尺，路面全用石板鋪設，屬典型的古代商城模式。

為聯絡族誼鄉情，維護同鄉利益，外地商客在洪江紛紛設立會館。明清時期，洪江有衡州館、徽州館、福建館、武寶館、黃州館、七屬館、辰沅館、山陝館、江西館、貴州館十大會館。起初，這些商館大多臨沅水碼頭而建，隨著經營規模的擴大，不斷沿巷子縱深發展。每個會館大致有正殿、偏殿、正廳、客廳、客房和戲臺等，每館都有一個宮名，如江西會館稱萬壽宮，福建會館稱天后宮，寶慶會館稱太平宮，七屬會館稱關聖宮。

洪江曾流傳一句諺語：「江西會館的銀子，貴州會館的頂子，寶慶會館的拳子。」即江西商人最為殷實闊綽，貴州商人多是官商，寶慶商人會武功，重義氣。有的會館很富，掛在門額的金字招牌即可刮下三四兩黃金。清代，洪江人口增多，「寄命於商，全城3.76萬人，經商者就有1.5萬」。各會館成員也很多。據《洪江市志》載，西元1796年春節，七屬會館關聖宮鬧元宵，觀者甚眾，忽聞「起火」呼聲，觀者紛紛爭道逃命，踩踏致死者六十餘人。大凡繁華之處容易滋生腐敗。洪江商人從明代開始就喜歡爭財鬥富，揮金如土，煙館和青樓遠近聞名。販賣鴉片是第一大暴利行業，在清代尤甚，大量鴉片由此販銷江南各省，或經貴州轉運至雲南、四川、東南亞等地，屢禁不止。1855年，洪江成立厘金局，靠徵收鴉片稅和「花稅」日進千斗。

洪江古商城的消防太平缸也很特別，不是一般的陶缸，而是用青石板鑲製而成，大的長約2公尺，寬高約1公尺，四面雕刻精美的吉祥圖

第五章　湖湘群雄：元明清的興替與英傑

案或詩詞警句。商人尤喜歡在太平缸上刻「魚龍變化」警語。洪江有句俗話：「客無三代富，本地無財主」，即發財的商人大都是外地人，但一般富不過三代。在這裡淘金者太多，商場競爭異常激烈，行情瞬息萬變，稍不留神就會傾家蕩產。洪江城內曾有木材商鄭煊，是「揚州八怪」之一鄭板橋的晚輩親戚。因木材行情暴跌，鄭煊血本無歸，悲痛欲絕。鄭板橋為其題寫「吃虧是福」的匾額，並以小字註明：「滿者損之機，方者盈之漸。損於己則利於彼，外得人情之平，內得我心之安，既平且安，福即在是矣。」在鄭煊回洪江途中，行市陡漲，他又絕處逢生，發了大財。他對「吃虧是福」的哲理體會很深，將其作為傳世家訓，並在洪江商界流傳開來，成為共同遵守的商訓。如今，這個刻有板橋真跡的橫額依然清晰可辨。洪江巨賈朱志大曾有句家訓名言：「子孫強似我，要錢做什麼？子孫弱似我，要錢做什麼？」看似無情，卻很有哲理。楊氏富商則將「清白傳家，義方恪守」的家訓刻在門楣上。

　　黑色窨子屋是洪江特有的建築，外圍是徽派特色，有高高的馬頭牆和為數不多的小窗戶，裡面則按吊腳樓形式建造兩層或三層的四合院。樓下做商舖，樓上做倉庫和住宅，房屋冬暖夏涼，占地面積小，結構緊湊，顯示當時洪江寸土寸金的現象和富商防火防盜的觀念。為了採光，窨子屋大都置有晒樓，並可以晾晒衣物。此外，窨子屋還有幾個特點，一是院中的天井由狹小變大，再由大變小；二是門窗裝飾由簡入繁，由粗變細；三是牆頭彩繪與挑梁簡潔明快；四是有些石礎外圓內方，隱喻了主人的經商與為人的個性和準則。

　　古商城建築雖已拆毀破壞了不少，剩存的建築也外表斑駁，但它們見證了一座古鎮繁榮昌盛、珠光寶氣的景象，也見證了聰明樸實、精明強悍的洪江商人百折不撓、艱苦創業的歷史。

張谷英村

　　岳陽縣張谷英鎮東側渭洞筆架山下有張谷英村，這是中國目前由同一姓氏聚族而居、規模最大、保存最完整的古村落，集建築、民俗、宗親、耕讀諸種文化於一體，有「天下第一村」的美譽。2001 年，張谷英村古建築群被列為全國重點文物保護單位，2003 年被中國建設部、國家文物局授予首批全國「歷史文化名村」稱號。

　　據岳陽渭洞張氏族譜記載，張谷英曾任江西南昌指揮使，為朱元璋奪取政權立下了汗馬功勞。俗話說：「兔死狗烹，鳥盡弓藏」，朱元璋即位後大殺功臣，曾為其打下半壁江山的徐達亦未能倖免。一代儒將張谷英洞察時局，急流勇退，攜家眷解甲歸田。他請地師沿途定盤擇地。某日，他們來到了幕阜山渭洞一個環山盆地，盆地中央有小山，狀如龍頭，山左右有小溪圍繞，在前方匯合，不遠處有一直徑約 3 公尺的天然巨石，宛若二龍搶珠。地師說這是一處「主丁」的風水寶地。張谷英於是率家人落籍隱居於此，600 年來，繁衍 27 代。目前，張谷英村 658 戶兩千多人全為張氏後裔。張谷英村主體建築群三面環繞龍頭山，始建於明初洪武年間，定型於清嘉慶年間，現存屋宇 1732 間，其中廳堂 237 個、禮堂 1 個、學堂 10 間、住房 1,484 間，總建築面積 51,000 平方公尺。張谷英村建築群以其規模大、風格奇、藝術美而飲譽海內外，具有三個明顯特點。

　　一是「分則自成庭院，合則貫為一體」。村內所有房屋簷廊銜接，天井相連，各家廳堂臥室既明顯區別又渾然一體，形同迷宮。上新屋、當大門、潘家衝三棟門庭保存最好，主庭高壁厚簷，囤屋層層相因，錯落有致，總體布局對稱均衡，呈「豐」字結構。大屋場內，每棟門庭都由過

第五章　湖湘群雄：元明清的興替與英傑

廳、會堂屋、祖宗堂屋、後廳等四進以及與廂房、耳房形成的三個天井組成。同時，各家庭又有獨立的生活空間，顯得完整而寧靜，這是家族融洽親和的表徵。人與生活、人與自然在這裡達成了一種默契，形成一種難得的「天人合一」的和諧。

二是「溪自階下淌，門朝水中開」，「天晴不曝晒，雨雪不溼鞋」。村內共有206個天井，大的有22平方公尺，小的僅2平方公尺。天井集採光、通風和排水三大功能於一體。天井周牆和底部均用長條花崗岩和青磚砌成，有兩個小小的排水口，排水管道則暗設地下。這是根據風水學「山管人丁水管財，財宜藏而不宜洩」的原則巧妙設計而成。所有天井的雨水經地下排水管順流至大門口天井，然後左右分流，匯入煙火塘或渭溪河。古村共有九口水井，終年高出河面1.5公尺，大雨不溢，乾旱不枯。溪上架有47座大小石橋，沿溪鋪有青石小徑，沿途簷廊相接，鱗次櫛比，樓閣參差，複道縱橫。長廊與相連的60條巷道總長1,459公尺，將村內所有廳堂連成一體，不管天晴下雨，往來方便。

三是「雕梁畫棟，妙趣橫生」。張谷英村建築群建材以木料為主，青磚、花崗岩為輔，木上雕花，石上刻字，處處皆畫，移步換景，三千處雕刻無一雷同，栩栩如生，或凝練渾樸，或婉約清臞，與大屋風格相得益彰，堪稱民俗藝術的「民間故宮」。雕刻融會儒、釋、道三種文化，石刻結實厚重，富有力度；木雕精緻流暢，充滿情趣。它們經歷數百年風霜雨露，仍然不彎不裂，完好如初。雕刻圖案多為花鳥人物、福祿壽喜之類，以田園生活、耕讀傳家、忠孝節義和淡泊明志為主題，很少涉及金錢之類，展現出張氏重在修身養性、安貧樂道的教化理念。

張谷英不僅為後人留下了一座大宅子，還為後人開創了耕讀為本、尊儒重道的家風。「興門第不如興學第，振書聲然後振家聲。」《張氏族

譜》家訓云：「不求金玉富，但願子孫賢」，「忠孝吾家之寶，經史吾家之田」，「子孫雖愚，經書不可不讀」，「寒可無衣，飢可不食，讀書一日不可誤」。在長期的薰陶教化下，張谷英村形成了「以讀書為榮，以不識字為恥」的民風。第五進西邊的「青雲樓」是張氏培養人才的搖籃，張氏世代在此耕讀持家，洗淨泥腿進屋苦讀，讀罷詩書又扶起糞桶勞作。

「世業崇儒」的齊家治族之道使張谷英村知書達理、喜好讀書的風氣代代相傳，形成一種大山深處特有的耕讀文化。在這個閉塞的古村落，明清兩朝先後考取進士 1 名、舉人 7 名、貢生 6 名、秀才 45 名、太學生 33 名。1950 年代初，從這裡又走出了 200 多名大學生、2 名博士以及 1 名留英博士後，可謂人才輩出。在今天的張谷英村的婚慶或葬禮上，還有族人齊聲吟唱〈詩經·關雎〉、〈詩經·蓼莪〉的場景，成為一道獨特的風景。張谷英村習武成風，村民個個身懷武藝，可謂文武雙全。孝友傳家和凡事忍為先的「百忍家風」使張谷英村民風純樸，接人待物非常熱情，儼然陶淵明筆下的「秦人古村」。

一代宗師李東陽

李東陽（西元 1447～1516 年），字賓之，諡文正，明代湖廣省長沙府茶陵州高隴人，著名的政治家、文學家、書法家和藏書家。其遠祖李餘本甘肅臨洮人，宋代任茶陵州同知，即落籍茶陵。洪武初年，李東陽曾祖父李文祥在茶陵參加義兵，隨部隊到了北京，以戍籍居住北京西涯。李東陽即出生於此，後遂以「西涯」為號。李東陽自幼聰慧，8 歲以「神童」薦入順天府學就讀，16 歲考取舉人，18 歲登進士第，選翰林院

第五章　湖湘群雄：元明清的興替與英傑

庶吉士，授編修、侍講和侍講學士，累官至太子太保、禮部尚書兼文淵閣大學士、戶部尚書、謹身殿大學士、吏部尚書、華蓋殿大學士等，為「四朝元老」，參與編纂《憲宗實錄》，著有《懷麓堂全集》100卷，包括詩30卷、文60卷、雜稿10卷。

李東陽的詩和散文均有造詣，文體裁多樣，紀、傳、雜著寫得最好，如〈遊西山記〉、〈聽雨亭記〉等，描繪入微。其詩多應酬題贈之作，亦有擬古樂府詩百首。樂府詩多詠述史實，抒發感慨，有的批判暴君虐政，有的同情民眾疾苦。還有一些五言、七言詩長於寫景抒情，用平淡之詞營造清新的意境。楊一清評曰：東陽「高才絕識，獨步一時也，而充之以學問，故其詩文深厚渾雄，不為屈奇可駭之辭，而法度森嚴，思味雋永，盡脫凡近而古意獨存。每吮毫伸紙，天趣溢發，操縱開闔，隨意所如，而不逾典則」。

李東陽不僅在詩歌創作上卓有成就，執文壇牛耳，還充分利用自己的政治影響力，與宦官劉瑾周旋，「潛移默奪，保全善類，天下陰受其庇」，獎勵後進，門生滿天下，並力圖矯正明初「臺閣體」歌功頌德、粉飾太平的頹廢文風，形成了一個以他為首、活動數十年的茶陵詩派，李東陽也因此成為一代詩壇宗師。茶陵詩派的主要成員，一是李東陽的同年進士和同僚，其中謝鐸和張泰影響最大；二是李東陽的門生，石邦彥、羅景鳴、邵國賢、顧清、魯鐸、何孟春「六公」的影響最著。《明史·李東陽傳》載：「明興以來，宰臣以文章領袖縉紳者，楊士奇後，東陽而已。」清代評論家沈德潛評曰：「永樂以還，尚臺閣體，諸大老倡之，眾人靡然和之，相習成風，而真詩漸亡矣。」「永樂以後詩，茶陵起而振之，如老鶴一鳴，喧啾俱廢。後李、何繼起，廓而大之，駸駸乎稱一代之盛矣。」

李東陽雖歷官館閣四十年，但他曾三次出京，西元1472年陪同父親回湖南故籍，1480年奉旨去南京主持鄉試，1504年祭祀山東曲阜孔廟。這三次經歷為李東陽的思想和創作注入了深邃和活力，使他的詩如杜甫詩一樣憂國憂民，關懷社稷民生；又如李白詩一樣浪漫豪放，歌詠國家山河。如〈春至〉：「兒女喜春至，競為桃李顏。主人坐中堂，對食不能餐。寡妻問何為，良久方出言。東鄰不衣褐，西舍無炊煙。農家望春麥，麥種不在田。流離遍郊野，骨肉不成憐。嘉辰忽不見，城市轉蕭然。高樓雜管絃，此事十年前。」又如〈病起理髮，次李群玉韻〉：「病髮猶堪理，憂心不可梳。民勞看已甚，兵捷報常虛。潦水成冰地，田家望雨初。我生嗟尚可，醫國計還疏。」還如在1472年回湖南途中寫作的〈長江行〉，描寫了長江的險絕雄奇，氣勢磅礴：「大江西來是何年，奔流直下岷山巔。長風一萬里，吹破鴻蒙天。天開地闢萬物茁，五嶽四瀆皆森然。帝遣長江作南瀆，直與天地相周旋。是時共工怒觸天柱折，遂使后土東南偏。女媧補天不補地，山崩谷罅漏百川。有崇之叟狂且顛，坐看萬國赤子淪深淵。帝赫怒，罰乃罪。神禹來，乘四載。驅大章，走豎亥。黃龍夾舟穩不驚，直送馳波到東海。朝離巴峽暮洞庭，九派卻轉潯陽城。……籲嗟乎，長江其險不可攀！」

李東陽詩作有三個藝術特色：一是兼眾家之長，勇於創新；二是和平暢達，典雅流麗；三是格律嚴整，音節入神。他作為詩壇盟主，在詩歌創作理論上頗有建樹。他強調詩文「各有體而不相亂」，即詩和文是兩種截然不同的文體，「夫文者，言之成章，而詩又其成聲者也。」「詩之體與文異。以其有聲律諷詠，能使人反覆諷詠，以暢達情思，感發志氣，取類於鳥獸草木之微，而有益於名教政事之大」。他又由詩歌的聲律論及格調：「今之歌詩者，其聲調有輕重、清濁、長短、高下、緩急之

第五章　湖湘群雄：元明清的興替與英傑

異，聽之者不問而知其為吳為越也。」他論詩既以聲律、格調為主，由此提出向盛唐人學習，向李杜學習。宗法杜甫，又主要是學習其氣象和風格，反對刻意摹擬。

李東陽自幼習文，4歲能作徑尺大字，長於篆、隸、楷、行、草書。篆書繼承李斯、李陽冰的小篆傳統，用筆圓潤勁健，結字勻稱疏朗，是明代為數不多的篆書家之一。他的楷書習顏真卿，法度謹嚴，風格清潤瀟灑，開吳門書法先聲。他的行、草書融有篆隸遺意，特別是草書，結體寬博疏朗，與古勁細瘦的用筆互相輝映，形成獨特風格。李東陽的書法已擺脫明初臺閣體的束縛，對明中期吳門書風發揮承先啟後的作用。代表作品有：篆書〈懷素自敘帖引首〉、楷書〈邃庵銘〉、行草書《自書詩卷》等。明人王世貞曰：「涯翁篆勝古隸，古隸勝真、行、草。」明詹景鳳《詹氏小辨》云：「東陽草書，筆力矯健成一家，小篆清勁入妙。」李東陽告老家居時，請求詩文篆刻者填塞門限，皆欲得其墨寶。

李東陽還是明代有名的藏書家，藏書規模大，明末清初人姜紹書稱其藏書與宋濂、楊士奇、吳寬、茅坤等並稱。李東陽墓在北京城西畏吾村，即今西直門外白石橋以北之魏公村。據說他死時，家中蕭條，由其門生故舊集資葬殮。

土兵抗倭

元末明初，日本西南部封建諸侯網羅一批武士、浪人和商人經常騷擾中國江浙，史稱「倭寇」。朱元璋未能完全消滅的方國珍、張士誠殘部亡命海上，閩、浙奸商、土豪為獲取非法暴利，亦勾通倭寇。「海中巨

盜，遂襲倭服飾旗號，並分艘掠內地，無不大利」，「大抵真倭十之三，從倭者十之七」。由於防禦較嚴，明初數十年倭寇為害不大。英宗正統年間，倭寇侵擾日益增多，在浙江台州、寧波等地焚燒房屋，搶掠人口，殺戮婦嬰，甚為猖狂。至世宗嘉靖時，明王朝日趨腐敗，海防鬆弛，沿海衛所的戰船、哨船，十存一二，漳泉巡檢司原有弓兵 2,500 餘名，僅存千人。倭寇每次搶劫都滿載而去，越發囂張。

西元 1552 年，倭寇侵犯台州，大掠象山、定海諸邑。翌年，侵犯浙江溫、台、寧、紹各州及江蘇、上海、南匯、太倉等地，沿海數千里同時告警。1554 年，倭寇侵入長江以北，大掠通州、如皋、海門諸州縣。1554 年 5 月，朝廷以張經為江南江北總督、右都御史兼兵部右侍郎，專辦討倭事宜。張經積極選將練兵，奏請徵調廣西狼兵、湖廣土兵協助征剿。廣西狼兵即廣西壯、瑤兵士，湖廣土兵主要是湘西土家、苗族兵士，均由當地土司率領。

保靖宣慰使彭藎臣和永順宣慰使彭翼南危難受命，積極應徵入伍。在出征前，他們作了充分準備。時年 18 歲的彭翼南頗有大將風度，他精選將士，兵以「驍勇而慣熟戰陣，謀勇善著者」方能入伍，官以「能帶動數千人者，讓其為百人之長官，能帶動數百人者，作十人頭目」。將官降級領兵大大提高了臨陣指揮能力。他對土兵嚴格訓練，教以鉤鐮槍弩之技，熟悉攻守陣法。

土兵陣法，每司 24 旗，各有旗頭，臨戰時組成鐵塔式序列，即以 1 人居前，其後以 3、5、7 人橫列四、五排，其餘土兵則於陣後吶喊助威。前列傷亡，後排遞補，既可各旗獨立作戰，又可各旗互相配合，進退有序，攻則無往不勝，守則堅不可摧。尤其是土兵的「鉤鐮槍弩之技」，可以制服善於近戰的倭寇，「短兵相接，倭賊甚精，近能制之者，

第五章　湖湘群雄：元明清的興替與英傑

唯湖廣兵的鉤鐮槍弩之技」。軍令要求土兵於次年 4 月中旬趕到抗倭前線，彭藎臣計算行程，覺得時間很緊迫，於是決定臘月二十八提前過年，官兵與眷屬在軍營團聚，軍屬們表現出高昂的愛國情懷。西元 1554 年大年三十，彭翼南率土兵三千人，其祖父彭明輔領兵兩千人，彭藎臣統兵三千人，自備糧食，遠涉三千餘里，奔赴蘇州、松江抗倭前線。

西元 1555 年正月，倭寇聚集浙江勝墩。廣西田州瓦氏夫人率狼兵由南面進攻，永順宣慰使彭翼南領土兵從北面圍剿，南北夾擊，斬首 300 餘級，倭寇潰敗。土兵、狼兵首次告捷。同年 4 月，盤踞常熟三大浦的倭寇分股騷擾常熟、江陰一帶。兵備道副使任環督率保靖土兵一千餘人及官兵民丁三千餘人，分三路進攻，俘斬 280 餘人，倭寇大敗，「自用兵以來，陸戰全捷，未有若此者也」。同月，任環與都司李經又指揮永、保土兵進攻新場倭寇。懾於土兵威力，倭寇避免正面交鋒，四面埋伏，引誘土兵深入。保靖土舍彭翅率土兵首先攻入敵陣，永順土官田菑、田豐相繼進攻，不慎中敵埋伏。經激烈戰鬥，彭翅、田菑、田豐等壯烈犧牲。5 月，盤踞於柘林的倭寇進犯嘉興，燒殺擄掠，無惡不作。張經遣參將盧鏜督彭藎臣率土兵馳援，總兵俞大猷督彭翼南、彭明輔所領永順土官兵水陸三面夾擊。保靖土兵出奇制勝，首挫其鋒，敗倭寇於石塘灣。倭寇向平望逃竄，遭總兵俞大猷督率的永順土兵及官兵攔路截擊，又奔王江涇。保靖土兵乘勝追擊，倭寇腹背受敵，陷入重重包圍之中，土兵、狼兵及各路官兵四面包剿堵擊，英勇作戰，斬倭首 1,900 餘級，倭寇焚死溺斃者甚多。史載：「自有倭患來，東南用兵未有得志者，此其第一功云。」

王江涇大捷，倭寇受重創，官兵士氣大振。朝廷錄功行賞，賜彭藎臣銀幣並三品服色，進階略毅將軍；賜彭翼南銀幣並三品服色，授昭毅

將軍；彭明輔亦賜銀幣。王江涇大捷後，松江柘林的倭寇千餘人又竄擾蘇州一帶。彭藎臣、彭翼南率土兵尾隨追擊，並與任環率領的官兵分三路進攻，圍倭寇於蘇州陸涇壩。各路土、漢官兵冒雨奮戰，俘虜其首領，斬殺五六百人，溺死者不計其數，殘寇逃回柘林。陸涇壩之捷肅清了蘇州倭患。在這次戰鬥中，永、保土兵與倭寇短兵相接，肉搏血戰，表現了視死如歸的頑強戰鬥精神。「論者皆謂我兵有死之心，無生之氣，而又以藎臣善戰之兵，其勝宜也。」

西元 1555 年 10 月，明王朝發生了朋黨之爭，奸相嚴嵩以「養寇不戰」和「冒功」等莫須有罪名害死張經，掌握抗倭大權。他們腐敗無能，歧視少數民族將士，將永、保土兵和廣西狼兵遣返回籍，重新調兵遣將，卻不主動出擊，倭寇再次猖獗。1556 年 8 月，彭翼南和彭藎臣再次奉調率土兵六千人征倭。時值俞大猷率容美土兵圍困勾結倭寇的大海盜徐海、陳東於沈家莊。永、保土兵及時趕到，左右列陣，容美土司田九霄扼青村、黃浦及出海之路。當時倭寇放銅發煩，以銀塞煩口，火發銀如星飛，威力無比。彭藎臣令土兵編竹笆遮擋火器，取民犬數百為群，被以戎服，以擋煩擊，又使數人持火驅犬群向倭寇發起猛攻。土兵手持火把，衝入敵陣，火燒倭巢，全殲倭寇 2,000 餘人，徐海投海自盡，倭酋日本大隅島主之弟辛五郎被擒殺，史稱「沈莊大捷」，浙西倭患得以平息。

西元 1557 年 2 月，彭志顯等率大剌、鎮溪、麻寮六千名土兵，與容美土兵配合，圍攻舟山倭寇告捷。至此，浙江倭寇全部肅清。彭翼南受嘉獎，詔曰：「蕞爾倭夷，連年內侵，東南要區，累遭屠戮。彭翼南聞調遠赴，亟動勤王之念，竭力效令，因成奏凱之功，元凶就戮，餘孽悉平，功勞懋著，良可嘉尚。」彭藎臣以功晉雲南布政使司右參政，仍理

第五章　湖湘群雄：元明清的興替與英傑

保靖宣慰使司事。1560 年彭藎臣病卒雲南，歸葬保靖縣遷陵鎮風箏坪。1567 年，彭翼南因病卒於老司城，年僅 31 歲。

在嘉靖抗倭行動中，永順、保靖土兵英勇善戰，血灑疆場，為維護東南海疆和人民生命財產安全，立下了不朽功勳。土家族這種「遇征戰，輒荷戈前驅」的愛國主義精神，凝聚成千古浩然正氣。至今湘西土家族有臘月二十八過「趕年」的習俗。抗日戰爭時期，永順人民緬懷彭氏抗倭功績，於縣城西北山坡建翼南樓，樓聯云：「破虜溯當年，浙海東南傳偉績；鼓鼙思壯士，大鄉西北有高樓。」

幽默大師江盈科

江盈科（西元 1553～1605 年），字進之，號綠蘿山人，明湖廣省桃源縣人。西元 1592 年，他與袁宏道同科進士及第，授江蘇長洲令，歷任吏部考功主事、大理寺丞、戶部郎中、四川提學僉事等職，著有《雪濤閣集》。江盈科與袁宏道並稱「袁江二公」，為晚明文學革新流派公安派的主將。袁宏道也被稱為「一代才人」、「公安大家」。

在詩歌方面，江盈科主張「性靈說」，求「真」，「言今人之不能言與其所不敢言」，寫出自己的真情實感。他說：「夫為詩者，若係真詩，雖不盡佳，亦必有趣。若出於假，非必不佳，即佳亦自無趣。」這些詩歌創作主張在其作品中都有反映。如〈鄉信〉：「傳聞故鄉事，遠宦倍傷情。巴峽連烽火，黔中梗路程。父兄宵挽粟，郡縣盡屯兵。搶攘今如此，何時見太平？」反映了萬曆年間社會動盪、民不聊生的境況。鑑於官場腐敗，江盈科時有歸隱之心，如〈聞報改官〉：「看破名場是戲場，悲來喜

去為誰忙?六年苦海長洲令,五日浮漚吏部郎。為蚓為龍誰小大?乍夷乍蹠任蒼黃。無心更與時賢競,散髮聊便臥上皇。」

江盈科詩作在形式上「不拘格套」,不事摹擬刻劃,追求平易,亦莊亦諧,信腕信口,「務為新切」。如〈真州〉:「彈丸揚子國,繞郭大江橫。商眾過農戶,鹽高出女城。岸棲千斛艑,市雜五方氓。逐末兒童慣,淒涼夜讀聲。」真州即儀徵,該詩描寫了真州商業的興盛繁榮以及人們心態的複雜變化。其〈春閨怨〉構思精巧,纏綿悱惻:「無情最恨是東風,只解吹花滿地紅。何如吹妾花前意,暫入良人春夢中。」展現出詩人對現實生活的細緻觀察與深刻感受。

尤其在小說和小品類文學方面,江盈科頗有建樹,堪稱中國古代文學史上尤其是湖南文學史上的「幽默大師」。所著《雪濤小說》52篇、《雪濤談叢》57篇、《談言》11篇、《諧史》153篇,皆篇制短小,亦莊亦諧,在詼諧玩世的同時,又別出心裁,寓意深刻,發人深省。阿英稱,江盈科的「笑話」實寓「當時的征賦給予民眾的壓迫」。其作品具有較高的思想性、藝術性,「超逸爽朗,言切而旨遠」,即使立於世界寓言藝術之林,也毫不遜色。

〈催科〉藉寓言以增強論說的生動性,短小精悍,讀來饒有趣味。文章寫道:「昔有醫人,自稱能治背駝,曰:『如弓者,如蝦者,如曲環者,延吾治,可朝治而夕如矢。』一人信焉,而使治駝。乃索板二片,以一置地下,臥駝者其上,又以一壓焉,而腳躧焉。駝者隨直,亦復隨死。其子欲鳴之官,醫人曰:『我業治駝,但管人直,哪管人死?』嗚呼!世之為令,但管錢糧完,不管百姓,何以異於此醫也哉!雖然,非仗明君躬節省之政,下寬恤之詔,即欲有司不為駝政,可得耶?」

〈蛛蠶〉也是一篇深刻洗練的寓言作品。作品寫道:「蛛語蠶曰:『爾

第五章　湖湘群雄：元明清的興替與英傑

飽食終日，以至於老。口吐經緯，黃白燦然，因之自裹。蠶婦操汝入於沸湯，抽為長絲，乃喪厥軀。然則其巧也，適以自殺，不亦愚乎？』蠶笑蛛曰：『我固自殺，我所吐者遂為文章，天子袞龍，百官紱繡，孰非我為？汝乃梏腹而營，口吐經緯，織成網羅，坐伺其間。蚊虻蜂蝶之見過者，無不殺之而以自飽。巧則巧矣，何其忍也！』蛛曰：『為人謀，則為汝；自為謀，寧為我。』嘻，世之為蠶不為蛛者，寡矣夫！」該文短短數百字，透過蛛蠶對話的形式，深刻揭示了「為人謀」和「自為謀」兩種不同的世界觀和人生觀。

〈鼠技虎名〉亦頗有韻味，在指出楚人謂虎為「老蟲」而姑蘇人亦稱鼠為「老蟲」的差異後，發了一通精采議論：「嗟嗟，鼠冒老蟲之名，致使餘驚錯而走，徐而思之，良足發笑。然今天下冒虛名駭俗耳者不少矣。堂皇之上，端冕垂紳，印累累而綬，若若者果能遏邪萌折權貴摧豪強歟？牙帳之內，高冠大劍，左秉鉞，右仗纛者，果能御群盜北遏虜南遏諸夷如古孫吳起翦之儔歟？驟而聆其名，赫然喧然，無異於老蟲也；徐而叩所挾，止鼠技耳。夫至於挾鼠技，冒虎名，立民上者皆鼠輩，天下事不可不大憂耶！」

江盈科對於國事紛擾而當事者互相推諉大為不滿，作〈任事〉篇予以猛烈抨擊。作品寫道：「蓋聞裡中有病腳瘡者，痛不可忍，謂家人曰：『爾為我鑿壁為穴。』穴成，伸腳穴中，入鄰家尺許。家人曰：『此何意？』答曰：『憑他去鄰家痛，無與我事。』又有醫者，自稱善外科，一裨將陣回，中流矢，深入膜內，延使治，乃持并州剪剪去矢管，跪而請謝。裨將曰：『簇在膜內者須亟治。』醫曰：『此內科事，不應並責我。』噫，腳入鄰家，然猶我之腳也；簇在膜內，然亦醫者之事也。乃隔一壁，輒思諉腳；隔一膜，輒欲分科。然則痛安能已，責安能諉乎？今日當事諸公，

見事之不可為，但因循苟安，以遺來者，亦若諉痛於鄰家，推責於內科之意。」

李自成禪隱夾山寺

明末，民族矛盾空前激化，陝西地區尤為突出。西元1628年，高迎祥、張獻忠、李自成等帶領陝西飢民起義。義軍經過澠池、洛陽、襄陽、成都等數次大規模戰爭，匯成李自成和張獻忠兩支主力。1644年3月19日，李自成攻破北京，崇禎帝在煤山自縊，專制腐朽的明王朝終於被推翻了。李自成入京後，放縱士卒搶掠，臣將驕奢，在招降山海關寧遠總兵吳三桂時舉措失當，導致吳三桂引清軍入關。大順軍節節敗退，李自成率部進入兩湖一帶，不知所終。數百年來，關於李自成下落之謎的說法有18種之多，現主要流行「通山九宮山遇難」和「石門夾山寺出家」兩種說法。

以往學界大都認為，李自成在湖北通山縣九宮山為農民程九伯所殺，其原始依據是清親王阿濟格和南明將領何騰蛟的兩個奏報。至今在通山九宮山有程九伯家祠「世忠堂程氏宗祠」以及清廷賞賜的「仗義勤王」金匾，還保存有李自成遺物鎏金雙龍首馬鐙及李自成墓。但這種說法不太可信。李自成雄才大略，驍勇非常，為明、清死敵，其生死絕對是當時的重大政治事件。且阿濟格在奏摺中說「屍朽莫辨」，有虛誇之嫌，清廷也對此存疑。何騰蛟奏摺也是放馬後砲，謊報戰功，南明王朝也不相信。李自成退居湖湘時，手下有四十萬兵馬，如果他真的在九宮山被殺，這幾十萬大軍會放過九宮山嗎？事實上，當時九宮山很平靜，

第五章 湖湘群雄：元明清的興替與英傑

幾十萬大軍也很平靜。那麼，為何會有李自成九宮山「遇難」說，而且在民間廣泛流傳呢？這極有可能是李自成與其部下施放的煙幕彈。一方面，傳言李自成已死，可以打消南明王朝對這支大軍的敵意，以聯合抗清；另一方面，使清王朝以為心腹之患已除，放鬆警惕。這是一個緩兵之計，一旦時機成熟，李自成可東山再起。

李自成禪隱老石門夾山寺則可能真有其事。該說法最早見於乾隆年間澧州知州何璘所撰〈書李自成傳後〉：「余以澧志不備，周諮遺事。有孫教授為余言：『李自成實竄澧州』，因旁詢故老，李自成由公安奔澧，其下多叛亡。至清化驛，隨十餘騎，走犄牛壩，在今安福縣境，自成棄騎去，獨竄石門之夾山寺為僧」，取法號「奉天玉」。李自成曾於西元1643年稱「奉天倡義文武大元帥」，後又稱「新順王」，故奉天玉隱喻奉天王，留在澧州的義軍餘部一直沒有推舉新首領，也是由於李自成還健在的緣故。

何璘在考察時還遇到一位服侍過奉天玉和尚、帶陝西口音的老和尚。他曾出示奉天玉和尚遺像，頗似《明史》所繪李自成模樣。民國初年，著名學者章太炎撰文論證李自成是否在夾山為僧，並親至夾山訪得李自成〈梅花百韻〉詩五首，其中有「金鞍玉鐙馬如龍」、「徐聽三公話政猷」等句，顯然不是方外人士的口吻和氣勢。1950年代初，郭沫若在編撰《中國史稿》時亦未否定李自成禪隱夾山寺一說，他還特別叮囑：「李自成的死是有爭議的問題，要將來研究再作定論。」李自成「九宮山遇難」說雖已編進歷史教科書，但至今未找到確鑿的證據，夾山一帶出土了系列文物則很有說服力。

1981年，石門夾山寺發掘了奉天玉大和尚墓，瓷罈中的遺骨與李自成身材相似，墓中陪葬物與李自成家鄉習俗吻合。人們還在夾山發現了

奉天玉弟子野拂所立「奉天玉」斷碑、梅岩楊彝子西元 1705 年撰寫的〈重修夾山靈泉功德〉碑和通州王大猷 1850 年撰寫的〈重修夾山靈泉寺〉碑，都與何璘所述相印證，說明奉天玉和尚即李自成。1981 年秋，考古工作者在與夾山相鄰的慈利縣發現了野拂大和尚墓，墓碑上寫道，老禪師出身行伍，生於明朝，清初去世，曾「戰吳王於桂州，追李闖於澧水」，並精心侍奉過奉天玉和尚。碑文亦旁證了奉天玉就是李自成。據進一步考證，野拂即李自成姪兒李過。

　　1992 年，在夾山寺大雄寶殿左側山坡邊又發現了迷宮似的祕密地下宮殿。其四壁用青磚砌築，裡面有按皇宮布置的寢宮，裡面發現了大量兵器、人骨，地宮出口直通大雄寶殿大佛底座。1994 年 2 月，石門發掘了一塊銘有「奉天玉詔」四字的銅牌。經鑑定，其年代為明末清初，顯然是奉天玉和尚的御用品。後來，人們又在夾山、澧水流域蒐集到「永昌通寶」銅幣、刻有「永昌元年」字樣的竹製扇骨和銅製薰爐等，「永昌」是李自成在西安建立大順政權的年號。更引人注意的是，一個鑄有隸書陽文「西安王」字樣的銅製馬鈴，與李自成家鄉出土的「自成王」馬鈴形制、字體和花紋相同。此外，奉天玉和尚墓出土的符碑刻有四句四言偈語，與米脂墓葬中的符碑內容相似，而這類符碑在石門其他墓中從未發現。

　　還有一個事實也令人驚奇：臨澧蔣家有許多傳世文物，包括香爐、酒杯、玉雕等珍貴器具，經鑑定均為明末清初遺物。這些工藝超群、價值連城的寶物集中於夾山這片山區，不能不讓人懷疑它的來路。蔣家原本姓李，為躲避清軍追殺才改姓蔣，現代著名作家丁玲原名蔣冰之、蔣瑋，出生於臨澧安福鄉一個官宦之家，她也曾說自己是李自成後人。

　　李自成禪隱夾山三十餘年而終，其餘部堅持民族大義，聯明抗清 14

第五章　湖湘群雄：元明清的興替與英傑

年，精神可歌可泣。李自成提出了「均田、免糧」的口號，使中國古代農民起義水準達到了新的高峰，對近代洪秀全「有田同耕，有飯同吃，有衣同穿，有錢同使」的思想有直接影響。李自成由此彪炳千古，備受後世推崇。今夾山寺重修了闖王陵，占地三十餘畝，由紀念館、陵寢、陵衛、紫石牌坊、神道、明樓、神廚、碑廊、野拂塔等組成，供後人憑弔。

何騰蛟抗清

　　何騰蛟（西元 1592～1649 年），貴州黎平府人，字雲從，出身書香門第。傳說他誕生時，鄉人「忽見金色雙鯉飛入何宅，頃刻消失，人皆以為井裡神魚所化生」，故名「騰蛟」。其父訓課極嚴，某日問書，何騰蛟答不出來，父怒舉石硯擊其頭，罵道：「子不受教，擊死無悔。」在父親嚴厲的課教下，何騰蛟發奮攻讀，西元 1621 年中舉，1642 年出任湖北鄖陽兵備道，1643 年史可法薦其任右僉都御史。1644 年 5 月，史可法等在南京立福王朱由崧為帝，年號弘光。何騰蛟為兵部右侍郎，總督湖廣、四川、雲南、貴州、廣西軍務，駐湖南長沙總攬抗清事宜。他任命堵胤錫為湖北巡撫，傅上瑞為湖南巡撫，章曠為總督監軍，調副將黃朝宣、張先壁、劉承胤兵聚集長沙，並招安李自成的大順軍餘部數十萬人馬，在湖南部署 13 鎮，共同抗清。

　　何騰蛟鎮守長沙三年，軍紀嚴明。當時瘟疫流行，他「弔死問疾」、「博施勸諭」，百姓困境稍有舒緩。軍餉不足，他委任章曠創辦義餉，增加地租，預徵兩年軍糧，查抄富戶財產，開設鑄錢局鑄錢，抽鹽稅等，

以資軍餉。他還在兵荒馬亂中開科取士，使兩湖之地不廢絃歌，政局得以暫時穩定。

西元 1646 年春，清軍大舉進犯湖南，抗清聯軍在岳州城下與清軍激戰十餘次，岳州淪陷。1646 年 8 月，南明隆武帝被清軍斬殺，何騰蛟十分悲痛。為開展抗清局面，他決定出師東下收復江西、南京，因此與監軍御史李贗品先赴湘陰，相約各鎮兵會師岳陽。章曠率二十萬農民軍水陸並進圍攻岳州，其餘諸鎮則驕橫難制，觀望不前。章曠孤軍奮戰，慘遭失敗。各鎮於是罷兵，東下計畫未能實現，「騰蛟威望由此損」。

西元 1647 年初，孔有德、尚可喜、耿仲明率清軍再次進攻湖南，下岳州、湘陰，攻陷長沙。在強大的清軍追擊下，何騰蛟奔走於衡州、祁陽、辰州、永州、桂林等地。1648 年 5 月，明降將金聲桓、李成棟等倒戈反清，江西、廣東重新歸附南明，清軍撤出湖南。何騰蛟乘勢舉兵反攻，連克全州、永州、寶慶、衡州、常德，抗清局面又有轉機。11 月，何騰蛟進駐衡州，準備進攻長沙，不慎在湘潭陷入清軍包圍被捕。已降清的舊部徐勇扣押何騰蛟家人四十餘口迫其投降，他說：「老母耄矣，餘無足惜，一唯命。」清將佟養和勸他歸順大清，何騰蛟大義凜然地說：「中國不幸，大臣被擄，我肩負大明三百年綱常重任，豈能以一身事奉兩主？我為血性男子，百折不回，你們為何還吝惜一劍，不將我殺死？」何騰蛟請庵中僧人取來江心之水，望南方痛哭道：「這江水自衡山流來，是桂王那裡流來的水啊！這水可以洗滌我的腸胃，死了也好瞑目。」此後絕食七日。

佟養和再次勸降，他拒絕說：「孔曰成仁，孟曰取義，衣帶之遺，彼則行之，我則繼之，吾志決矣，勿復多言。」佟養和欽佩其堅貞不屈，又不忍心殺他，便留下一捆絲繩，由他自戕。1649 年正月二十六日，何

第五章 湖湘群雄：元明清的興替與英傑

騰蛟自縊於城南通濟門外大埠橋邊，臨死前作〈絕命詩〉：「天乎人事苦難留，眉鎖湘江水不流。煉石有心嗟一木，凌雲無計慰三洲。河山赤地風悲角，社稷懷人雨溢秋。盡瘁未能時已逝，年年鵑血染宗周。」以此表達他的亡國之痛和至死不渝的民族氣節。何騰蛟舉家四十餘口被清軍殺害。

噩耗傳出後，百姓莫不流涕哀悼。桂王令三軍縞素望祭，三軍痛哭，聲聞數里，追封何騰蛟為「中湘王」，諡號文烈。何騰蛟遺體被一和尚掩埋，僅作標記，未壘土為墳。西元1661年，何騰蛟姪孫將其遺骸移葬湘潭城上十八總唐興灣（今窯灣）陶侃衣冠塚右側後，立碑記「明閣學何忠誠公墓」，時人頌曰：「幸葬湘中文烈王，陶公山氣鬱蒼蒼。踏青修禊遊人夥，爭奠苾蘭圍墓香。」1675年，康熙旌表何騰蛟忠君氣節，降旨將其遺骨歸葬故里今貴州黎平縣德鳳鎮西佛崖，並賜諡「忠義郎」。何騰蛟、瞿式耜崎嶇危難之中，介然以艱貞自守。雖其設施經畫，未能一睹厥效，要亦時勢使然。其於鞠躬盡瘁之操，無少虧損，固未可以是為訾議也。夫節義必窮而後見，如竭力致死，靡有二心，所謂百折不回者矣。明代兩百七十餘年養士之報，其在斯乎！其在斯乎！

明清之際，湖南許多壯烈的抗清事蹟可歌可泣，展現出湖湘文化的血性精神和民族氣節。西元1647年，當清軍圍攻臨武時，巴陵人李興瑋任縣令，他督率士民，憑城固守，誓與縣城共存亡。清軍連續進攻五晝夜，未能獲勝。清軍佯裝敗退，李興瑋不知是計，出城追擊，結果中伏，兵敗被俘。清將勸降，他大罵不止，最後壯烈犧牲。與此同時，衡陽的王夫之、管嗣裘、夏汝弼也在衡山策劃起義，不慎事洩，在起義前夕遭清軍突襲。管嗣裘逃入山林，不知所終，其全家慘遭殺害。夏汝弼避入九嶷山，1650年在飢寒交迫中死去。王夫之隱居山林，誓不降清。

名士王夫之

　　王夫之（西元 1619～1692 年），字而農，號姜齋，衡陽人，明末清初啟蒙思想家，中國古典哲學集大成者。因晚年築室衡陽石船山隱居，故稱船山先生。王夫之出身於書香門第，其父王朝聘為飽學之士，尊程朱理學，稱武夷先生；其叔父王廷聘，兄王介之、王參之都致力於經學。王夫之 14 歲時中秀才，後求學於嶽麓書院，24 歲時與兄長王介之同時中舉。西元 1643 年，張獻忠建立農民政權，招其做官，不就。起義軍抓其父作人質，他便自刺腕敷上毒藥，偽裝病重。張獻忠釋其父，王夫之伺機逃脫。1648 年，王夫之與好友管嗣裘、南嶽僧性翰在衡山舉兵抗清。兵敗後退至肇慶，在南明桂王政府任職。次年，至桂林依附瞿式耜，當時王化澄當政，永曆綱紀大壞。他因上疏指斥王化澄誤國，幾陷大獄。不久，清軍攻陷桂林，瞿式耜殉難，他決心隱遁。1651 年，王夫之輾轉湘西以及郴、永、漣、邵間，潛身瑤峒，伏處深山。1675 年，他回到衡山，築湘西草堂，潛心撰述，得「完髮以終」。

　　王夫之，一個儒家文化培養出來的高貴靈魂，寧可遁跡荒陬，「啟翁牖，秉孤燈」，「雖飢寒交迫，生死當前而不變」，始終不肯走進滿清的庭院。在苦苦掙扎之後，他信念更加堅定，國家政權雖然喪亡，但作為民族靈魂的精神文化絕不能與之偕亡，只要精神不死，終有民族復興之日，必須總結明亡的經驗教訓，「哀其所敗，原其所劇」，以啟後人。他於是潛心研究，廣泛涉獵，在哲學、政治、法律、軍事、歷史、文學、教育、倫理、天文、算術以及佛道等領域皆有造詣，而在哲學上成就最大，他將中國傳統唯物主義推向新的高峰。譚嗣同評曰：「五百年來，真能通天人之故者，船山一人而已」，謂其思想「空絕千古」。侯外廬謂其

第五章　湖湘群雄：元明清的興替與英傑

思想「蘊含了中國學術史的全部傳統」。張岱年稱其哲學思想為「中國古典哲學唯物主義的最高峰」。王夫之哲學以務實、主動、重行、思變為特徵，在中國哲學史及湖湘文化史上具有繼往開來、啟迪近代的地位和作用，為明末清初的中國社會變革和早期啟蒙思潮奠定了理論基礎。

在世界觀方面，王夫之認為，「器」即物質實體，「理」即客觀規律，一切事物都是客觀存在的實體，即「天下唯器而已」。「道不虛生，則凡道皆實也」，「無其器則無其道」，「據器而道存，離器而道毀」。這就是說，物質世界是獨立的客觀存在，有器才有道，道是由器衍生的，即存在決定意識。這是樸素的唯物主義觀點。他批判了理學家「理在氣先」、「理生氣」的唯心論。

在認識論方面，他認為：「形也（感覺器官），神也（思維活動），物也（客觀對象），三相遇，知覺乃發。」也就是說，知覺的產生是人們感覺器官接觸客觀對象、進行思維活動的結果。他提出了「即事以窮理」的命題，即一切事物透過考查研究是可以認識的。他批判程朱「知先行後」說，提出「知行始終不相離」的知行統一論，並強調行是知的基礎。王夫之的知行觀以重「行」為特徵，展現出鮮明的經世精神和批判精神。他為批判佛教盡廢知行、程朱陸王重知輕行及其蹈虛、清淡之學風提供了認識論根據。

在人性論方面，王夫之反對理學家「存天理，滅人慾」的觀點。他認為「理」與「慾」是統一的，「天理」就在「人慾」之中。從人們對聲、色、味的傾向性追求中，「廓然見萬物之公欲，而即為萬物之公理」。沒有脫離「人慾」的「天理」，因此靠革盡「人慾」來求得「天理」是荒謬的。他認為「理與慾皆自然，而非人為」，即追求人慾是人類生存的自然要求，是保證人類生存的合理要求，禁慾是違反人性的。理在慾中，並非說慾

即是理，縱慾也是不對的。理只是正當的欲望的反映：「人慾之大公，即天理之至正也。」可見王夫之的主張既不是禁慾，也不是縱慾，而是節慾和導慾。

王夫之在堅持唯物主義的同時，還發展了古代樸素辯證法思想。他在張載、王廷相主動說的基礎上，成為主動說的集大成者。他提出：「動靜互涵，以為萬變之宗」，「方動即靜，方靜旋動，靜即含動，動不捨靜，善體天地之化者，未有不如此也。」他主張動和靜的對立統一是宇宙萬物賴以產生和發展的基礎。「動靜皆動」是王夫之關於動靜關係的最高理論概括。他提出「天下之變萬，而要歸於兩端」。「兩端」即氣之陰陽。他創造性地將陰、陽二氣的對立統一概括為「分一為二」和「合二以一」，認為世界上沒有不含矛盾的事物，運動是陰陽對立引起的，是事物固有屬性，從而否定了從老子到宋明理學家所持的形而上學的絕對靜止觀。他運用「理勢統一」的歷史進化思想研究歷史，認為「理在勢中」，國家的治亂存亡、制度的遷移更舉，皆「理勢之必然」，從而得出人們必須審時度勢、及時變法的結論。王夫之的這些唯物辯證法思想對後世產生了深遠影響。

王夫之在其他學科亦卓有成就。後人稱「其學無所不窺，於六經皆有發明，洞庭之南，天地之氣，聖賢學脈，僅此一線耳」。政治上，他主張統一，反對分裂；主張選賢任能，「以天下之祿位，公天下之賢者」。他反對豪強地主，主張減輕自耕農稅收，增加地主稅賦。經濟上，他倡導「留心經濟之學」，重視商品經濟，是中國較早論述商品流通作用和市場調節理論的學者，其厚商興商思想促進了清代商品經濟的發展。文學上，他善詩文，工詞曲，在詩歌理論上也頗有建樹，為清代詞壇重要作家。明清易代是天崩地裂的社會鉅變。生不逢時，使王船山歷盡苦難；

第五章 湖湘群雄：元明清的興替與英傑

然而正是這種「天崩地裂」，孕育了一代大儒的鴻篇巨制。

王夫之故居湘西草堂在今衡陽縣曲蘭鄉湘西村菜塘灣，1981 年被列為省重點文物保護單位。草堂院內，茂林修竹，綠蔭如蓋，旁有古楓，其幹粗大彎曲，形若駿馬昂首躍前，故稱「楓馬」。又有古藤，鐵骨盤旋，蜿蜒上升，俗稱「藤龍」。「楓馬」、「藤龍」為草堂奇觀。距湘西草堂四公里的船山村虎形山有船山墓廬，漢白玉石碑上刻「偉大思想家王而農先生之墓」。旁刻有自題墓誌銘：「抱劉越石之孤憤，而命無從致；希張橫渠之正學，而力不能企。幸全歸於茲丘，固衛恤以永世。」兩邊石刻對聯：「前朝乾淨土；高節大羅山」；「世臣喬木千年屋；南國儒林第一人。」

吳三桂叛據湖南

吳三桂（西元 1612～1678 年），原籍徽州，後流寓遼東。明崇禎末年，任寧遠總兵，納京城名妓陳圓圓為愛妾。西元 1644 年，李自成率大順軍攻入京師，吳三桂據守山海關。受李自成招降，吳三桂「朝見新主」，在途中得悉京城「拷掠」明官，陳圓圓亦為劉宗敏所擄，於是「衝冠一怒為紅顏」，在山海關開門納降，歸附清軍多爾袞，隨其追殺義軍，奪回愛妾陳圓圓。隨後又率軍追擊起義軍於陝甘、江南、巴蜀、雲貴等地，1662 年追殺南明桂王於昆明，為滿清征服江南立下了汗馬功勞。

滿清八旗兵長於平原衝殺，對南方瘴癘山區很不適應，遣吳三桂、耿仲明、尚可喜等明朝降將效勞。因各有戰功，均受封為王。吳三桂封為平西王，駐昆明；尚可喜為平南王，駐廣州；耿精忠為靖南王，駐福

州，是為「三藩」。他們掌握轄境內軍事、行政、財稅和科舉等大權，自行鑄幣和任免官吏，並每年向清廷索取大量軍費作為效忠條件，以致「天下財賦，半耗於三藩」。三藩之中，吳三桂勢力最強，擁有數萬精銳之師，控制雲貴兩省。其餘二藩勢力亦急遽膨脹。如不盡快撤藩，將後患無窮。

1673年春，尚可喜呈請歸老遼東，由其子尚之信留鎮廣東。康熙抓住這個機會，召集朝臣商議，議定「藩王只及現身，兒子不得承襲。尚可喜既請歸老，不如撤藩回籍」。吳三桂、耿精忠聞訊，也奏請撤藩，以試探朝廷態度。其時，朝臣擔心三藩叛亂，都不敢發言，年僅20歲的康熙富有雄才大略，他認為與其長痛不如短痛，國家要想長治久安必須儘早解決三藩問題，毅然詔令撤藩。

西元1673年11月，吳三桂首先發難，殺雲南巡撫朱國治，自稱「天下都招討兵馬大元帥」，蓄髮，易衣冠，釋出檄文，「興明討虜」，呼康熙為「滿酋」。吳三桂以降清而臭名昭彰，本不得人心，但他在檄文中指責滿清統治「道義之儒悉處下僚，斗筲之輩咸居顯職，君昏臣暗，吏酷官貪」，聲稱要率兵360萬直搗燕山，並推朱三太子為帝。傳檄「所至，反者四起」，如福建的靖南王耿精忠、廣東的總兵劉進忠和平南王尚之信、廣西的將軍孫延齡、陝西的提督王輔臣、湖北的襄陽總兵楊來嘉、河南的彰德總兵蔡祿，臺灣鄭成功子鄭經也出兵北上，烽火再次燃遍江南各地。1674年，耿精忠率兵直指浙江。1676年，尚之信麾兵進入江西。吳三桂軍以破竹之勢，由雲貴直衝湖南，先後攻克沅州、辰州、衡州、澧州、岳州，湖南盡為吳三桂所有。他又分兵進犯四川，四川督撫、總兵均降，全省皆下。

戰爭波及11省，清朝失去了大部分漢族地區，形勢對吳軍極為有

第五章　湖湘群雄：元明清的興替與英傑

利。吳三桂卻不敢從正面乘勝進擊，畢竟做賊心虛，擔心孤軍作戰容易陷入困境，且其兒子吳應熊身為皇帝駙馬尚在京城作人質。他只是派兵沿江布防，以為將來萬一失敗，還可與康熙談判，劃江而治。在此同時，他將主力分為東、西兩路，西路從四川趨向陝甘，以與王輔臣會合；東路由長沙犯江西，以與耿精忠會合。吳三桂的部署為康熙提供了調兵遣將、從容應付的機會。康熙堅決打擊主犯吳三桂，斬其子吳應熊、孫吳世霖，並任貝勒尚善為安遠靖寇大將軍，進攻岳州，正面抵禦吳三桂；又命安親王岳樂為定遠平寇大將軍從江西攻擊湖南側翼。對於其他叛變者力行招撫，只要肯降，既往不咎，以此分化瓦解吳三桂陣營。

吳三桂陣營非常鬆散，矛盾重重，經不起持久的軍事攻擊與政治瓦解。西元1676年冬，王輔臣、耿精忠、孫延齡相繼降清，鄭經敗走，吳三桂日益孤立。吳三桂遣女婿胡國柱堅守長沙，並親自駐紮嶽麓山督陣。1679年，清軍攻克長沙，吳三桂移駐衡州。次年初，岳樂軍攻克平江、湘陰，吳三桂水師將領林興珠投降。清軍又乘勝攻占永興、茶陵、攸縣、酃縣、安仁、興寧、郴縣、宜章、臨武、藍山、嘉禾、桂陽、桂東13城。

由於吳三桂的陝甘、福建、廣東三路盟軍相繼歸降，清軍得以集中優勢兵力進剿吳軍，吳部勢單力孤，軍心渙散，形勢對其不利。為鼓舞士氣，西元1678年3月1日，67歲的吳三桂在部下勸說下正式在衡州稱帝封臣，自稱「大周皇帝」，年號昭武，鑄「昭武通寶」，在衡州建定天府，分封諸將為國公、郡公、侯、伯，在雲、貴、湘、川舉行鄉試。並於衡山築壇，行郊祀即位禮。祭禮畢，吳三桂即中風不能語。儘管周是儒家文化推崇的禮儀之邦，但吳三桂曾降清殘殺同胞，漢族菁英對他並不感興趣，尤其是他竟然拋棄「興明」旗幟稱帝，明朝舊臣也不再響應，在政治上更加孤立。8月，吳三桂患疾，下痢不止，數日而死。其孫吳

世璠聞喪自雲南奔湖南，行至桂陽，部將擁立為帝，改元洪化。

西元1679年以後，清軍發動全面反攻。正月，貝勒察尼連克岳州、華容、安鄉、湘潭、衡山諸縣。勒爾錦亦率師自荊州渡江，攻克石門、慈利、澧州、常德等地。3月，喇布率師攻取祁陽、耒陽、寶慶。吳三桂部將吳國貴退屯武岡，馬寶、吳應麒退屯辰州，胡國柱退據辰龍關，三地互為犄角，竭力守禦。穆占進兵克永明、江華、東安、道州、永州等地。8月，岳樂率軍攻取常寧、武岡。吳國貴率2萬人在楓木嶺拒戰，被林興珠斬殺。

西元1680年，戰場轉移到湘西沅水一帶。各土司站在清軍一方，並主動協助清軍進剿。吳軍據辰龍關，「關外萬峰插天，峭壁數重，谷徑盤曲，僅通一騎，清軍不能攻」，乃「密令永順司進擊」。永順宣慰使彭廷椿「率苗土勁兵三千，自裹餱糧，駐紮王村，踞吳上游」；又遣渭州彭凌高率部「間道協同清軍，一從高岸入，一從郭家溪入，繞出關後，攻克辰龍關」。彭廷椿「以功頒給康字號永順等處軍民宣慰使司印一顆，授其子弘海總兵銜」。彭宗國「以隨父克辰龍關功，永順宣慰授以凱旗旗長，並總理司事」。貝勒察尼率清軍乘勝攻克瀘溪、麻陽、漵浦等縣。4月，都統穆占擊敗吳應麒，收復靖州，5月攻克沅州。至此，湖南全境告平，戰爭轉入貴州。1681年9月，清軍攻破昆明，吳世璠自殺，清軍將吳三桂開棺折骸，延續八年之久的吳三桂叛亂平息。

藩王勢力既滅，割據勢力隨之煙消雲散，朝廷命官管理叛亂各省，稅收流向中央，科舉考試重新恢復。平定三藩，是康熙整合和統一國家第一個生死攸關的行動。他由此在滿漢臣僚中威望大增，政權更加穩固，為之後定臺、平定準噶爾叛亂奠定了基礎。但三藩叛亂中的南方各省在康熙統治期間很難融入國家主流社會，南方士人也很難得到提拔。

第五章　湖湘群雄：元明清的興替與英傑

湖廣填四川

湖南作為南方中部大省，氣候宜人，土壤肥沃，河湖密布，灌溉便利，素稱「魚米之鄉」，又盛產木材、桐油、茶葉以及銻、鉛、鋅等礦物，傳統經濟條件優越。據 2000 年統計，僅占中國總面積 2.22% 的湖南生活著中國 5.09% 的人口，是中國人口最稠密的省分之一。但這些人口是 1950 年代初快速成長的。在 1950 年代以前的漫長時期，湖南人口數量的增長卻經歷了三起三落，在東漢、唐、南宋形成了三個高峰，在隋末唐初、唐末和明末清初為三個谷底。

從西元 2 年至 1685 年的 1,683 年間，湖南人口從 50 萬增至 121 萬，年增加率僅 0.52‰。1950 年代前的 300 年間，湖南人口成長亦相對緩慢。從 1776～1953 年的 170 年間，年增加率為 4.5‰；在 1840～1949 年的 109 年間，年增加率僅 3.74‰，具有明顯的「高出生、高死亡和低自然成長」的傳統人口再生產特點，並未如馬爾薩斯之言，成等比級數上升。其實湖南盛產稻米，有「湖南熟，天下足」之美譽，在明末清初又推廣了玉米、番薯等美洲作物，由此可見，湖南人口增長緩慢主要不是吃飯問題造成的，而是別有原因。

◆ 第一，天災人禍

明清交替之際，戰爭頻仍，湖南各州縣迭遭蹂躪。慈利縣境「百里無人煙」。沅江縣「戶口十損七八」。武岡州至清順治十年「郡人十不存一」。歷史學家林增平先生認為：「明清兩朝『鼎革』，湖南喪失了大約三分之二的人口。」據方志載，自西元 1691～1910 年間，湖南發生水旱兵災 63 次，每次災禍人皆死亡很多。如 1746 年湘鄉、臨武大水，「居民

溺斃者無算」。1806年龍陽大水,「溺死居民甚重」。1827年長沙大水,全城為水沖刷,一詩人謂:「到晚一城都成空,水合大江流向東。直至六月猶奇臭,郡城無人飲其中。」1832年,長沙「是歲飢,大疫,死者無算」,〈憫疫吟〉寫道:「市城死人亂如麻,十室九空鬼大譁。」1844年,「全省大疫,至明年乃止,死者無算」。「夜行不以燭者,多觸橫街死人,以致傾跌。蓋其時飢者元氣已盡,又加以疫,人人自分必死,嘗見扶杖提筐趑趄於道,忽焉擲筐倒地而死者;有方解褌遺矢蹲而死者;有叩門呼乞,倐焉無聲而死者。人命如此,天慘地愁矣。」水旱兵災又造成饑饉和疫癘,人口肯定減少。

◆ 第二,溺嬰

中國重男輕女的傳統觀念根深蒂固,以「五男二女」為理想的家庭結構。因此女嬰一出生即將其溺斃的陋習流行。《岳陽風土記》載:「生子計產授口,有餘,溺之。」《長沙縣志》載:「此邦風俗,向有溺女陋習,至今相沿,牢不可破,溺死如草菅,全不顧卹。」《衡州府志》載:「溺女之慘,昔有嚴禁,今衡俗猶然未改也。」《湖南通志》載:「邵陽之俗,民貧棄子。」《藍山縣志》載:「俗貴男而賤女,貧家尤患此,甫生而多溺,傷人道甚矣。」《城步縣志》載:「城步有溺女者,其意最慘。」此類記載,舉不勝舉。何以溺嬰?一因貧窮無力撫養,一因富家不願女兒長大負擔其嫁奩。《衡陽育嬰堂記》載:「貧民生女,力不能舉者棄之。」《郴州志》載:「貧家育女,多從溺沒。」《邵陽育嬰堂記》載:「門外有亭,置榻,生女不能育者,夜置榻上。」這都是因家貧而溺女棄嬰。新化人鄧瑤記載:「顧慮女兒長成,嫁奩不豐,則女不見重於夫家,或至鬱鬱以死,不若即死於墮地之初。」可見,富家也有溺女現象。為此,地方士紳與政府創辦了育嬰堂。城步王知縣還捐資刊印〈溺女歌〉:「虎狼性至惡,

第五章　湖湘群雄：元明清的興替與英傑

猶知有父子。人為萬物靈，奈何不如彼！生男與生女，懷抱一而已。我聞殺女時，其苦狀難比。胞血尚淋漓，有口不能語。咿嚶盆水中，良久乃得死。籲嗟父母心，殘忍一至此。我因勸吾民，毋為殺其女。」

由於溺嬰流行，造成了嚴重的社會問題。一是影響了人口增加率，造成男多於女。大量女嬰被溺，人口無法快速成長，同時也造成男女比例嚴重失調。《衡陽縣志》載：「縣民男多於女，率十之二。」民國時期全省男女比約為124：100，有些地方更為突出。如西元1868年城步男女比為177：100，1907年邵陽縣男女比為154.8：100，1929年長沙市男女比為153.5：100。男多女少，許多育齡男子無法娶妻生子。二是男多女少也引發不少婚姻糾紛。《痛餘雜錄》載：「辰溪生女多溺死，故女最貴。再婚者亦需三十餘金。前夫久而復訟，謂之求敷，訟牒中十有六七。有男子僅三四十而女人已六十者。其老死不娶，又比比也。」長沙知府趙寧撰〈請禁溺女詳〉：「婚姻訐告者，指不勝屈，非曰強擄姦占，即曰一女兩茶，甚至名姓不一，輾轉遷移，莫可究詰。訪之鄰郡，均有同情。庸因女少男多，絲蘿難覓，遂至鼠雀之鬻，無了無休。」

◆ **第三，對外移民**

湖南在吸收外來移民的同時，也向鄰省四川、貴州大量移民。明季張獻忠之亂，大量屠殺四川人，以致「雞犬不留」。西元1671年，四川、兩湖總督聯奏，凡移民四川者，免賦役五年，政府供給農具種子。有官吏能發動移民三百人者，立即升一級，候補官吏立即得缺。兩湖之人自此大舉移居四川。1753年，四川人口136萬，1812年增至210萬，1887年增至731萬。他們大都來自湘、鄂、贛三省。諺云：「湖廣填四川」，即指此次移民。中國人自古安土重遷，輕易不肯外遷。官府則以繩縛移民手於竹槓，如同非洲黑奴販往美洲，數十人串聯而行，以免逃逸。途

中難免有人要遺矢尿，他便會大叫「長官，我要解手」。今湘、黔、渝、川等地方言有「解手」一詞表示要大小便，即由此而來。湖南入川的移民多寶慶、長沙、岳州三府之貧戶，入川後大多定居犍為、安縣及沿江一帶。流向貴州的湖南移民也不少。據不完全統計，道光年間在貴州定居的湘鄂移民有七萬餘戶，貴州松桃廳「城市鄉場，蜀、楚、江西商民居多」；鎮遠府施秉縣的商販，「湖南客半之」；黔西南興義等府苗疆亦多有湖廣流民。流民「一路扶老攜幼，肩挑背負者，不絕於道」。乾隆之前，漢水上游秦嶺南麓人口稀少，有湖南人移民此地種植玉米。1877年，陝西乾旱，死亡甚眾，土地荒廢，又有湖南人前往墾殖。這都是經濟因素的移民。

咸同太平軍興，湖南人與之對抗，湘軍轉戰四方，東至蘇皖，南至閩浙，西至黔蜀，北至關隴。民國初年，陝甘地區的湖南人、平津人、本地人各居三分之一。這是政治因素的移民。

曾靜文字獄

為維護清王朝在全國的統治地位，康熙、雍正至乾隆年間，大興文字獄，嚴厲鎮壓明朝遺老和文人的反清思想。清朝文字獄論其數量，乾隆朝最多；論其影響，則數雍正朝湖南曾靜遣徒張熙投書案。此案因浙江呂留良而起，又稱呂留良案或楚浙文字獄。

呂留良（西元1629～1683年），字莊生，號晚村，崇州崇德縣（今浙江桐鄉崇福鎮）人，明末清初傑出的學者、詩文家，與黃宗羲、高鬥魁等結識。他治程朱理學，反滿思想強烈。明亡後，他誓不仕清，以行醫

第五章　湖湘群雄：元明清的興替與英傑

為生，後削髮為僧，隱居吳興妙山，著書多宣傳「華夷」之別。曾靜（西元1679～1736年），號蒲潭先生，湖南永興人，縣學生員，因屢試不第，授徒為業，性迂闊，喜談道學。西元1727年，他赴靖州應試時，得讀呂留良〈論夷夏之防〉，引起共鳴，派門生衡陽人張熙專程去浙江呂家訪求其著述。呂留良之子呂毅中將父親全部遺書交給張熙。曾靜見留良書中多有反清復明之意，越加傾信，與呂留良弟子嚴鴻逵及鴻逵弟子沈在寬等往來投契，常賦詩相贈答。曾靜在所著《知新錄》中聲稱：「中原陸沉，夷狄乘虛，竊據神器，乾坤翻覆」；「華夷之分，大於君臣之倫；華之與夷，乃人與物之分界」；「春秋時皇帝，該孔子做；戰國時皇帝，該孟子做；秦以後皇帝，該程子做；明季皇帝，該呂留良做，如今卻被豪強所奪。」

　　雍正皇帝即位後，殺其弟胤禩，將其同黨發遣廣西。胤禩黨人路過湖南時，傳播雍正帝陰謀奪位等宮廷祕事。曾靜得悉，以為清朝末運已至，遂籌劃起事反清。他聽說川陝總督岳鍾琪為岳飛後裔，擁有重兵，不為朝廷信任，貿然斷定岳鍾琪必有反清之意，派張熙前往投書，列舉雍正帝弒父篡立、殺兄屠弟的罪狀，力勸岳鍾琪反清。岳鍾琪見書後駭懼異常，連忙刑訊張熙，窮究主使之人。張熙守口如瓶，堅不吐實。岳鍾琪又使用軟的一手，對張熙進行誘騙。他和張熙設酒盟誓，表示一定要起兵反清。張熙受騙後，透露所有內情。岳鍾琪於是密奏朝廷。1728年，雍正派人拘訊曾靜。在重刑之下，曾靜供認不諱，張熙也被拘捕至京。因曾靜供詞中涉及呂留良著書之事，雍正帝隨即命令搜查呂留良、嚴鴻逵、沈在寬各家書籍，連同案內有關人員一併押解進京，親自審問。曾靜承認輕信流言，妄論朝政，為呂留良所誤。

　　在對曾靜的審訊中，雍正帝察覺到呂留良等人鼓吹的反清排滿思想

具有廣泛的社會基礎，而胤禩黨人的流言也為患非小，至於曾靜則屬鄉曲「迂妄之輩」，不足為患。翌年9月，雍正帝將自己與曾靜的問答內容編為《大義覺迷錄》，派大員帶領曾靜至江寧、杭州、蘇州等地宣講，批駁呂留良、胤禩的言論。10月，雍正帝免罪釋放曾靜、張熙，以示對「改過之人」的「寬大」。同時大興文字獄，將呂留良遺著焚毀殆盡，呂留良及其子呂葆中、弟子嚴鴻逵已死，亦掘墓戮屍梟示，呂毅中、沈在寬處斬，孫輩發配寧古塔為奴，其他株連坐罪者甚眾。西元1735年冬，乾隆即位，以「洩臣民公憤」為由，終將曾靜、張熙處死。

曾靜案還禍及邵陽車氏兄弟。邵陽車鼎豐、車鼎賁兄弟致力於著述和刻書，因受王夫之、黃宗羲、呂留良著作影響，誓不仕清，在詩文中有強烈的反清復明思想。西元1716年，車氏兄弟見呂留良評時文書中有「君臣之義固重，而更有大於此者，即是夷夏之防」等語，十分欣賞，於是刊行《呂子評語》。沈在寬曾在車家任教，張熙往訪沈氏，在車家留宿數日，臨行，車贈銀一兩。曾靜案發，兄弟二人以「刊刻逆書，往來契厚」罪名入獄五年，1732年同遭殺害；對於數十種著述的處理，已刊刻者焚書毀板，未刊者焚稿。

此外，受牽連的還有謝濟世、陶煊、張燦等。謝濟世，廣西全州人，西元1738～1742年任湖南糧儲道。他在經書中注「自逞臆見，肆詆程朱」，被湖南巡撫告發。當時乾隆帝標榜「不以文字罪人」，故未成大獄，但謝濟世在長沙刊刻的154本經書、237塊刊板全被焚毀。謝本人雖未革官，但不久即「以老請病假矣」。寧鄉陶煊、張燦同輯《國朝詩的》收錄了呂留良詩，被人告發。此時陶、張已死亡多年，其子孫又非文士，並不知情，所以未遭刑律，但入獄數月，吃盡苦頭。王夫之遺著因內容多有「夷夏之辨」和尊明反清思想，至少有15種以上遭到清廷查禁。

第五章　湖湘群雄：元明清的興替與英傑

雍正、乾隆年間的幾次文字獄，株連甚酷，毀禁之書甚多，對全國和湖南文化的發展造成嚴重後果。一方面大批書籍和刻板被毀，致使優秀的著作失傳；另一方面，人們的思想被禁錮，文人被迫埋頭於故紙堆考據述古，從而影響了學術和文化的發展。

鎖國時代的商路

明末清初至鴉片戰爭前清朝實行「閉關鎖國」政策，僅廣州一地與外通商，湖南是廣大巴蜀、西北、華北、中原腹地的貨物運往廣州的重要通道。因此，在這種特殊的背景下，湖南境內的商貿活動異常繁忙，形成了岳陽、長沙、湘潭、衡陽、郴州等商業中心。據記載，乾隆年間，「鹽集於長沙，徽商也。湘潭，則衡、永、郴、桂、茶、攸二十餘州縣之食貨，皆於是地取給，故江蘇商客最多；又地宜泊舟，秋冬之交，米穀駢至，檣帆所艤，獨盛於他邑。衡州以上，商多豫章，以地近而貿易至也。」岳州地處大湖南北要衝，乾隆年間，「十分其民而工賈居其四」，工商業人口已相當集中。湖南不少行業為蘇商、徽商、晉商、閩商、粵商和江右商人壟斷，「楚南民樸，所需者日用之常資，故富商大賈亦不出其間。唯米穀所聚，商販通焉」。據載，乾隆年間，湘潭的五穀殿會館即由湖南商人控制，醴陵商人亦以經營米穀致富，湘鄉商人涉足資水的武岡糧米貿易，湖南各地米穀運往漢口的貿易亦由湖南商人控制。

長沙，自康熙三年置湖南省即成為省會。西元 1726 年，長沙城外有糧食、魚、煤炭、白炭等 35 戶牙行。1817 年，新增牙行 60 戶，其中有鹽行、茶麻行、紙行、靛行、鐵行、石灰行、枯餅行等。1772 年，城外

各市鎮共有門攤189戶，其中以糧食貨門攤最多。長沙亦為外省客商雲集之地，「秋冬之交，淮商載鹽而來，載米而去；其販賣皮幣金玉玩好，列肆盈廛，則皆江蘇、山陝、豫章、粵省之客商」；「北客西陝，其貨氈皮之屬；南客蘇杭，其貨綾羅古玩之屬，繁華壟斷，由南關內至臬署前，及上下坡子街為盛行」。

湘潭地處湘中，湘江蜿蜒通城而過，漣、涓二水在此匯入湘江，南扼交廣要衝，西據滇黔轉運通道，極具舟楫車馬之利，自古四方商賈雲集。清代，湘潭富甲湖南，稱「天下第一壯縣」，「凡捐攤皆倍列縣」，「宇內稱饒」，有「小南京」、「金湘潭」之稱。湘潭為中國四稻米市與四大藥都之一，「歲一賈其入數千萬」。嘉慶年間，湘潭的商業街設立了「總」的管理機構，各總之間設有門樓，入夜關柵，天明則啟。「城總市鋪相連幾十里，其最稠者則在十總以上。甲乙之貨雲屯霧集，為湖南一大碼頭。客商憑行買賣。米穀自衡州而下，多聚於此，大約視湖北、江南之時價為低昂。」「日過桅帆千桿，夜泊舟船十里。」清初至五口通商之前，湘潭為海內外物資集散中心，「外國運來貨物，至廣東上岸後，必先集湘潭，由湘潭再分運至內地。又非獨進口貨為然，中國絲茶之運往外國者，必先在湘潭裝箱，然後再運廣州放洋。故湘潭及廣州間，商務異常繁盛，交通皆以陸，勞動工人肩貨往來於南風嶺者，不下十萬人」。湘潭城正街牙行鋪棧林立，山西、陝西、蘇州、江西、廣東的客商往來其間，貨物雲集，貿易則以米為大宗，其他如煙、茶、桐油、魚、鹽、布匹、雜貨、木材亦占相當比重。

衡陽地處湘中，「長沙未設巡撫布政使時，商賈皆主衡州，以通廣西，書坊墨棧皆以長沙為子店，至今仍之」。特別是「衡煙」貿易十分興隆。乾隆、嘉慶年間，「大商以菸草為貨者，有九堂十三號，每堂資本出

第五章　湖湘群雄：元明清的興替與英傑

入,歲十餘萬金。號大於堂,兼通嶺外,為飛鈔交子,皆總於衡煙」。

郴州地近粵省,至嘉慶年間商業亦有相當發展。據載:「郴地南通交廣,北達湖湘,為往來經商撥運之所。沿河一帶,設立大客棧房十數間,客貨自北至者,為撥夫為傭騾,由南至者為傭舡。他如鹽販運鹽而來,廣客買麻而去。六七月間收穫,九十月收茶、桐油,行旅客商,絡繹不絕,誠楚南一大會衝也。米碼頭則米販泊舡之所,朝夕給應,郴人賴之。鄉村墟場,各有定期,往往千百群聚,攜貨交易。」

靖港古時為溈水入湘江處的天然良港,周邊益陽、湘陰、寧鄉等地穀、米、油、茶等土特產在此集散轉運,又是淮鹽內銷的主要口岸,商賈雲集,市場活躍,與津市、洪江同為湖南繁盛三鎮,被譽為「小漢口」,曾有「船到靖港口,順風都不走」的民謠。

常德,「大江齧城,舳船帆楫,時上下商賈所聚,百貨輳集,人語歡聲,輒喧午夜,舊稱魚米之鄉,良有以也」。「唯常德為黔、蜀之通衢,澧州居辰、沅水之總匯,舟車擔負必集於常,而松杉、桐油、鹽米之類必集於澧之津市。洞庭以西,市鎮之殷繁無過於此。」在偏遠的湘西苗疆也有苗族農民棄農經商致富的現象。據載:「清乾隆年間,有石季五者,永綏止耳寨人,勤於農事」,其次子石文貴「家產獨蒸蒸日上,因其生性聰敏,書算俱能,故此棄農經商」。「自往來永綏各場,收買黃豆、包穀、米糧等項,運赴乾、瀘、辰、常銷售。一連經營十餘年,贏餘治產,家至數十萬」。

由於中外商貿繁榮,五方資訊薈萃,中西文化交融,地處內陸的湖南亦風氣大開。北方的中原文明、西北的巴蜀文化、東南的江浙文明,都經漢口傳入洞庭湖地區,南方西學之風也經廣州吹越五嶺,潤澤三湘,東、西方文明在此碰撞,暖流、寒流在此交會,守舊與改革在此搏

擊，刺激了近代湖湘各類人才的成長，如王夫之、陶澍、魏源、賀長齡⋯⋯正如陳寶箴在〈時務學堂招生示〉中所云：「湖南地據上游，人文極盛，海疆互市，內地講求西學者，湘人士實導其先。」

清代晚期，五口通商，商貿格局發生了重大變化。湖南的交通區位優勢喪失，商業日益衰敗。如湘潭許多會所在民國時期改作他用。1945年日軍在城區縱火，延燒了大半個湘潭城，人口銳減至原來的三分之一。「文革」時又有一批會所建築遭到破壞。目前湘潭尚存北五省會館（關聖殿）、江西會館（萬壽宮）和泥木工人會所（魯班殿），均被列為省、市級文物保護單位。隨著「長株潭」經濟圈的形成，湘潭的貿易功能日益突顯。

美洲作物入湘

西元1492年，哥倫布發現美洲，歐洲人紛紛湧入新大陸。此後，西方殖民者又侵入東亞。西班牙人在呂宋（今菲律賓）建立殖民地，葡萄牙人控制了澳門，荷蘭人曾一度盤踞臺灣。一些美洲農作物開始傳入菲律賓，並由此傳入澳門和臺灣。明清時期，中國引進的美洲作物主要有玉米、番薯、馬鈴薯、樹薯、南瓜、花生、向日葵、辣椒、番茄、四季豆、皇帝豆、蘋果、鳳梨、釋迦、芭樂、酪梨、腰果、可可、花旗參、木瓜、棉花、菸草等近30種，其中花生、番薯、玉米、菸草、辣椒也推廣到了湖南。

◆ 花生

花生原產巴西，中國亦稱長生果、落花生、人參果等，是一種人們喜愛的食品，也是一種重要的油料作物。花生分小粒型和大粒型兩種，

第五章　湖湘群雄：元明清的興替與英傑

小粒型最早見於元末明初賈銘的《飲食須知》，大粒型是清代由傳教士引入山東。據《廣東新語》記述，廣東、福建一帶在清初已普遍種植花生。17世紀，花生傳至浙江，18世紀推廣至湖南。康熙《永州府志》載：「人參豆落花生，間一有之。」這是湖南種植花生的最早記載。西元1756年所編《湘陰縣志·物產類》載有「落花生」。道光初《永州府志》載：「落花生，俗亦稱人參豆，舊志謂郡境間有之，今見道、寧、江、永間沙土遍種，收穫甚多。」道光初《洞庭湖志》載：「落花生，產各洲渚。」這說明道光初年，落花生不僅在湘南永州各地普遍種植，在湘北湖區也得以普及。

◆ 番薯

一年生藤本植物，又名山芋、甘薯、地瓜、紅苕、白薯、番薯等，原產中南美洲，可作糧食和蔬菜。明萬曆年間，番薯透過兩條途徑傳入中國：一是陸路，由印度、緬甸引入雲南；二是海路，從菲律賓傳入福建或由越南傳入廣東。《農政全書》載：「今番薯撲地傳生，枝葉極盛。閩、廣人賴以救飢，其利甚大。」清代前中期，番薯推廣於湖南各地。據《平江縣志》載，西元1742年該縣種植番薯，「番薯一物，結實纍纍，充餌作羹，雜米為飯，有販售於鄰邑者。」著名農學家徐光啟認為番薯有「十三勝」，具有高產益人、色白味甘、繁殖快速、防災救飢、可充籩實、可以釀酒、可以久藏、可作餅餌、生熟可食、不妨農功、可避蝗蟲等優點，因此「農人之家，不可一歲不種。此實雜植種第一品，亦救荒第一義也」。

◆ 玉米

玉米原產墨西哥、秘魯。中國古代稱番麥、御麥、玉麥、包米、珍珠米、棒子等。明代透過三種途徑傳入中國：一是從印度、緬甸傳入雲

南，再從雲南傳至黃河流域；二是從中亞經絲綢之路傳入新疆，越河西走廊過平涼傳入中原；三是由中國或葡萄牙商人經海路傳入東南沿海地區。玉米在中國的傳播大致經過了先邊疆後內地、先丘陵山地後平原地區的過程。明代李時珍所作《本草綱目》卷二三指出「玉蜀黍種出西土，種者亦罕」，但到 19 世紀中期，玉米種植遍及大江南北，湖南亦開始栽種玉米。道光年間修撰的《鳳凰廳志》載：「苗地山多田少，稻穀無幾，新種雜糧於坡，包米為最。」玉米、番薯都是耐旱耐瘠作物，且產量高，生長期短，適應性強，丘陵山地都可種植，對抗災救荒非常重要。

◆ 菸草

菸草原產中南美洲，16 世紀中後期和 17 世紀初期經由南、北兩條途徑傳入中國。其中，南線又分三路：一由呂宋傳入閩廣，再傳入江浙、兩湖和西南各省；二由呂宋傳入澳門，再傳入內地；三由南洋或越南傳入廣東。北線經朝鮮半島引入中國東北和內蒙古等地。菸草最初傳入時譯名為「淡巴菰」（即 tobacco），後亦稱相思草、金絲醺、芬草、返魂草等。菸草雖飢不可食、寒不可衣，但吸食後具有興奮和攻毒祛寒功效，為大眾嗜好，很快傳遍各地。菸葉傳入湖南可能有三條途徑：一是從廣州透過商人傳入湘南；二是明代中後期彭藎臣土兵在江浙沿海地區一帶抗倭大捷後帶回湘西；三是清初吳三桂部隊據湘時將東北和雲南吸菸的習慣傳入湖南。隨著市場需求的旺盛和菸草栽培技術的發展，18 世紀後期全國形成了一些著名的菸草產區，湖南衡州菸葉聞名遐邇。菸葉在湖南「各處多種，產攸縣及平江者佳」。祁陽、邵陽、茶陵、攸縣皆產菸葉，「售於衡郡，製為京包、廣包，鬻之各省，俱稱衡煙」。「四方求菸草者，稱其衡產一蒸而辨。種菸草者相望。」

第五章　湖湘群雄：元明清的興替與英傑

◆ 辣椒

　　辣椒別名番椒、海椒、秦椒、地胡椒、辣茄，原產中南美洲熱帶地區，西元 1493 年傳至歐洲，1593 年傳至日本。傳入中國有三條途徑：一是經海路傳入浙江，這是辣椒進入中國的最早落腳地。「辣椒」一詞最早見於 1671 年的浙江《山陰縣志》，這比福建、臺灣、兩廣最早的記載早 70 年。二是由朝鮮半島傳入中國東北。康熙年間《蓋平縣志》有關於「辣椒」的記載。三是由荷蘭傳入臺灣。中國關於辣椒的記載始見於高濂 1591 年所作《遵生八籤》：「番椒叢生，白花，果儼似禿筆頭，味辣，色紅。」辣椒傳入之初，主要是作觀賞植物。後來人們發現辣椒具有溫胃和脾、化毒解瘴之功效，而用作藥用作物和調味品，爾後又成為蔬菜。

　　湖南地區關於辣椒記載的最早時間是西元 1684 年，僅晚於浙江，比周邊地區都要早得多。如貴州最早的記載是 1722 年的《思州府志》，比湖南晚 40 年。康熙二十三年《寶慶府志》和《邵陽縣志》載「海椒」，這是目前國內所見最早將「番椒」稱為「海椒」的記載。「海椒」的稱呼表明，湖南辣椒可能傳自沿海浙江地區，明代從浙江杭州沿運河至長江，再由長江入洞庭湖，溯湘、資、沅、澧進入湖南內地很方便。湖南關於番椒的稱呼較多，有辣椒、斑椒、秦椒、芁、茄椒、地胡椒等，最常見的別稱是辣子。乾隆《楚南苗志》載：「辣子，即海椒。」乾隆三十年（西元 1765 年）《辰州府志》載：「茄椒，一名海椒，一名地胡椒。結實枝間，狀如新月，莢色淡青，老則深紅，一莢十餘子，圓而扁，性極辣，故辰人呼為辣子，用以代胡椒。取之者多青紅皆並其殼，切以和食品，或以醬醋香油菹之。」乾隆《瀘溪縣志》載：「海椒，俗名辣子。」

　　由於湖南氣候潮溼，本土不產食鹽，所需食鹽來自外省，鹽價昂貴，辣椒既可代替食鹽開胃，還可去溼，因此辣椒在湖南的傳播非常迅

速。嘉慶年間，關於辣椒的記載又增加了慈利、善化、長沙、湘潭、湘陰、寧鄉、攸縣、通道七個地方。如嘉慶二二年（西元1817年）《攸縣志》載：「番椒，《群芳譜》一名秦椒，花白，子如禿筆頭，色紅鮮。」同年《慈利縣志》載：「芁，俗名辣椒。」翌年《湘潭縣志》載：「辣椒，一名斑椒，生青熟紅，有大小二種。」道光《寶慶府志》載：「辣椒有大小兩種，大者曰菜辣椒，不甚辣；小者為朝天椒，又名七姐妹，其味甚辣。」湖南是關於辣椒記載時間早、範圍最廣的省分，也是中國最先形成的嗜辣省區，嘉慶年間已嗜辣成性。

辣椒也為湖湘文化注入一種新的元素，嗜辣成了湖南人的一種人文精神。現在有一句諺語，概括了中國嗜辣省分的特點：「四川人不怕辣，貴州人辣不怕，湖南人怕不辣，湖北人不辣怕。」川辣的特點是麻辣，辣中佐以花椒，使其香味別緻；黔辣多為酸辣，辣椒或用酸液或用滷水醃泡，泡製出來的辣椒酸香脆嫩，令人胃口大開；雲南人吃辣椒喜用油炸糊，故稱糊辣；陝西人喜歡鹹辣。湖南人則愛食鮮辣、純辣，一般不需別的調料來沖淡辣味。辛亥革命首義領袖蔣翊武的後人蔣祖煊還專門撰寫了《辣椒湖南》，第一次全面、系統地研究了湖南辣椒文化，彰顯了湖湘人文精神。

湘潭土客爭鬥

明清時期，朝廷實行閉關鎖國政策，僅廣州一地與外通商。湘潭因其得天獨厚的水陸交通條件和區位優勢，成為連接廣州和內地的貿易樞紐。據史書載：「長沙水道不利泊船，故皆輻輳湘潭。自前明移縣治以

第五章　湖湘群雄：元明清的興替與英傑

來，楊梅洲至水東門岸，帆檣蟻集，連二十里，廛市日增，蔚為都會，天下第一壯縣也。」「縣毓富浩穰，磁貨氓庶皆在城外，沿湘以上十餘里，自前明號為『小南京』。」

湘潭居民多為明末清初外來移民。據地方志載：「湘潭縣城外，向來江西客民在彼貿易者十居七八，本地居民不過十之二三，各碼頭挑夫，江西人尤多。」他們大多來自江西吉安、臨江、撫州。西元1650年，江西客商於城外江畔十總建立總會館萬壽宮，「殿堂館園最為寬壯，修飾輒用十萬金」。1739年，臨江藥幫在湘潭設有十大藥號，從業者數百人，建立了臨江會館仁壽宮和臨江專用碼頭。乾隆年間湘潭有會館6所，屬江西人者2所；1817年，湘潭會館共19所，屬江西人者6所，均占三分之一。

隨著商業的繁榮，從事貨物搬運的碼頭工人隊伍日益龐大。「清乾隆年間，縣衙規定碼頭工人必須無償為衙門當差。同時，給每個碼頭工人發銅製腰牌一塊，給予碼頭貨物專運權，無牌者不得在碼頭參運。碼頭與碼頭之間界域分明，不得踰越。腰牌可以繼承、轉讓、買賣。初賣價不過一兩百文銅錢，碼頭繁榮時，賣價高達六百銀元。」在湘潭，搬運工是一種收益較高又有准入限制的職業。本地籮工和挑夫力圖控制貨物專運權，不滿商會僱傭客籍挑夫，屢次釀成命案。據載：「潭邑客商運貨城總碼頭，挑夫結黨把持，任意苛索，往往釀成命禍。嘉慶四年，知縣衛際可尊奉部覆並藩憲通議，詳定章程，分別搬運，按里給錢，出示勒碑，刁風稍息。」土客矛盾並未平息，且越益激化。

西元1819年5月，「江西優人演戲火神祠，操土音，土人譁笑之，江西人以為大辱。甲子，演於萬壽宮，江西會館也。土人復聚哄之。丁卯，江西商復設劇誘觀者，閉門，舉械殺數十人，乘牆傾糜粥以拒救

者」。案發後，縣令毛夢蘭帶人至萬壽宮救出受傷者 19 人。當時流言四起，土人造謠說江西人在萬壽宮「燔油烹人」，並傳說有妖僧畫符數，砍土民之首，以其頸血遍灑符紙，燒符入酒共飲，然後毆鬥。由於沒有得力官員及時排解矛盾，土客械鬥不斷升級，發生了殘酷的仇殺。「縣人大憤，結四廣，斷津渡，日夜尋鬥，江西客民濫死者亦無數，四境洶洶。」地方士紳王晉玖「居洛口，值江西商與縣人哄鬥，縣人欲盡殺商客，晉玖力庇之，匿數十人於其家，易俗場市江西大賈皆賴以免」。「縣令到門不敢入，縣人大怒，估舟蟻湘潭者數千艘，多湖南人，皆大怒，欲悉殺江西人。巡撫遣兵至，僅乃解散。」這場衝突，「閉城罷市，械鬥兼旬，人心洶洶，幾激大變」，直至官方採取強硬措施，下令「調協標千兵駐湘岸」，械鬥才告結束。

　　械鬥的停息並不意味著事件的完結。負責處理此次事件的湖南巡撫吳邦慶力圖大事化小，不偏不倚。由於他原籍江西，流言四播，說他偏袒客民，湘潭士紳亦參與其中，支持土民。正服喪在籍的前兵科給事中石承藻和汪燦首先向縣令毛夢蘭施加影響。工部右侍郎周系英多次奏報嘉慶皇帝，虛誇其實，詆毀江西客民「平時恃眾強橫，最喜滋事。此次與本地居民互毆，原因聽戲而起，江西客民將本地民人關入公所廟內，毆斃無數，浮屍蔽江」。他還與其子周汝楨致信湖南巡撫吳邦慶，向其施加壓力。湘潭籍御史蔣雲寬亦誇大其詞，奏說江西客民「復將附近之長沙、益陽等處江西腳夫強悍者邀去一兩百名幫鬥，其勢洶洶，以至關城罷市者數日。本地民人被毆斃命者因屍首無著，赴縣喊稟者有七八十起。並聞江西會館中有將油鍋煮人，棄屍江內，及將手腳釘在牆壁之事」。嘉慶帝聞訊大驚，當即諭令湖廣總督慶保從荊州抗洪前線馳赴湖南，令剛卸任的河南按察使旗人敦良「馳驛兼程赴任」，協助審訊。嘉

第五章　湖湘群雄：元明清的興替與英傑

慶帝密切關注此事，先後下達 11 件諭令。為查清事件真相，他調離與江西人有瓜葛的湖南巡撫吳邦慶，由旗人大員慶保兼任湖南巡撫，秉公查辦。

革職後的吳邦慶心情鬱悶，他將周氏父子來信上奏朝廷。嘉慶帝見周系英父子干預地方政務，大為惱怒，「若在京大員，於本省案件輒致書督撫，思欲庇其鄉閭，豈不漸同明代黨援陋習，此風斷不可長。周系英私致信函，把持公務，著交都察院嚴加議處」。革其侍郎之職，念其平素樸實，學問亦可，加恩以編修用。不久，吳邦慶搜獲周汝楨致石承藻和汪燦的祕信，將其上奏朝廷。嘉慶帝大怒，痛斥周汝楨「輒敢私寄信函，內外交通，干與訟事，甚屬藐玩。周汝楨著查明有何頂戴，即行斥革；周系英並著解任，即日押赴刑部，交軍機大臣會同刑部堂官審訊」。諭旨：「周汝楨著照部議，杖六十，徒一年。周系英業經革職，不准在京逗留，著即勒令回籍，安分家居，閉門思過。如到籍後再有干與訟事之處，定行治罪不貸。」可見，嘉慶帝此時在意的是朝廷官員插手地方事務，因為事涉專制皇權統治，至於械鬥事件本身如何處理已退居其次了。

西元 1819 年 9 月，李堯棟任湖南巡撫，與慶保共治此案，土、客「各坐誅倡亂者一人，從者流徙十餘人」。周系英罷官回長沙，「僦屋而居」，「閉門不交一人」，其子周汝楨徒固安。相關人員皆受處罰：縣令毛夢蘭罷官；石承藻降調，「服闋不敢居於家，以光祿寺署正留京師」；汪燦革去進士功名。湘潭其他官宦亦遭巡撫奏劾。次年，嘉慶帝病逝，道光帝即位，重新起用周系英，補翰林侍讀學士，升工部左侍郎，並有意任其督學江西。但清廷並未公開平反此案，直到光緒年間王闓運編撰《湘潭縣志》時仍對此事大發議論，將周系英墓誌銘寫成了一篇翻案文章。

嘉慶湘潭土、客械鬥雖然持續時間不長，但影響深遠。此後，湘潭土、客矛盾更加尖銳，江西商人大受挫折，湘潭貿易亦大幅衰退。「江西會館鬥毆之後，貿易頓減，久之漸興而難復舊。」「土客相仇，江西客商亦諲不得意幾五十年，軍興乃始和睦云。」為了便於調解糾紛，各商幫協調一致，道光初年在乾元宮設立跨行會的福善堂。「福善堂，為贛、蘇、(河)南、閩、粵、直北五省及湖南各屬縣旅潭商人集合而成。始於前清中葉，垂百餘年。幫有首領，謂之幫董，代達一幫民情，非富商貴族莫屬。」

江西商幫組織亦更加嚴密，在會館基礎上分設各種堂會。臨清藥幫建立了全美堂、崇誼堂、崇慶堂、崇福堂、福順堂、聚福堂、懷慶堂、公正堂。其中，全美堂為藥行老闆堂口，崇誼堂為本幫藥號老闆、員工組織，崇慶堂是所有老闆、朝奉、帳房、夥計和學徒都要參加的組織，崇福堂是買貨客，福順堂是川貨客，聚福堂是漢貨客，懷慶堂是懷貨客，公正堂是統一校秤的堂會。藥商、藥工只有交納入會金先入堂會才能入幫，從而取得在本幫藥材行、號、店、莊謀職的資格。各堂有董事或首事，任期一年，稱「值年」。藥幫有嚴格行規，不准招非本籍者為學徒，不准賭、嫖、偷盜、吸鴉片和商業詐欺，不准攜帶家眷，不准與當地婦女結婚。違者，扣押被服行李，取消堂會資格，通報全行業，永不錄用。藥幫還設有專門的信客、學校、義塚和消防隊等。

隨著行幫組織的完善，江西商人勢力逐漸復甦並持續成長。光緒年間，湘潭共有商業會館33所，江西會館16所，遠遠超過了江蘇和湖南會館(各4所)。「臨江擅藥材，歲可八百萬，建昌專錫箔，吉安多錢店，其餘曰油廣雜，曰銅鉛蠟絲，曰引鹽，皆恃行帖擅利，他方人亦莫能攙也。」清末湘潭商會前兩任會長都是江西商人。1940年代，湘潭仍有樟

第五章　湖湘群雄：元明清的興替與英傑

幫藥材行33家，從業人員1,700餘人，金銀首飾業全由豐城人經營，金融業則半歸吉安人掌握。

鄧顯鶴復興湘學

鄧顯鶴（西元1777～1851年），字子立，號湘皋，晚號南村老人，清代詩人、文獻出版家。鄧顯鶴年少時曾與同里歐陽紹洛砥礪詩文，客遊燕齊淮揚嶺南各地，因其詩不為流俗之言，不附古人成見，名噪一時。從西元1826年開始，他擔任寧鄉訓導13年，以後長期擔任常德府朗江書院和寶慶府濂溪書院山長，極力搜考歷代湖南文獻。鄧顯鶴共編著各類文獻一千餘卷，造就和影響了鄧漢勳、魏源、譚嗣同、曾國藩、陳天華等一大批歷史偉人。他是一位震撼湖湘、影響全國的古代大學者，梁啟超譽之為「湘學復興導師」。其卓越貢獻主要表現在三方面。

◆ 第一，整理地方文獻，弘揚湖湘文化

鄧顯鶴「於湖南文獻，稽討尤勤。如飢渴望之於飲食，如有大譴隨其後，驅迫而為之者」。西元1839年，鄧顯鶴收集整理王夫之遺著五十餘種，在湘潭主持刊刻《船山遺書》180卷。曾國藩、曾國荃即在此基礎上增刻《船山遺書》62種322卷，王夫之遺著和思想得以流傳於世，成為繼周敦頤之後又一湖湘士人崇拜的精神偶像。鄧顯鶴還挖掘整理了一系列文獻。1829年，他考訂周聖楷所撰《楚寶》，匡謬拾遺，撰《〈楚寶〉增輯考異》45卷。主講邵陽濂溪書院時，他又編撰《周子年譜》，並遍訪濱資郡縣名流佳什，將411位詩人4,400餘首詩作輯成《資江耆舊集》64卷，將明清兩代1,699名湘籍詩人的15,681首作品輯成《沅湘耆舊集》

200卷。並不斷增補，相繼推出《沅湘耆舊集續編》100卷、《沅湘耆舊集小傳》20卷和《資江耆舊集小傳》4卷。

此外，他搜剔明蔡道憲《蔡忠烈遺集》4卷，編校《歐陽文公圭齋集》18卷，補遺1卷，重訂《周子全書》11卷。他每到一地，即釐定祀典，褒崇節烈，作《召伯祠從祀諸人錄》1卷、《朱子五忠祠傳略考正》1卷、《五忠祠續傳》1卷、《明季湖南殉節諸人傳略》2卷。郭嵩燾評價說：「表彰吾楚先賢節烈，聞者感奮以興，士人翕然宗之。」誠如梁啟超所說：「鄧湘皋之極力提倡沅湘學派，其直接影響於其鄉後輩者何若，間接影響於全國者何若？斯豈非明效大驗耶！詩文之徵，耆舊之錄，則亦其一工具而已。」

◆ 第二，與時賢名流交遊，提攜後進

鄧顯鶴「客遊四方，所至傾動」，「博究群收，足跡半天下。凡海內縉紳大夫、賢才俊士，多慕與為友」。陶澍任安徽布政使時邀其編纂《安徽通志・藝文志》，陶澍則受其邀，為王夫之故居「湘西草堂」題寫「衡嶽仰止」匾額以及「天下士，非一鄉之士；人倫師，亦百世之師」楹聯。此外，鄧顯鶴還與林則徐、龔自珍等百餘名士交遊。左宗棠曾探訪鄧顯鶴故居「南村草堂」，並作對聯：「著作甚勤，四海才名今北；風流頓盡，百年文獻老南村。」曾國藩稱讚鄧顯鶴「闡揚先進，獎詡後進，知之唯恐不盡，傳播之唯恐不博且久；因是門庭日廣而纂述亦獨多，詩歌所不能表者，益為古文辭以彰顯之」。嘉道年間的湖湘「三傑」魏源、鄒漢勳、何紹基曾問學於鄧顯鶴，並一生以師禮待之。魏源透過他接觸了船山著述，提出了「師夷長技以制夷」的主張。鄒漢勳「孜孜為學時，無人知者，唯同縣人鄧顯鶴深異之」，招其校刊《船山遺書》，而一舉成名。

◆ 第三，著述宏富，為文史大家

鄧顯鶴編纂道光《寶慶府志》157卷、嘉慶《武岡州志》34卷、《邵州先民錄》等十餘種。他治學嚴謹，梁啟超稱其史志「最稱精審」。此外，他還編撰了《屈子生平考》1卷、《屈原年譜》2卷、《安徽通志·藝文志》24卷等，總字數不下一千萬之巨。鄧顯鶴也是嘉、道年間著名詩人，他18歲即編有詩集，39歲輯有《種草堂初集》、《相思草》、《北上集》、《觀海集》、《過江集》等14種，錄詩共8,000首。惜大都毀於火水之災，西元1844年將殘餘詩稿刻成《南村草堂詩鈔》24卷，錄詩共1559首。陶澍評其詩：「導源於魏晉，而馳騁於唐宋諸老之場，雄厚峻潔，磅礴沉鬱，情深而意遠，氣盛而才大。」此外，他還著有《南村草堂文鈔》20卷傳世。

新化曹家鎮梓木衝村有鄧顯鶴故居，「南村草堂」匾額猶存，現已被列為縣級文物保護單位。故居後山有「招隱」、「桂莊」、「棲真」三處石刻，為鄧顯鶴拓刻。鄧顯鶴遺著原件大都藏於湖南省圖書館、新化縣圖書館。美國芝加哥大學東亞圖書館藏《沅湘耆舊集續編》65冊，屬於珍貴的未刊稿本。

陶澍經世改革

陶澍（西元1778～1839年），安化小淹人，字子霖，號雲汀。其父陶必銓認為：「天下能蘇萬物者，莫如雨，因名之曰澍，而字以子霖，蓋其有以澤蒼生也。」陶澍自幼聰慧，10歲時有油榨坊開業，他作聯語：「榨響如雷，驚動滿天星斗；油光似月，照亮萬里乾坤」，令鄉人刮目相

看。他曾隨父至嶽麓書院就讀，深受書院經世致用學風、愛國主義傳統影響，確立了以天下為己任的志向，曾說：「學者必先立志。志者，氣之帥，事業文章皆從此出。尤以刻苦二字為入門著腳之方。」

西元1800年，陶澍中舉人，1802年中進士，授翰林院庶吉士。1805年，父逝，陶澍丁憂在籍，主講澧陽書院，作育人才。1808年，赴京任國史館纂修，次年任四川鄉試考官。隨後十年間在許多部門任職，結交各方大員，為日後事業奠定了基礎。1819年，任川東兵備道，「政聲大著」，四川總督向道光帝奏稱「陶澍治行，為四川第一，可大用」。道光帝任其為山西省按察使，從此仕途暢達，青雲直上。1821年任安徽布政使，1823年升任安徽巡撫，首次成為封疆大吏。1825年調任江蘇巡撫。1830年升任兩江總督，並兼任兵部尚書、都察院右都御使、江蘇巡撫和兩淮鹽政，在吏治、經濟、財政、漕運、鹽務、河工、水利、荒政、民生、治安、海防諸方面均有建樹，是鴉片戰爭前清王朝有名的政治家、理財家，也是中國近代經濟改革的先驅，在漕運、鹽政、貨幣等方面成就尤為突出。

漕運是封建王朝的生命線，「國家大計，莫過於漕」，「是漕糧者，京師之命也」。清嘉、道年間，漕務弊病叢生，漕政衙門冗員充斥，漕吏假公濟私，盤剝百姓，南漕北運屢屢受阻。西元1825年，初任江蘇巡撫的陶澍，一方面大力革除漕政積弊，嚴禁浮收、加索，懲辦刁徒劣監，優給船工補貼；一方面倡導改河運為海運。他奏陳海運之策，將蘇、松、常、鎮、太五府漕糧改為海運。並親赴上海招募商船，訪察線路，劃定運價，號令嚴明。船商將糧米運至大沽，又將大豆運回上海，獲利甚巨。海運的成功是當時震動朝野的大事。黃汝城認為海運是「東南數百世之惠，國家億萬載之利」。魏源稱海運有「六便」、「四利」，即「國便，

第五章　湖湘群雄：元明清的興替與英傑

民便，商便，官便，河便，漕便」，「利國，利民，利官，利商，為東南拯弊第一策」。

　　鹽稅是清財政主要來源，中國鹽課以兩淮為最。西元1830年，兩江總督陶澍親赴海州推行票鹽改革。針對兩淮官商壟斷「綱鹽」、官鹽價高、官鹽滯銷、鹽課虧欠的積弊，他指出「非減價不能敵私，非輕本不能減價，非裁冗費不能輕本」，奏陳鹽務章程十五條，「令行禁止，弊肅風清」。並推行票鹽制，廢除綱商對食鹽的壟斷，使鹽業領域出現了自由貿易和自由競爭。陶澍對兩淮鹽政的改革取得了巨大成功，使兩淮鹽場由「商疲、丁困、引積、課懸」的危困局面轉變為「鹽銷、課裕、商利、民便」的興盛形勢。

　　陶澍也是中國主張鑄造銀幣的第一人。清代實行銀錢並行的貨幣制度，銀塊秤量計值，以兩、錢、分、毫為單位；銅錢則由政府設局鑄造，每枚一文。兩者的比價，一般為紋銀一兩抵錢千文。嘉、道年間，隨著西方列強的經濟侵略的深入，鴉片、洋錢進入中國，白銀大量外流，銀貴錢賤，紋銀一兩上漲至值錢一千六百文，嚴重影響清王朝的財政經濟。陶澍提出三個解決辦法，一是堅決禁止鴉片進口；二是嚴禁紋銀出洋；三是進行貨幣改革，自鑄銀幣。由於銀塊必須過秤或用戥子來計算價值，手續煩瑣，使用不便，分割不易。流入中國的洋錢卻是鑄幣，大小、形狀、重量一致，價格清楚，不必過秤和折算，便於保存和攜帶。陶澍「自鑄銀幣」的主張具有重大意義，有利於在中國建立以銀為本位的貨幣制度，有利於抵制洋錢掠奪中國白銀，維護貨幣自主，尤其有利於商品流通。但貨幣制度是國家最根本的財政經濟制度，是「祖宗成法」，只能「聖裁」，臣子不能「輕議」。結果，道光帝以「大變成法」為由，否定了陶澍的主張，扼殺了這一重大改革。

陶澍為政清廉，生活儉樸。西元 1832 年，陶澍回鄉省親，十餘號官船滿載箱籠進入洞庭湖。有奸人獲悉，奏請道光帝下旨查辦。當船隊行至臨資口，欽差大臣趕來，喚陶澍聽旨：「皇帝詔曰：查兩江總督陶澍不正，貪蝕金銀無數，現正將其財物向安化疏散，實屬枉法。茲將其財物全部沒收，停職查辦，以儆效尤，欽此。」隨即將他揪住，要摘去頂戴、朝服。陶澍大呼冤屈。欽差說：「十多號官船在此，人贓俱在，何冤屈可言？」陶澍申辯說：「船上所載全是磚瓦，並非金銀，乞大人明察。」欽差不信，命人打開箱籠仔細查看，果然全是磚瓦，並無貴重之物。欽差驚問：「迢迢千里，為何裝載磚瓦？」陶澍回答說，自己為官多年，且位至兩江總督，平素兩袖清風，毫無積蓄，如果太寒酸了，不好見家鄉父老，因此想出這個辦法，故作富有。道光獲悉，龍顏大悅，對他信用有加。

陶澍在為官期間，注重教化，用人能盡其所長，培養和提攜了一大批經世派人才。據《中國歷史人物生卒年表》統計，在陶澍生活的 61 年間中國湧現的 577 位歷史名人中湖南有 43 位，占 7.5%。蔡冠洛《清代七百名人傳》收錄的 714 位清代名人中湖南有 51 位，占 7.28%，名列全國第四位。這些湖南名人為嘉慶以前者僅 3 人，道光以後者 48 人。可見，湖南人才在道光年間開始激增，居各省前列，形成了影響全國的近代湖南人才群體，而在這當中陶澍功不可沒。彭浚、何凌漢、聶銑敏、石承藻、魏源、賀長齡、賀熙齡、李星沅、左宗棠、嚴如熤、湯鵬、黃冕、鄧顯鶴、歐陽紹洛、胡萬年等湘籍名宦和學者都曾受陶澍影響和提攜，或受其資助、推薦，或受其刻書、作畫，或相互書信來往、詩詞唱和、交流學問。有學者曾指出：「嘉道以後，留心時事之士大夫，以湖南為最盛，政治學說亦倡導於湖南。而澍以學問為實行，尤為當時湖南政

治之巨擘。」因此,陶澍實為湖南近代經世派人才群體的領袖。

　　陶澍一生勤於政務,但手不釋卷,「奏議下筆千言,無能代其筆者」,著述甚多,有《印心石屋詩集》、《印心石屋文集》、《蜀輶日記》、《奏議》、《陶淵明集輯注》等,並主修道光《安徽通志》和《洞庭湖志》,有《陶文毅公全集》傳世。

第六章

湖湘變局：晚清至民國的風雨動盪

第六章　湖湘變局：晚清至民國的風雨動盪

魏源開眼看世界

魏源（西元 1794～1857 年），字默深，名遠達，邵陽金潭沙洲（今隆回金潭鄉）人，清代著名的經學家、史學家、改革家和啟蒙思想家。他 9 歲赴縣城應童子試，考官指著畫有「太極圖」的茶杯出對「杯中含太極」，魏源摸出懷中的麥餅對曰：「腹內孕乾坤」。考官大為驚異。西元 1810 年取秀才，1822 年中舉人。1825 年入江蘇布政使賀長齡幕府，編輯《皇朝經世文編》，全書選錄了「存乎實用」的文章 2,236 篇，分為學術、治體、吏治、戶政、禮政、兵政、刑政、工政八門。《皇朝經世文編》廣受士人歡迎，受其影響，數十年間相繼編纂了二十餘種以《編補》、《續編》、《新編》為名的經世文集，蔚為經世文風。

賀長齡調任山東巡撫後，魏源轉入江蘇巡撫陶澍幕府，幫辦漕運、水利諸事。魏源在賀、陶幕府達 14 年之久，在海運、鹽政、開礦以及幣制等方面大膽推行改革，充分展現出其經世致用的才幹。西元 1841 年，魏源入兩江總督裕謙幕府，在浙江抗擊英軍。因投降派昏庸誤國，戰爭失敗，簽訂不平等條約。魏源極其憤慨，「有感而著《聖武記》」。《聖武記》詳細記述了清初以來平定三藩、綏服蒙古、堪定回疆、撫綏西藏等軍事史及軍事制度，其愛國主義思想和史學經世意識對當時思想界產生很大震撼。

魏源仕途多舛，直到西元 1845 年才中進士。此後，他出任過江蘇興化知縣與高郵知州，仍提倡經世改革，特別注重興修水利。1841 年，他在京口與已革職的林則徐相會，兩人「萬感蒼茫」，徹夜長談。林則徐將自己組織編輯的《四洲志》、《澳門月報》和《粵東奏稿》等資料交給魏源，讓他編纂《海國圖志》，以喚醒國人了解世情，挽救危亡。1842 年，

魏源編撰《海國圖志》50卷，1843年初刻於揚州。1847年，魏源又將其增補為60卷，1852年增補為100卷，重刻於高郵州。

《海國圖志》是當時中國人自編的最完備的世界史地著作，它揭開了近代中國人開眼看世界的序幕。《海國圖志》對各國政治、歷史、地理、經濟、軍事、科技乃至宗教、文化，都有詳細介紹，對強國禦侮、匡正時弊作了深入探討。他闡明編寫此書的目的：「為以夷攻夷而作，為以夷款夷而作，為師夷之長技以制夷而作。」「師夷長技以制夷」即其核心思想。關於「師夷」，他指出西方值得學習的「長技」有三：戰艦、火器和養兵練兵之法。他主張設立工廠製造輪船槍炮，創辦民用工業；學習西方練兵方法，改造軍隊；改革考試制度，增設水師科。他特別強調向俄國彼得大帝學習，改革中國內政。

在「制夷」方面，他提出「戰」、「守」、「款」三項軍事原則。如「戰」即在軍事上展開針鋒相對的競爭，是抵抗敵人侵略的總原則，依靠人民的力量、利用敵人的矛盾可以達到制夷目的。「守」是誘敵深入的戰術方法。他認為守海洋不如守海岸線，守海岸線不如守內地。調外地兵作戰，不如訓練本地士兵，稱「不能守，何以戰？不能守，何以款？以守為戰，而後外夷服我排程，是謂以夷攻夷。以守為款，而後外夷範我馳驅，是謂以夷款夷」。「未款之前，則宜以夷攻夷；既款之後，則宜師夷之長技以制夷」，堅持「威足懾之，利則懷之，公則服之」的款夷原則。此外，《海國圖志》還提出在經濟上必須學習西方先進生產技術和新的生產方式，在政治上推崇西方民主制度。

魏源對《海國圖志》寄予很大期望，結果卻少有人問津，守舊官吏無法接受書中對西方蠻夷的「讚美」之詞，甚至主張將其付之一炬。《海國圖志》在中國滯銷，一些商人將其帶往日本。西元1851年，3部《海國圖

第六章　湖湘變局：晚清至民國的風雨動盪

志》到達長崎港，這簡直是天照大神賜予的禮物，使日本人大開眼界，第一次詳盡了解了西洋各國。日本朝野對其非常重視，譽之為「海防寶鑑」、「天下武夫必讀之書」。幾年內共有19部《海國圖志》輸入日本，大都為官方所藏，一般士人很難讀到，於是1854年日本出現了《海國圖志》翻刻本，三年內再版21種，其中翻刻訓點本6種，日譯本15種。士人爭相閱讀，其價格一路走高，1859年時已漲至原來的3倍。

著名維新思想家佐久間象山讀了《海國圖志》後不禁拍案感慨：「嗚呼！我和魏源真可謂海外同志矣！」橫井小楠也深受啟發，提出日本必須走「東洋道德與西洋技術結合」的「和魂洋才」發展道路。可見，《海國圖志》揭開了日本明治維新的序幕，使其走上富國強兵之路，不僅擺脫了西方列強的侵略，成為東亞強國，還將中國遠遠拋在後面，並在1874年出兵臺灣（牡丹社事件）。日本維新志士吉田松陰為此感到惋惜：「清魏默深的〈籌海篇〉，議守、戰、款，鑿鑿中款。清若盡用之，固足以制英寇，馭俄法。」日本鹽谷世弘在〈翻刻海國圖志序〉中說：「嗚呼！忠智之士，憂國著書，不為其君之用，反為他邦興。吾不獨為默深悲，抑且為清帝悲也夫！」傳教士郭實臘、威妥瑪也在1850年將《海國圖志》摘譯成德文、英文向西方介紹。19世紀末美國亦有譯本流行。

魏源見其「制夷」之策未被清政府採納而灰心悵恨，晚年皈依佛法，潛心佛學，輯有《淨土四經》、《阿彌佗經》等。西元1857年3月，卒於杭州東園僧舍，葬於杭州南屏山方家峪。魏源一生著述等身，除《聖武記》、《海國圖志》等鉅著外，還有《古微堂集》、《曾子發微》、《孫子集注》等47種，共600餘卷800萬字，涉及經、史、子、集各個領域，涵蓋政治、經濟、軍事、哲學、歷史、地理、文化、教育、外交和近代自然科學等方面，可謂卷繁帙浩，洋洋大觀，尤其是《海國圖志》對洋務運動、

維新運動和日本明治維新均有前驅先導之功，被譽為影響世界歷史進程的輝煌鉅著。梁啟超指出，《海國圖志》之論「實支配百年來之人心，直至今日猶未脫離淨盡，則其在中國歷史上關係不得謂細也」。後來，岳麓書社將魏源遺著整理為《魏源全集》出版，為後人繼承和發揚這位啟蒙大家的光輝思想提供了方便。在邵陽隆回縣司門前鎮學堂灣村有魏源故居，始建於清乾隆初年的兩正兩橫木結構四合院保存完好，1983年被列為省級文物保護單位，1996年被列為全國重點文物保護單位。

鄒氏輿地學

晚清以來，新化羅洪出現了鄒氏輿地世家，至1950年代前的160年間，鄒氏先後七代46人精研輿地學，外傳弟子82人，共出版地理學著述190餘種，奠定了中國現代輿地學的基礎，飲譽海內外。鄒氏輿地學發端於清嘉慶年間鄒文蘇之妻吳瑚珊。她堪稱「中國近代輿地學之母」，著名學者何光岳稱她為「中國第一位女地理學家」。吳瑚珊父吳檀（字蘭柴）篤學有成，詩才橫溢，知天文，善輿地。吳瑚珊隨父編校《地理今釋》10卷，得以通曉中國輿地沿革。吳瑚珊嫁鄒文蘇，生六子。鄒文蘇闢「詁經堂」，教授生徒。他曾以竹木為渾天儀，仿製古衣冠、車乘、禮器等教具，開直觀教學之先河。吳瑚珊也常以灰盤畫〈禹貢山川圖〉，教授孩兒輿地之學。

在父母嚴屬教課下，六子均學有所成，並有不少著述行世，時人稱鄒文蘇父子為「鄒氏七君子」。其中，長子鄒漢紀著有《古今輿地圖說》等18種45卷。次子鄒漢璜工詩文、善古文、精醫術，醫著尤豐，著有

第六章　湖湘變局：晚清至民國的風雨動盪

《傷寒論翼》等 21 種 174 卷。四子鄒漢嘉窮研經史，著有《四冠文集》等書。五子鄒漢章致力於史地研究，著有《寶慶疆里記》、《寶慶山水記》、《寶慶險要圖記》、《湖湘山水記》、《黔滇楚粵水道考》、《皇朝輿地記》等書。六子鄒漢池著有《寶慶氏族表》、《寶慶藩封表》、《永曆劫遷日記》等 18 種 48 卷。三子鄒漢勳成就最著。

鄒漢勳（西元 1805～1854 年），字叔績，西元 1851 年中舉人，以博學聞名，精通輿地、經學、音韻、天文、曆法，而以輿地學成就最高。他 10 歲知九州形勢，16 歲助兄漢紀編著《春秋左氏地圖說》，18 歲自編《六國春秋》。道光初年，繪圖古法失傳，西方經緯繪法尚未傳入，鄒漢勳創立了以地圓學說為基礎的地圖測繪理論，所著《寶慶疆里圖說》系統論述了地圖的基本測繪方法，明確提出繪圖應「明分率（比例）」、「分準望（方位）」、「定中宮（座標）」、「測日星（星座分野）」等基本原理。他還創造了地圖的各種標誌，如山用「疊人」，水用「雙線」，道路用「疊點」（虛線），分界用「單線」，村團峒寨以「□△○」標記。

鄒漢勳畢生致力於輿地學研究，強調古為今用，推陳出新，並注重實地調查，以補古學之不足，提出「知古期以用於今，知今期以稽於古」。他與同時代的經史學家魏源、書法大家何紹基並稱為「湘中三傑」。鄉諺讚曰：「記不全，問魏源；記不清，問漢勳。」西元 1852 年，他至高郵訪魏源，為其《海國圖志》繪製列國地圖。鄒漢勳勤於著述，計有《左氏地圖說》、《讀書偶識》、《水經移注》、《貴陽府志》、《大定府志》等 32 種 468 卷。其輿地學由其孫鄒代鈞繼承。

鄒代鈞（西元 1854～1908 年），字沅帆，光緒初補縣學弟子生員，西元 1881 年至甘肅肅州（今酒泉）入左宗棠幕府。1887 年，受左宗棠推薦，鄒代鈞隨太常寺卿劉瑞芬出使英、俄。1888 年，英國侵占印度，並

企圖侵吞哲孟雄（今印度錫金邦）。劉瑞芬負責與英方交涉，鄒代鈞在發言中引經據典，以充分的證據論述了哲孟雄並非印度土地，英人無法強占，只得改用租借方式。鄒代鈞潛心研究西方地學，蒐集各國出版的地圖667幅。他「潛推度里相差之理，驟悟以尺量地，尺有差，地亦隨之而差；以地定尺，地有準，尺亦隨之而準。以地定尺，是為邁特（即米）」。

鄒代鈞參照邁特與華尺的比率，建立中國輿地尺，為中國繪製地圖的標準尺寸。西元1889年，鄒代鈞回國，湖廣總督張之洞邀其主修《湖北全省地圖》。不久圖成，並附詳細解說，充分論述了武昌的重要地位，張之洞深為折服。鄒代鈞對國防邊情有獨到之見。甲午戰爭時，他陳說當道，建議分全國為五鎮，集兵京津，用新法訓練，然後分派遼陽、牛莊等處，與日軍作持久戰。在海防方面，建議聯合南北洋、閩廣水師船巡哨海上，截斷日船接濟。惜未被當局採納。

西元1895年，陳寶箴任湖南巡撫，銳意革新。鄒代鈞建議創辦礦務，陳寶箴任其為湖南礦務總局提調。1896年，鄒代鈞在武昌道嶺創立「輿地學會」，翻譯地名，改訂經緯線，首次用中國輿地尺銅版腐蝕法印製中外彩色地圖600餘幅，質地優良，精確度高，頗為時人所重。1897年，他擔任《湘學報》輿地編輯、時務學堂輿地教習，在南學會主講輿地，並創辦新化實學堂，這是全國最早的新式中等實業學堂。1898年，鄒代鈞「在湘設局，詳細譯繪」《中外輿地全圖》，開闢了中國地圖編繪出版事業由民間社團和個人經營到公開出版的新時期。這套地圖是清末地圖集的代表作，以後的地圖集大多以此為依據。1902年，鄒代鈞調任北京編書局總纂兼學務處提調官，兼京師大學堂地理總教習。1903年，鄒代鈞任欽定《經圖說》纂修兼校對官。書成之後，補用直隸州知州。1908年，鄒代鈞病故於武昌輿地學會。

第六章　湖湘變局：晚清至民國的風雨動盪

　　鄒代鈞著述宏富，有《西行紀程》4卷、《光緒湖北地記》24卷、《中國海岸記》4卷、《中國地理講義》6卷、《中俄界記》3卷、《蒙古地記》2卷、《日本地記》4卷、《朝鮮地記》2卷、《西圖譯略》12卷、《英國大地志》10卷等共120餘卷。他認為輿地學與國之興衰密切相關，如英國稱雄五洲，與其研求地理、重視輿地學有很大關係。他在地理著述中尤其注意海岸及鄰國、邊界等情況。他曾主張修築一條從東三省經蒙古直抵新疆的鐵路以抵制沙俄西伯利亞鐵路，建議朝鮮王朝如西歐瑞士、比利時、盧森堡一樣保持永久中立，以免日、俄的覬覦，都很有見地，也充分顯示他研究輿地是為經世致用。他的著述和事功奠定了中國近代輿地學的基礎。

　　鄒代鈞病故後，武昌輿地學會隨之解散，設備被學部購去，鄒氏地學中衰。其族姪鄒永煊在萬難中振奮而起，募資在武昌「輿地學會」舊址創辦「亞新輿地學社」，後改稱「亞新地學社」，編輯出版各種地圖三十餘種。1920年代開始興盛，在南京、廣州、成都、長沙等地開設分社。鄒永煊之子鄒興巨精通日文，任瀋陽、武昌兩大學教授，繼承和發展了「輿地學會」的地圖事業，使「鄒圖」再次著稱於世。1938年，日寇進犯武昌，他將地學社的機器和圖冊運歸新化，繼續編印圖冊。鄒興巨因積勞成疾而病故。其子鄒新垓繼其業，他藏書十多萬冊，為民國大藏書家，其所藏地圖為全國之首。他研習地理學，旁稽博考，著述數十種。其中《中國日本中印半島南洋群島航空圖》81幅為「二戰」時軍用地圖，為盟軍飛虎隊轟炸日軍提供了指南。鄒新垓為中國地理學的發展和地圖出版事業做出了重要貢獻。

　　鄒氏故居位於今邵陽隆回羅洪鄉官樹下村，始建於清乾隆年間，坐北朝南，是一座木結構四合院，占地總面積6,085平方公尺，建築面積

約 3,300 平方公尺。整個院落原有青石圍牆。故居北倚蒼翠山巒，前有阡陌田疇，椿溪蜿蜒而過。在這「天人協和」的風水寶地中孕育了中國近代輿地學的菁英。2002 年，鄒氏故居被列為隆回縣文物保護單位，2006 年被列為第八批省級文物保護單位。在羅洪牛牯亭坳上還有建於西元 1858 年的「鄒漢紀之妻歐陽氏」貞節牌坊，雕刻精湛，造型雄偉壯觀。

太平軍攻長沙

西元 1851 年 1 月，洪秀全在廣西桂平金田起義。9 月，太平軍在永安封王建制，聲勢大振。朝廷派賽尚阿為欽差大臣統率各路清軍對太平軍圍追堵截。1852 年 4 月，太平軍圍攻桂林不克，轉攻全州，值湘江江水猛漲，於是順流而下。新寧江忠源率團勇在蓑衣渡伐木為椿，阻塞河道拒戰。太平軍遭此伏擊，損失慘重，南王馮雲山中炮犧牲。太平軍乃棄船登陸，由東岸小路馳入湖南，進攻永州。但永州江面寬闊，太平軍不能渡江，於是轉趨道州。6 月 12 日，攻占道州。太平軍在道州釋出檄文，鑄造火炮三百餘尊，縫製各色軍裝，每日前來投軍者以千計，軍隊增至五萬餘人。經過 50 天的休整，太平軍重振雄風。8 月 17 日，太平軍攻克郴州。28 日，蕭朝貴率軍自郴州出發，一路勢如破竹，攻克安仁、攸縣、茶陵、醴陵等地。

1852 年 9 月 11 日，太平軍在長沙城南石馬鋪突襲西安鎮綠營兵，斬其總兵和副將。駐守金盤嶺的副將朱瀚不戰而逃，大量軍需落入太平軍之手。次日，太平軍進攻黃土嶺，清軍潰退長沙城內。太平軍乘勝進駐城南妙高峰，占領西湖橋和金雞橋，控制堅固民房和制高點，從 12 日至

第六章　湖湘變局：晚清至民國的風雨動盪

18日，太平軍炮轟長沙城。由於江忠源率部搶占了城東南蔡公墳高地，太平軍兵單力薄，只能屯集在城南一隅攻城。城內清軍雖然人數不多，但能集中兵力據險固守。西王蕭朝貴身先士卒，執旗督戰，不幸為敵炮擊中，壯烈犧牲。不久，清軍鄧紹良部從湘潭開抵城外，太平軍腹背受敵，攻城受挫。

洪秀全與東王楊秀清在郴州聞知長沙告急，立即率部兼程趕赴長沙。10月5日，太平軍前鋒抵達長沙，會合蕭朝貴餘部，對江忠源蔡公墳陣地發動猛攻，向榮用大砲轟毀近城民房，使太平軍失去掩護，不能近城，進攻失利。10月11日，洪秀全與楊秀清抵達長沙，在城南、井灣子、洞井鋪等地與清援軍交戰，亦未取勝。此時，長沙城內清軍已增至四五萬之眾，匯集文武大員有幫辦事務大臣1人、巡撫2人、提督4人、總兵8人，還有副將、道府十數人；並有各地援軍兼程趕來，自天心閣至新開舖一帶紮營結壘，深掘大壕。太平軍背水為營，三面受敵，情況危急。洪秀全改變策略，分兵西渡，占領河西地區。10月17日，翼王石達開率部自朱張渡、猴子石一帶渡湘江，占領水陸洲、靳江、嶽麓山、濚灣鎮一帶，收穫陽湖晚稻為軍糧，搭造湘江浮橋，使兩岸陣地連成一體。河西為長沙西通常德、北入洞庭湖要道，由此全盤皆活，太平軍再次贏得了主動權。

清軍十分驚恐，多次遣兵渡江作戰，均遭石達開部擊退。10月31日，向榮親率精銳之師進攻水陸洲，年僅21歲的石達開足智多謀，在樹林中埋伏重兵，擊斃清軍數千人，向榮逃脫。經此一戰，清軍再也不敢輕易渡江作戰。城南太平軍加緊掘道地攻城。由郴州礦工組成的土營善於掘道地，他們將道地打到城牆下面，然後裝填火藥引爆，曾四次炸坍城牆。左宗棠時任巡撫張亮基幕僚，他從長沙富商黃冕、孫鼎臣等手

中籌措餉銀十二萬兩。當城牆出現缺口時，他規定凡向缺口拋石一塊者賞錢一千文。頓時石如雨下，在缺口處混戰的太平軍與清軍多被同時埋葬。清軍還召集城內的瞎子伏在城牆根「聽地」，密切偵探太平軍土營的掘道地活動。一發現動靜，即用火炮將其炸死於地下。

在此期間，洪秀全一面指揮楊秀清攻城，一面整軍建制，設定詔書衙，整編部隊，提拔賴漢英、林鳳祥、李開芳等將領為指揮、將軍和侍衛，並頒制太平天國玉璽。此時，太平軍已進攻長沙 81 天，既不能殲滅城外之敵，也不能合圍破城，而清軍不斷開來，形勢越來越不利。洪秀全審時度勢，決定由楊秀清率主力渡江與石達開部會合，準備北驅直進，攻打金陵。撤圍前，太平軍使疑兵計，佯裝要掘道地炸天心閣，使清軍忙於在城內掘壕防道地。在暴雨初歇、夜色茫茫之時，太平軍主力迅速渡江，等清軍回過神，追擊已來不及了。此後，楊秀清派小股部隊向南佯攻湘潭，主力則直趨寧鄉、益陽、岳州方向。

西元 1853 年，太平軍攻克武昌，順江東下攻克南京，建立了天朝政權。1854 年，太平軍為鞏固天京政權，又派石祥禎、林紹璋率軍西征，先後在岳州、寧鄉、湘陰、靖港、湘潭等地與曾國藩的湘軍激戰，計劃在攻取這些地方後再圍攻長沙。太平軍在靖港痛擊湘軍水師，曾國藩愧憤交集，三次欲投水自盡，為部下救起，逃回長沙。但太平軍在湘潭慘敗，傷亡一萬餘人，在其他各地的勝利化為烏有，被迫撤圍，退出湖南。

太平軍兩次攻打長沙雖然都以失敗告終，但仍然給予清帝國沉重打擊，鍛鍊了太平軍隊伍，推動了湖南反清革命。同時，清軍長沙守城之役的勝利和湘軍的興起，使曾國藩、左宗棠、胡林翼等人以此為契機，嶄露頭角，成為晚清「中興名臣」，湖南民風士氣亦為之一變，對近代中國歷史進程產生了重大影響。

第六章　湖湘變局：晚清至民國的風雨動盪

曾國藩家教有方

　　曾國藩（1811～1872），湖南湘鄉（今雙峰縣荷葉鄉）人，是近代最有影響的歷史人物之一。他出身貧寒，從小發奮苦讀，37歲任禮部侍郎，後任兩江總督、直隸總督等，封侯拜相，在政治、經濟、軍事、文化、教育諸領域頗有建樹，其家教家風尤為後人傳誦。

　　曾國藩認為持家教子應注意「勤、孝、儉、仁、恆、謙」六項內容。

　　一勤。曾國藩認為子女教育「以習勞苦為第一要義」。他提倡「勤理家事」，勤奮學習，勤勞工作，反對奢侈懶惰，「不可厭倦家常瑣事」。針對子弟生長於富貴家庭、慣於養尊處優的特點，曾國藩特別強調戒驕奢，倡勤儉，主敬恕，不忘本。「居家以不晏起為本」，他從不准許子女睡懶覺。在家裡男要掃地種菜，女要做飯織布。妻子女兒跟他同住江寧兩江總督府時，也要白天下廚做飯菜，夜晚紡紗織麻，天天如此。

　　二孝。「百善孝為先。」曾國藩提倡「盡孝悌，除驕逸」。他教育子女在家敬老愛幼，女兒出嫁後尊敬公婆。

　　三儉。曾國藩認為「居家之道，不可有餘財」，「家事忌奢華，尚儉」。他的日常飲食總以一葷為主，非客到不增一葷。穿戴簡樸，一件青緞馬褂一穿就是30年。他不准子女積錢買田，衣勿華美。對於子女的婚姻，他認為配偶品德為上，聯姻「不必定富室名門」。曾國藩深刻認知到「仕宦之家，不蓄積銀錢，使子弟自覺一無可恃，一日不勤，則將有飢寒之患，則子弟漸漸勤勞，知謀所以自立矣」。

　　四仁。曾國藩教育子女仁義待人，「親戚交往宜重情輕物」。「家敗離不得個奢字，人敗離不得個逸字，討人嫌離不得個驕字。」他告誡子

弟：「家門太盛，有福不可享盡，有勢不可使盡，人人須記此二語也。」「吾家現雖鼎盛，不可忘寒士家風，子弟力戒傲惰。戒傲以不大聲罵僕從為首，戒惰以不晏起為首。」他要求紀澤、紀鴻等日修「四課」，「慎獨則心安，主敬則身強，求仁則人悅，習勞則神欽」。他要求子女「守先人耕讀家風，不要有半點官氣，不許坐轎，不許喚人添茶」。不許子女斥罵僕傭，不許輕慢鄰居，不許仗勢欺人。

五恆。曾國藩說：「蓋士人讀書，第一要有志，第二要有識，第三要有恆。有志則斷不甘為下流；有識則知學問無窮，不敢以一得自足，如河伯之觀海，如牛蛙之窺天，皆無識者也；有恆則斷無不成之事。此三者缺一不可。」曾國藩教導紀澤：「人生唯有常是第一美德」，「學問之道無窮，而總以有恆為主。」常者，恆也，只有守常，才能獲得成效。他結合自己的經驗，對兒子說：「年無分老少，事無分難易，但行之有恆，自如種樹蓄養，日見其大而不覺耳。」因此反覆要求兒子「看、讀、寫、作，四者每日不可缺一」。

六謙。曾國藩一生謙虛誠敬，謹慎持重，整肅端莊，他教育子弟「以勤勞為體，以謙遜為用，以藥佚驕」。他多次說：「做人之道，千言萬語，大抵不外『敬恕』二字」，「敬則無驕氣無怠惰之氣，恕則不肯損人利己，存心漸趨於厚。」他教育子弟待人寬厚寬容，設身處地，推己及人。

曾國藩家教講究訓教、信教、言教、身教、事教、師教六種方法。

一訓教。曾國藩善於提煉家訓，以培養純樸家風，形成良好的家庭教育環境。他將祖父星岡公治家之方提煉為「早、掃、考、寶、書、蔬、魚、豬」（即早起、掃屋、祭祖、睦鄰、讀書、種菜、養魚、餵豬八件事情）八字，將不喜歡的東西概括為「不信地仙，不信醫藥，不信僧巫」三不信，將自己立身處世治學做事的體會歸納為「八本」（讀古書

第六章 湖湘變局：晚清至民國的風雨動盪

以訓詁為本，作詩文以聲調為本，事親以得歡心為本，養生以少惱怒為本，立身以不妄語為本，居家以不晏起為本，居官以不要錢為本，行軍以不擾民為本）和「三致祥」（孝致祥，勤致祥，恕致祥）。八字、八本、三不信、三致祥是曾國藩為曾氏大家庭制定的家訓家規。他認為「無論治世、亂世、家之貧富，但能守星岡之八字與餘之八本，總不失為上等人家」，反覆叮囑子弟「莫墜高曾祖考以來相傳之家風」，謹記家訓。他將家訓家風與家運聯結起來，認為家運取決於家中氣像有無生氣和斂氣。「書、蔬、魚、豬，一家之生氣；少睡多做，一人之生氣。勤者生動之氣，儉者收斂之氣。有此二字，家運斷無不興之理。」

二信教。曾國藩身居要職，公務繁忙，長年在外，無法經常督促子女，於是寫信成為他教育子女的重要手段。即使工作到深夜，他也要抽空閱讀子女來信，並及時回覆，耐心指點。

三言教。曾國藩和子女在一起時，總細心指點做人之道、讀書之方、習字之法，無微不至。如「看生書宜求速」，「溫舊書宜求熟」，「習字宜求恆」，作文「宜苦思」，讀書要「虛心涵泳，切己體察」，讀經典「猛火煮，慢火溫」以及「讀書須勤作札記，詩文與字宜留心摹仿」。他對紀澤、紀鴻因材施教：「澤兒天資聰穎，但過於玲瓏剔透，宜從渾字上用些功夫。鴻兒則從勤字上用些功夫。」針對紀澤「語言太快，舉止太輕」的缺點，要求「力行遲重」，「走路宜重，說話宜遲」。

四身教。曾國藩很重視自己一言一行對孩子的影響，凡要求小孩做到的，先要求自己做到。他生活儉樸，兩袖清風。他吃飯遇到穀料時從不將其一口吐掉，而是用牙齒將穀剝開，將穀裡米飯吃了，再吐掉穀殼。他要求紀澤、紀鴻也這樣。曾國藩日理萬機，自晨至晚，勤奮工作，從不懈怠，主要公文均自批自擬，很少假手他人。晚年右目失明，

仍天天堅持不懈。他的日記一直記到臨死之前一日。這都為子女樹立了好榜樣。

五事教。曾國藩善於從家務勞動入手整飭家風。他要求子姪必須參加打草、撿柴、拾糞、插禾、鋤地、收割等農事勞動。「三姑一嫂，每年做鞋一雙寄來，各表孝敬之忱，各爭針黹（zhǐ）之工。所織之布，做成衣襪寄來，餘因得察閨門以內之勤惰也。」同治三年，夫人、女兒、媳婦來到安慶督署，曾國藩「共辦紡車七架，每日紡聲甚熱鬧」。貴為總督家屬，卻要自紡棉紗；堂堂督署後院，終日響著紡車聲，可見曾國藩治家之嚴與家風之淳。

六師教。曾國藩自己尊師敬賢，對於子女重視「擇良師以求教」。

曾國藩在家中是長子，其家教思想對其兄弟及子姪都有深刻影響。其弟國潢、國華、國荃、國葆皆受皇封，同做高官，滿族榮華。長子紀澤精通詩文書畫，苦習國際法律和外語，成為清末最出色的外交家。次子紀鴻喜自然科學，精通天文、地理和數學，著《對數詳解》和《圓率考真圖解》，是近代著名的數學家。孫輩曾寶蓀、曾約農等都是教育家和學者。俗話說「富貴不過三代」，許多曾紅極一時的官宦富商豪族，因家教不嚴、家風不正，往往如曇花一現，好景不長。曾國藩教育子女不謀做官發財，只求讀書明理。曾氏後裔恪守祖訓，人人刻苦自勵，克勤克儉，吃苦耐勞，自強不息，德才兼備，因而儘管歷經百餘年的內戰外患、天災人禍，曾氏門第仍欣欣向榮，人才輩出，先後有240餘位曾家後人成就卓著，大多為教育界、科技界和藝術界的名家大師，飲譽五洲四海。

第六章　湖湘變局：晚清至民國的風雨動盪

號軍首領劉儀順

　　劉儀順，湖南邵陽人，幼隨父遷居四川宜賓。西元 1815 年，他加入四川人楊守一創立的青蓮教。1827 年，楊守一案發，劉儀順逃往涪州、重慶等地祕密傳教。1835 年，他招收湖北天門人宋慈照為徒，先後兩次入楚傳教。1843 年 3 月，劉儀順與李一沅、陳汶海等人重建青蓮教。因未能主掌湖北總壇，他返回重慶另起爐灶，創立燈花教，並派弟子潛入貴州開荒拓教。燈花教供奉無生老母，信仰燃燈、釋迦、彌勒三佛，認為「三佛掌管天地人，大佛是混沌世界，二佛是黃昏世界，三佛是清平世界」。該教主張終身食齋可獲福延年，坐功運氣可成佛成仙，故又名金丹教、大乘教、三乘教。

　　西元 1844 年 4 月，宋慈照入川謁師，劉儀順與其分析時局：「天下不久必要大亂，有十八龍擾亂中華，但俱不能成事。」「算定真主應出在貴州地方，伊將輔助他起事。」劉儀順令宋慈照回楚，「先在荊、宜一帶，後到湖南辰、常一帶傳教，日後可通川、黔聲氣」。劉儀順還給宋「抄錄符咒十餘本」。宋「拜劉儀順為義父，改名劉漢忠」。劉儀順所說「天下不久必要大亂」即青蓮教各路首領在漢口聚會時所制定的反清計畫，因他曾參與其謀，故有此論；「十八龍」則暗指李一沅、陳汶海等青蓮教首領，並預言他們不能成事。事實也證明了他的判斷。

　　西元 1845 年 3 月，劉漢忠回到漢口，與肖善廣、肖大成、蓋天本等 16 人盟誓結拜，共舉傳教大業。1846 年，劉儀順到漢口召集劉漢忠、肖善廣等人議事，決定劉漢忠仍在湖北傳教，肖善廣、肖大成分赴湘、贛傳教，周天雲、蓋天本則隨劉儀順入川傳教。1847 年，劉儀順派蓋天本回楚，令劉漢忠「創立動、靜二門，動門以糾黨為事，靜門以斂錢為

事」，並約定暗號，糾人為「辦本」，斂錢為「取水」，動手造反為「掛牌開張」，其餘事務為「調辦生意大事」，並遍知教中人等，今後書信來往均用暗號書寫，即使當面議事，也照暗號傳說，「以免洩漏機關」。

西元 1857 年初，劉儀順在涪州鶴遊坪與白蓮教首馬四、劉汶灃等號召數千農民反清，攻下鶴遊坪，殺死昆州同知，但在府、州、縣清軍合力圍剿下失敗。劉儀順在百姓掩護下逃往貴州，在道真縣收秦魁榜為徒，同到鸚鵡溪致和團首何冠益家。劉儀順在貴州被當地信徒尊為教主。其時，清廷推行「折徵」、「捐輸」政策，官府與豪紳加緊壓榨百姓。劉儀順廣收教徒，為組織起義準備力量。

西元 1857 年 12 月，劉儀順與何冠益、秦魁榜、田太權、田宗保等祕密聚會，決定以致和團八百團練和教頭武秀才田宗保的兩千教徒為起義核心分子，聯絡思南府城內應趙金聲的團練，舉起「反折徵」、「反捐輸」的旗號，於次年正月初一凌晨起義，首攻思南府城，公推劉儀順為總指揮。不慎事機洩漏，鸚鵡溪團首李春華向知府福奎告密。12 月 4 日，劉儀順率領農民三千餘人起義，義軍頭包白布稱「白號軍」，攻占思南府城，福奎投河而死。1858 年春，劉儀順封弟子何公言、何繼述父子為大老闆、黔陽王。不久，濟安團首胡勝海率「黃號軍」在乾溪梅林寺起義響應，歸劉儀順節制。

西元 1859 年 3 月 29 日，劉儀順指揮白號軍巧取胡家灣三臺寺，趕走團首饒以爵，命軍師王茂蘭駐守。4 月，劉儀順在岑頭蓋造宮殿，設官署，立朱明月為秦王（又稱嗣統真主），詭稱崇禎十二世孫，鑄印、鑄錢，稱「江漢」年號，釋出「膳黃」、「布告」，曉諭士農工商各執其業，禁止義軍踐踏莊稼、擄掠婦女，違者梟首示眾。劉儀順自任左丞相，掌軍政大權，秦魁榜為右丞相。1860 年，劉儀順軍挫敗了李元度部對岑頭蓋

第六章　湖湘變局：晚清至民國的風雨動盪

的圍攻。9月，劉儀順親率五千人向西擴張，直逼貴州提督蔣玉龍老巢偏刀水，追擊蔣玉龍至湄潭，知縣廖遇春棄城逃跑。同年4月，劉儀順率軍攻下荊竹園，在黔東北根據地沒收豪紳富戶土地，分給農民耕種，截斷清軍糧道，與清軍展開持久戰。

西元1861年，劉儀順封劉漢忠為統領文武兵馬中營都督大元帥開國侯，命其在湖北率眾起事。劉儀順為其起草「謄黃」，並將暴亂矛頭直指列強：「洋人橫占中華埠頭，將洋菸遍行天下，誤了多少子弟，喪了多少俊傑。」1862年，劉漢忠回到湖北，手持「統帶文武天人合法」等印章，行使教權，凡大頭目封為「開國將軍」，小頭目則封為「開國先行」。1863年，白號軍十餘萬人遍及黔東北。為便於指揮，劉儀順將政權遷往秦家寨。1864年，曾國荃率湘軍攻克南京，推翻了天朝政權。清政府隨即調集川軍、湘軍和地方團練圍剿白號軍。白號軍轉入防禦階段。1865年起，劉漢忠多次策劃湖北荊門等地起義，均因「事機不密，先期敗露」。1867年6月，因叛徒出賣，劉漢忠被捕，同年8月被凌遲處死於荊州，時年61歲。

西元1868年正月，白號軍的軍事屏障荊竹園失守。劉儀順率主力退守偏刀水，激戰四月，朱明月、何繼述犧牲，劉儀順、秦魁榜率精銳退守尚大坪。終因寡不敵眾，劉儀順、秦魁榜由間道逃出，準備前往黔東與苗族起義軍聯合，因叛徒告密被俘。1868年9月29日，劉儀順、秦魁榜在成都被凌遲處死，並「傳首倡亂地方」，二人頭顱從成都一直竿示至涪州，再在貴州各地竿示。四川總督令各屬刊印「處決」劉儀順的告示。

石達開兵敗寶慶

西元 1857 年 6 月，天京事變，石達開負氣出走，率數萬精銳之師脫離天朝，轉戰於皖、贛、浙、閩等地。1859 年 2 月，石達開率部自江西南安突入湘南，欲取道湘西北入四川。2 月 28 日，賴裕新、傅忠信率先頭部隊進抵桂陽熱水嶺，打響了入湘之戰，3 月 2 日攻克桂陽縣城，11 日攻下宜章，13 日攻克興寧。石達開所率太平軍在入湘戰爭初期掌握了主動權，實現了向湖南的策略轉移。

湖南巡撫駱秉章擔心石達開部乘虛直入，動搖湘軍士氣，進而影響全局，於是命左宗棠全權負責「籌餉募兵」，並飛檄各地在籍的湘軍頭目招集舊部保衛身家性命，迅速集結了四萬人馬，並從各省不斷抽調援兵。3 月 15 日，賴裕新等自宜章出發，間道奔襲，攻克郴州；17 日又輕取桂陽州，全殲守敵。左宗棠認為太平軍一定會北進常寧，攻打湘江樞紐衡州，於是在衡州部署重兵。石達開將計就計，聲東擊西，以少量兵力佯攻衡州南邊的常寧，牽制湘軍主力，自己則率太平軍主力向西迂迴，取道祁陽直搗湘西南重鎮寶慶。如果攻下寶慶，太平軍可以補充糧草，休整部隊，然後東趨衡州、長沙、武漢，溯江入川；或西出辰溪、沅陵，至四川秀山、酉陽；或北出常德、澧縣、荊州、宜昌，溯江入川。與此同時，石達開還與廣西會黨起義軍取得聯絡，約其向湖南發展。3 月 19 日，太平軍主力攻克嘉禾，以小股兵力佯攻新田和臨武，主力則攻入寧遠。3 月 31 日，先頭部隊攻入祁陽。可見，太平軍入湘作戰第二階段仍處於主動地位，避實擊虛，長驅直入，順利將戰線推進至衡州、永州之間的祁陽，逼近寶慶。

左宗棠得知石達開已突入寧遠，又從俘虜口中獲悉石達開的作戰意

第六章　湖湘變局：晚清至民國的風雨動盪

圖，急忙重新部署。4月4日，當太平軍掃除祁陽城外清軍準備攻城時，劉長佑率先趕來增援。祁陽城下的太平軍突然調轉兵鋒，改攻永州，與劉長佑、江忠義、席寶田部展開激戰。清軍援軍不斷趕來，太平軍在永州城外四面受敵，被迫放棄攻城。

石達開獲悉先頭部隊攻打永州失利，意識到清軍已察覺自己的軍事意圖，遂重新擬定作戰計畫。為避免單線作戰陷入敵軍包圍，決定分兵渡湘江，開闢西路戰場。11日，太平軍主力自寧遠進入祁陽境。湘軍水師副統領王明山從衡州趕往祁陽，企圖用水師封鎖湘江。15日，太平軍在祁陽下游觀音灘編造船筏，準備渡江。清軍馳赴觀音灘阻擊，太平軍退卻。16日，清軍越江進擊，雙方激戰。當晚，太平軍從觀音灘搶渡成功。22日，賴裕新、傅忠信率領這支部隊攻克東安，全殲守軍。石達開的這一分兵策略又出乎左宗棠意料，使其措手不及。此後，太平軍棄守東安，賴裕新率軍向西佯攻新寧，吸引敵軍；傅忠信則率精銳伺機而動。賴裕新又佯攻廣西全州，準備會合當地天地會義軍，劉長佑與劉坤一果然率軍趕往全州。傅忠信則揮師新寧，兵鋒直逼寶慶。劉長佑與劉坤一聞訊大驚，急忙回師新寧。以逸待勞的太平軍占據有利地形大敗湘軍，搗毀其營壘，繳獲大批輜重。傅忠信又乘勝進軍寶慶。賴裕新部與廣西天地會義軍會合後，從容折回湖南，分兵進攻武岡、新寧，牽制劉長佑增援寶慶的部隊，並於5月下旬抵達寶慶城外。

5月底，石達開抵達寶慶，在城南向東西兩面展開，連營百里，在城外挖掘長濠，紮營壘，將寶慶城團團圍合，截斷城內與外界聯絡。城內田興恕等率湘軍堅守。統領劉長佑率領的援軍也不能進城，駐紮在城東嚴塘。曾國藩、胡林翼調撥的蕭啟江、張運蘭、李續燾、李續宜等湘軍精銳之師陸續趕來，王明山、楊明萬等率水師攜炮船兩百餘艘亦兼程

石達開兵敗寶慶

趕來。曾國藩還令都興阿、多隆阿、鮑超部停止深入安徽，作為援湘預備隊隨時待命。

在圍城初期，太平軍與清軍交仗八十餘次，勝者六十餘次，仍掌握戰爭主動權。太平軍對增援的湘軍採取以攻為守的策略，主動出擊。7月1日，太平軍在城東洪橋重創湘軍何紹彩部，士氣大振。雖然拒援戰成效顯著，但由於寶慶城牆堅固，一個半月的圍攻仍不見效，前來增援的清軍越聚越多，形勢越來越不利。7月24日，李續宜率六千精銳之師趕到，與劉長佑、劉嶽昭各部會合，在城外東北的半邊街紮營。石達開率軍主動出擊，雙方激戰四天仍未分勝負。此時，李續宜留部分兵力扼守大營，自己率軍渡資水，在水師配合下，突然向太平軍防守薄弱的北路陣地發起強攻。石達開聞訊，急命賴裕新馳援，但為時已晚，太平軍數十座營壘和百餘處哨卡被清軍摧毀。接著，清軍又乘勝掃蕩資水西路，突破寶慶之圍，城內城外湘軍聯成一氣。至此，寶慶形勢發生根本性轉變，太平軍據守城東南地段已無多大意義，無論兵力、糧餉、武器、士氣都處於劣勢，敗局已定。為保存實力，石達開決定撤入廣西休整。8月14日深夜，太平軍分兵兩路南撤，湘軍為保存實力東征安慶，亦不窮追。18日，太平軍全師轉入廣西。

石達開數十萬大軍圍攻寶慶四十餘天，損兵折將無功而退，令人扼腕痛惜。這也是石達開由盛而衰的轉捩點，此後石達開部一蹶不振，軍心渙散，部將紛紛離去，各自為戰。石達開率部左衝右突，直到西元1863年在大渡河兵敗被俘，英勇就義。但這次戰役在當時影響甚巨，有力地牽制了湘、楚軍在湘、贛、鄂、皖、蘇各省的軍事行動，支援了長江中下游主戰場上的太平軍。寶慶解圍，湘軍將領彈冠相慶，而「寶古佬」的驍勇善戰亦聲名遠播。

第六章　湖湘變局：晚清至民國的風雨動盪

郭嵩燾使英

　　郭嵩燾（西元 1818～1891 年），字伯琛，號筠仙，晚號玉池老人。因曾在長沙六堆子築有「養知書屋」，亦稱養知先生，湖南湘陰人。郭嵩燾從小天資聰穎，出口成章。11 歲時去買筆，店主出聯囑對「小相公三元及第」，他隨口應對「大老闆四季發財」。西元 1835 年，郭嵩燾中秀才，次年入讀嶽麓書院，與曾國藩、劉蓉義結金蘭。1837 年，郭嵩燾中舉人，1840 年受聘為浙江學政羅文俊幕僚。1847 年，第 5 次參加會試終於中進士，選翰林院庶吉士。同年秋，以父喪回籍守制。當太平軍攻入湖南後，他竭力支持曾國藩組建湘軍，並為其出謀劃策，成為曾國藩第一高參。他為曾國藩舉薦第一將才江忠源，建設編練水師，製備戰船；首創厘金制，為湘軍籌餉；為湘軍購置槍炮，並率部親征太平軍。曾國藩則與他結成姻親，舉薦他入南書房，後又薦他出任蘇松糧儲道、兩淮鹽運使、署廣東巡撫等職。1866 年，郭嵩燾與左宗棠交惡，被革職回籍。儘管如此，他還是受到沿途官紳盛情款待。7 月 13 日清晨，乘船抵長沙，「府縣已於江乾迎候」，然後坐轎入城，與巡撫等軍政要員晤談，儼然衣錦榮歸。

　　此後，他潛心讀書著述，編纂《湘陰縣圖志》，掌教城南書院，閒時則深入研究西洋情勢，探求「馭夷之道」，被洋務派領袖恭親王奕訢譽為「精透洋務」。西元 1874 年，日本藉琉球事件出兵臺灣，朝廷重新起用郭嵩燾，任其為福建按察使，旋改任總理衙門行走。

　　西元 1875 年 2 月，「馬嘉理事件」發生，英國要求清廷派大員「道歉」。清廷決定派郭嵩燾出使英國。當時，中國尚無派遣駐外使節的先例，「廷臣皆視此為大辱」。朋友、同僚亦規勸郭嵩燾推卸此事。李慈銘

表惋惜:「郭侍郎文章學問,世之鳳麟,此次出使,真為可惜!」湖南守舊士紳甚至表示恥與他為伍,作對聯罵他:「出乎其類,拔乎其萃,不容於堯舜之世;未能事人,焉能事鬼,何必去父母之邦?」1876年10月4日,在長沙鄉試的各地士子在寧鄉紳士崔暕鼓動下,縱火焚毀了由郭嵩燾捐資重修的上林寺,並一度衝擊郭嵩燾住宅。其起因就是「郭侍郎嵩燾將使英吉利,值鄉試,湖南舉子訛言洋人將至,噪於闈,請兵迎擊」。慈禧安慰郭嵩燾:「旁人說汝閒話,你不要管他,他們局外人,隨便瞎說,全不顧事理。」「汝心事朝廷自能體諒,不可輕信外人的言語,他們原不知什麼!」郭嵩燾在日記中寫道:「數萬里征途,避而不任,更有艱難,誰與任之!」於是忍辱負重,毅然出使。

　　西元1876年12月3日,郭嵩燾一行三十餘人從上海起程,途經香港、新加坡等地作短暫停留,於次年1月21日抵達倫敦。在途中,他常與船主馬格里等人交談,逐日記載所見所聞,其中不乏對西方政教制度的稱讚和對中國虛驕、閉塞的批評,提倡研究、學習西方治理之道。他將這些日記寄回總理衙門刊印,是為《使西紀程》。殊料此書竟招致朝野保守派一致討伐。郭嵩燾途經新加坡時,發現此地華僑甚多,且飽受列強虐待與壓榨,於是與華僑胡旋澤商議籌建領事館,以保護華僑權益。在他奏請下,清政府1878年在新加坡設立領事館,隨後舊金山、橫濱和神戶等地亦建立領事館。這對於維護僑民權益非常重要,郭嵩燾功不可沒。「馬嘉理案」辦妥後,郭嵩燾繼任清政府駐英公使,並授兵部侍郎,1878年又兼任駐法公使,郭嵩燾因而成為近代中國第一位駐外公使。郭在任職期間,不辱使命,與列強據理力爭,在國際上贏得了高度評價。

　　郭嵩燾不顧自己年邁體弱,對英法的政教進行了深入考察,留下了70萬字的《倫敦與巴黎日記》。他曾繫聯考察過英法的議會、法庭、監

第六章 湖湘變局：晚清至民國的風雨動盪

獄、工廠、學校、炮臺、軍營、圖書館、博物館、商品陳列館等，對於西方文化從古希臘哲學家泰利斯、畢達哥拉斯、蘇格拉底、柏拉圖、亞里斯多德，到近代自然科學家培根、伽利略、牛頓、萊布尼茲等，都作過深入研究，不懂的地方還專門請人講解。同期斌椿作的《乘槎筆記》、張德彝作的《航海述奇》大都著眼於西方物質文明之「奇」，郭嵩燾則在考察器物文明的同時，更關注西洋文化和科學的精神實質，將中國人學習西洋文化推向新的高度。

首先，他認為議會制與民選市長制是西洋立國之本。「巴力門（Par-lia-ment，議會）君民爭政，互相殘殺，數百年而後定；買阿爾（Major，市長）獨相安無事，亦可知為君者之欲易逞而難戢，而小民之情難拂而易安也。」其次，他認為君民共主國政是西洋強盛之本。「自始設立議政院，即分同、異二黨，使各竭其志意，推究辯駁，以定是非，而秉政者亦於其間迭起以爭勝。於是兩黨相持之局，一成而不可易，問難酬答，直輸其情，無有隱避，積之久而亦習為風俗。」「英國行政務求便民，而因取民之餘以濟國用，故其所設各官皆以民治事也。」

再次，他認為「西洋政教、製造，無一不出於學」，強調推行西學是學習西洋的重要內容。他對牛津、劍橋等大學的建制、課程及講求實學的精神非常感興趣，意識到「人才、國勢關係本原，大計莫急於學」。至於如何向西方學習，他拿日本與中國相比。當時中國留英學生不過十數人，全部學海軍。「日本在英國學習技藝者二百餘人，各海口皆有之，而在倫敦者九十人。嵩燾所見二十餘人，皆能英語。有名長岡良芝助者，故諸侯也，自治一國，今降為世爵，亦在此學習律法。其戶部尚書恩婁葉歐摹，至奉使講求經制出入，謀盡仿效行之。所立電報信局，亦在倫敦學習有成即設局辦理。而學兵法者甚少。蓋兵者末也，各種創制

皆立國之本也。」因此，中國學習西洋關鍵是學其「各種創制」等立國之本，即西洋政教制度。

郭嵩燾激進而超前的見解，遭到了頑固保守派的「聚訶叢罵」，以致「謗毀遍天下」。駐英副使劉錫鴻、張佩倫等稱他有辱「天朝」威信，責以「漢奸」罪名，屢加參劾。1879年2月，郭嵩燾卸任離英返國。抵上海後，未入京覆命，託病假徑回湖南。5月5日，輪抵長沙，「湘人見而大譁，謂郭沾洋人習氣，大集明倫堂，聲罪致討，並焚其輪。」官紳們的冷漠和無知使郭嵩燾心灰意懶。他「到家謝絕酬應，即故人相過從，亦辭而不見」。郭嵩燾深知在中國效法西洋的艱難。他曾預言：「學校之起，必百年而後有成。用其百年之力以滌蕩舊染；又用其百年之力，盡一世之人才而磨礱之；又用其百年之力，培養漸積以使之成。以今日人心風俗言之，必有聖人接踵而起，垂三百年而始有振興之望。」於是在壽星街營造玉池別墅，潛心著述和講學，重建湘水校經堂，創辦思賢講舍，與黃卷青燈相伴，在孤獨和疾病折磨中度過晚年。1891年6月，郭嵩燾溘然長逝，葬於汨羅沙溪鎮劃江村。

中國近代化經歷了三個階段三個層次。鴉片戰爭至甲午戰爭為器物層面的近代化，主要引進西方的堅船利炮、鐵路輪機和聲光化電等物質文明，以維護清王朝統治，即所謂「中學為體，西學為用」。戊戌變法至辛亥革命為制度層面的近代化，以康梁為首的維新派、孫黃為首的革命派以及張謇為首的立憲派，都認為改造中國必須學習西方的政治、經濟、法律制度等深層次的東西。「五四」新文化時期是中國思想意識層面的近代化，先進的知識分子高舉「民主」、「科學」的大旗，開始了改造國民性和啟迪民智的運動。在中國近代化的進程中，郭嵩燾作為經世派後勁、洋務派的智者，對維新派和革命派產生了巨大影響，譚嗣同和楊毓

第六章　湖湘變局：晚清至民國的風雨動盪

麟對他非常推崇。「流傳百代千齡後，定識人間有此人」，郭嵩燾「以先知覺後知，以先覺覺後覺」的事功、道德、文章，正如王先謙所說：「利在國家，豈圖其私！……皭爾風節，百世之師。文章滿家，鸞鳳其儀。謗與身滅，積久彌輝！」

曾紀澤虎口奪食

曾紀澤（西元 1839～1890 年），字劼剛，曾國藩長子。他青少年時代愛好廣泛，通經史，工詩文，精算術，又受洋務思潮影響，30 歲起刻苦學習英文，潛心研究外交和國際政治，以「學貫中西」見稱於時。西元 1870 年，曾紀澤蔭補戶部員外郎。1872 年，曾國藩逝世，他丁憂返鄉。繼又丁母憂，至 1877 年襲一等勇毅侯。1878 年 8 月，出任駐英法公使。

西元 1878 年，左宗棠收復新疆，沙俄拒絕歸還伊犁。清廷以盛京將軍崇厚為駐俄使臣，交涉此事。崇厚肩負重任，本應由陸路取道新疆先勘察伊犁地形民情，再赴俄京，可是他不願吃苦，由海路徑往彼得堡。結果在沙俄威逼利誘下，於 1879 年 10 月簽訂《里瓦幾亞條約》。根據該約，中國雖然收回了伊犁這座孤城，卻喪失了大片土地，賠款 500 萬盧布。消息傳來，朝野震驚，舉國譁然。迫於壓力，清廷不予批准，將崇厚革職查辦，並令左宗棠做好戰爭準備，以防不測。沙俄惱羞成怒，派大軍屯集邊境，並調集軍艦巡邏遠東。在一番色厲內荏的表演失敗後，同意和談。

西元 1880 年 2 月，清廷派駐英公使曾紀澤兼任出使俄國欽差大臣，修訂崇厚先前所立的條約。對他來說，這是一場沒有硝煙的戰爭，對

手陰險狡猾，稍微不慎後果將不堪設想。但為了國家和民族利益，他義無反顧，知難而進，決心「障川流而挽既逝之波，探虎口而索已投之食」。曾紀澤認為伊犁地形易守難攻，透過武力奪回伊犁並不困難，只怕沙俄從東北和海上進攻，防不勝防。但伊犁策略地位極其重要，如同新疆的「一臺大砲」，放棄伊犁等於放棄整個新疆。於是，他決定以金錢換土地，即使多賠點錢也要收回土地，因為錢可以再生，地一失則不能再回。這一外交策略在當時可謂卓爾不凡。沙俄也犯過目光短淺的外交失誤，曾於 1867 年將阿拉斯加以 720 萬美元的低價賤賣給美國，後悔莫及。

西元 1880 年 6 月，曾紀澤抵達聖彼得堡，開始長達半年的艱難談判。沙俄代表態度強硬，堅持不改崇厚先前所立的條約，並以動武為要挾。曾紀澤不卑不亢，針鋒相對：「中國不願有打仗之事。倘不幸有此事，中國百姓未必不願與俄一戰。中國人堅忍耐勞，縱使一戰未必取勝，然中國地方最大，雖數十年亦能支持，想貴國不能無損。」其時，俄國內外交困，左宗棠亦有作戰準備，沙俄自然不敢輕舉妄動。曾紀澤嫻熟外交技巧，據理力爭。當俄方糾纏於條約細節時，曾紀澤以喝咖啡為例，說明先放牛奶還是後放牛奶，原無本質區別，何必拘泥於程序？在談笑間將對方的無理刁難輕易化解。

西元 1881 年 2 月 24 日，雙方重訂《中俄伊犁條約》。依據新約，沙俄被迫放棄面積約兩萬多平方公里的伊犁等九城。在邊界、商務、賠款等方面，曾紀澤以非凡的毅力「逐日爭辯，細意推敲」，將崇厚所立的條約造成的損失降至最低程度。雖然增加了 400 萬盧布的賠款，但這與李鴻章後來給日軍的賠款相比簡直微不足道。時人讚揚曾紀澤是「折衝樽俎，奪肉虎口」，連沙俄對手吉爾斯也稱他為「世界罕見的使才」。英國

第六章　湖湘變局：晚清至民國的風雨動盪

報紙發表評論：「俄人力求廣地，日肆狼貪，所據疆域，未有得而復失者，有之，自伊犁始。」

西元 1884 年，清法戰爭爆發。曾紀澤又與法國展開外交鬥爭。法國對越南垂涎已久，由海、陸兩路挑起戰爭，威逼清廷就範。曾紀澤認為中國應取「剛嚴」之態，整軍備戰，以戰求和。李鴻章則主張「停戰求和」，在軍事勝利的情況下見好就收。法國見曾紀澤不好對付，向清政府提出撤換曾紀澤為議和條件。迫於壓力，清廷免除了曾紀澤駐法使節之職，由李鴻章在天津訂立《中法新約》，徹底放棄了中國在越南的一切權益。曾紀澤聞訊，極為悲憤，斥責李鴻章「聞法不索軍費，遂將全越讓之」，目光短淺。曾、李二人同為曾國藩傳人，外交理念卻涇渭分明！1884 年 3 月，曾紀澤與英國議定《洋菸稅釐並徵條約》，為清政府每年增加菸稅二百萬兩白銀。1886 年，他用英文作〈中國先睡後醒論〉，發表於倫敦《亞洲季刊》上。文章批駁了列強對中國的卑視和汙衊，宣傳中國的改革現狀，闡述中國的外交方針，並指出外來侵略足以「喚醒中國於安樂好夢之中」，中國的「全備穩固可翹足以待」。曾紀澤還創作了中國第一首國歌〈普天樂〉。

西元 1886 年，曾紀澤奉旨回國，雖先後在海軍衙門、總理衙門、兵部等部門任職，但並無實權，無所作為。他曾作詩自嘆：「年來益覺名心淡，好夢時時在故鄉。」他的政治主張始終無法實現。1890 年 2 月 23 日，51 歲的曾紀澤突患中風英年早逝。正當國家多難之秋，一代外交鉅子溘然長逝，令人扼腕嘆息。朝廷循例撫卹，加太子少保，諡「惠敏」，以表彰其忠誠和機敏。國際輿論認為曾侯辭世是中國外交界的重大損失。沒有曾紀澤的清王朝，從此進入了磕頭外交的時代。

曾紀澤遺骸葬於長沙曹家坳桃樹灣。西元 1893 年，江南製造局將其

遺著刊為《曾惠敏公遺集》，包括奏疏 6 卷、文集 5 卷、詩集 4 卷、出使日記 2 卷。1999 年，岳麓書社出版《曾紀澤日記》3 卷。

傳教士入湘

　　基督教於唐朝傳入中國，大唐景教碑有明確記載，但這支東正教教派並未在中國落地生根。明末，基督教再次傳入中國，利瑪竇、湯若望深得明皇室寵信，至清初亦受順治、康熙帝優待。西方基督教勢力亦逐漸傳入湖南。西元 1644 年，有耶穌會傳教士乘船過衡陽，泊黃沙灣傳教，李英松為湖南第一位教徒。1650 年，清皇太后遣使至羅馬教廷，有湘潭籍劉氏兄弟隨行，在比利時加入天主教，回國後在湘潭雲塘住宅設「聖母堂」。1685 年法籍穆迪我來湘潭傳教，新任知縣姜修仁受洗入教，在湘潭建立省內第一家西方傳教士的教堂。此後，西、葡等國傳教士接踵而來，在湘潭、長沙、永州、衡陽等地活動。但雍正朝嚴厲禁教，在華基督教再度受挫，湖南教堂沒收入官。此後有幾位西洋傳教士曾冒死潛入湖南傳教，收效甚微，原有信徒亦大都改宗。直到 1860 年《天津條約》生效，准許傳教士入內地遊歷，湖南才有其足跡。

　　天主教最先進入湖南，以聶斯脫利派為先驅。西元 1856 年，羅馬教廷將湖南劃為拉薩利派傳教範圍，以衡州為中心，設立單獨的湖南主教區，與北京、南京、澳門教區並立。1860 年之後，方濟各派自廣東越五嶺入湘南、衡陽、湘潭、邵陽等地，大建教堂，「紅牆棟宇，樓閣高聳」。1879 年，奧古斯丁派由湖北宜昌過長江，至澧州傳教。拉薩利派則轉入河南。同年，羅馬教廷將湖南劃分為南、北兩教區，方濟各派和奧古斯

第六章　湖湘變局：晚清至民國的風雨動盪

丁派分別在衡州和澧州設立總教堂。

基督教各派在湖南的傳教則後來居上。新教派別複雜，英國教派則有內地傳教會（1875，岳州），大英教會（1903，永州），循道會（1902，長沙），英屬加拿大聖潔會（1910，常德、安鄉）；美國新教會有八個教派，即宣道會（1897，常德），長老會（1898，常德、湘潭），遵道會（1901，長沙），聖公會（1902，長沙），雅禮會（1903，長沙），安息會（1906，辰州），中華基督教青年會（1911，長沙），基督安息會（1911，長沙）。德國的博愛會也於1901年進入長沙。

中西文化截然不同，傳教士透過不平等條約和砲艦保護強入湖南。湖南則是儒教傳統文化最根深蒂固之地，理學興盛，道南正脈，王船山「華夷之辨」學說深入人心，出現反洋教運動也就不足為怪了。湘人排斥洋教，或散發揭帖，或砸毀教堂，甚至怒殺教士教民，從西元1860～1910年湖南共發生大小教案近三十起。種種反洋言論，除指出列強「要挾中朝，包藏禍心」外，大多感情用事。1861年出現了匿名的〈湖南闔省公檄〉，全文約3,500字，列舉了天主教的虛妄和危害，並從傳統倫理道德角度對天主教予以批判：「不掃廬墓，不祀木主，無祖宗也。父稱老兄，母稱老姐，無父子也。生女不嫁，留待教主，無夫婦也。不分貧富，入教給錢，無廉恥也。不分男女，赤身共沐，無羞惡也。剖心剜目，以遺體為牛羊。餌藥採精，以兒童為螻蟻。採婦人之精血，利己損人。飲蒙汗之迷湯，蠱心惑志。」這件反洋教宣傳品在湖南廣泛流傳，並迅速流傳到江西、江蘇等省，激發了1862年的南昌教案。1862年，寧鄉舉人崔暕撰《批駁邪說》四卷，共四萬言，其〈闢邪歌〉開創了以歌謠進行反洋教宣傳的先例。刊印後，廣為傳播，歷久不衰。尤其是周漢反洋，影響更大。

西方傳教士認為湖南是中國最保守頑固的地方，有如拉薩之於西藏，是禁地中的禁地，因此將湖南比作《聖經・創世紀》中拒絕洗禮薰陶的「鐵門之城」伊塔（Edom）。越是保守，他們越認為有傳教的必要。為早日打開這座鐵門之城，他們前赴後繼，義無反顧。西元1881年，英美公使透過向北京施加壓力，獲得了傳教士在湘西常德、辰州、沅州、永順、澧州、乾州、永綏、鳳凰、晃州等4府4廳1州20縣遊歷的權力，但湖南士紳仍堅守長沙、衡州等湘中富庶之地，洋教士不得進入。1882年，英國傳教士Adam Dorward至洪江傳教，足跡遍及湖南各地，於1888年病逝於洪江，被譽為「有保羅的堅忍，不怕攻擊，不怕疾病，視死如歸」。甲午戰爭中國大敗，湖南士紳不再心高氣傲，開始反省，反洋教情緒有所緩和。義和拳事件後，中國門戶大開，各派傳教士發展迅速。據統計，1899年夏，湖南境內有教堂34所，傳教士34人，其中外籍傳教士23人，分屬法、英、美、西、義、俄、挪、日八國。次年，湖南境內有傳教所126處，傳教士42人，其中外籍傳教士22人，教徒達8,600人。1904年，12個教派已在湖南扎下根基。宣統年間，湖南各地都有傳教士身影。據1919年日人山口升統計，湖南共有20個教派，傳教士1,164人，其中外籍傳教士327人，信徒6,978人。

　　傳教士為達到傳教目的，除了講經布道外，還從事教育、慈善等非宗教活動作為輔助。美國伊利諾伊大學校長詹姆士致信羅斯福總統：美國在之前注意將中國留學潮引入美國，並使這個潮流不斷擴大，美國將透過控制中國的菁英這種最圓滿、巧妙的方式控制中國的未來，因此，「為了擴張精神上的影響，而花一些錢，即使從物質意義上說，也能夠比用別的辦法收穫更多。商業追隨精神上的支配，是比追隨軍旗更為可靠的」。據1905年調查，湖南天主教南區設有4所男校、3所女校，另有3

第六章　湖湘變局：晚清至民國的風雨動盪

所孤兒院，收容孤兒 240 餘人。北區則有 5 所男校、1 所女校。新教派對教育非常重視，1919 年全省有教會學校 22 所，教師 130 餘人，招收男女學生 1,600 餘人。美國教會尤其重視高等教育，他們利用部分「庚款」創辦了著名的雅禮大學。

在經歷了一番抗拒之後，湖南人與傳教士互相接觸和了解，不斷調適，從抗拒逐漸變為容忍。傳教士雖然最終不能以宗教影響湖南，卻將西方文明逐漸移植過來，種豆得瓜，加速了湖南現代化的進程。

周漢反洋

周漢（西元 1842～1911 年），字鐵真，筆名孔徒，晚號鐵道人，寧鄉大屯營村廖家沖人。西元 1858 年，中秀才。1860 年，參加舉試，中副榜。同年投身湘軍，後因戰功保舉為知縣。1867 年，隨左宗棠北上，參與鎮壓捻軍和回民暴動。1876 年起，他參加統一新疆的戰爭，在劉錦棠軍中總理營務，擢候補道，加二品銜。1884 年，因病返湘，在長沙寶善堂參與刊布《救荒百策》等善書活動，掌握了雕版印刷技術。清法戰爭後，民族危機加深，教會勢力向內地滲透。寧鄉紳士崔暕以反洋教著名，編撰《闢邪紀實》。周漢受其影響，於是投身反抗列強侵略的愛國洪流，撰刻了大量反洋教的書籍、圖畫、歌謠、揭帖、檄文等宣傳品。

周漢的反洋教宣傳品以「崇正黜邪」、「殺身報國」為宗旨，尊儒、佛、道三教為正教，詈洋教為「鬼叫」、「邪教」、「妖教」。他宣稱教會來華是要「謀中國的江山」，「剝中國銀錢，害中國人性命」，將反洋衛道與愛國反侵略緊密結合，極具煽惑力。周漢反洋教宣傳品使用了大量彩色

套印的精美漫畫，圖文並茂，配以幽默詼諧的文字或對聯。他將這些漫畫彙編成冊，取名《闢邪全圖》。這些宣傳品採用民間喜聞樂見的「蓮花鬧」、「十字長句」、「彈詞」和「快板書」等形式，語言通俗易懂，文風活潑詼諧，筆鋒犀利辛辣，朗朗上口。如他將矛頭對準列強：「英國鬼子真討嫌，壓制我買鴉片煙。美國鬼子惹不得，助運鴉片到中國。」他痛罵滿清政府「可恨可恨真可恨，可恨一班蠢雜種，奴顏婢膝媚外人，認賊作父害良民。每逢一宗教案起，喪權辱國輸到底」。

周漢反洋教宣傳品流傳甚廣，不僅湖南各州縣、長江中下游各省，甚至偏遠的新疆、甘肅都有人傳閱、翻印。其中《鬼叫該死》曾印行80萬份，流傳到了中國幾乎所有省分和地區，這對當時全國各地尤其是長江中下游地區的反洋教運動產生了巨大影響。列強惶恐不已，「各國牧師為之膽寒」。西元1891年夏，長江中下游地區相繼發生反洋教抗爭，各國駐華使節多次照會總理衙門，要求查處反洋教宣傳品。他們在照會中說：「中國士大夫階級中的反外人和反基督教分子，正在系統地煽動仇恨。這些分子的大本營和中心在湖南，而他們的宣傳品則傳播到整個帝國境內。」1891年10月間，英國牧師楊格非查獲了周漢寫給湖北巡撫譚繼洵的信件副本，信中直言不諱：「闢邪各種，乃漢與寶善堂同事文武官紳所刊布者也。」楊格非將這一情報轉知漢口各領事。11月，各國駐漢口領事聯名照會湖廣總督張之洞，要求從嚴查辦周漢。張之洞隨即轉飭湖南巡撫張煦。11月底，長沙寶善堂刻字商鄧懋華、曾郁文、陳聚德被捕。由於周漢積極營救，三人不久即被釋放。12月31日，英國駐華公使華爾照會清政府，強烈要求嚴辦周漢，否則後果很嚴重。迫於列強壓力，總理衙門致函湖廣督撫，下令嚴禁反洋教宣傳品，查究周漢等人。然而，湖廣方面對拿辦周漢顧慮重重。1892年1月19日，張之洞致總

第六章　湖湘變局：晚清至民國的風雨動盪

理衙門電：周漢「自以崇正黜邪為名，以殺敵報國為辭，若加參辦，既於政體有妨，且湘省無知之人必為激憤，曾揚言：若辦周某，立將長沙省中教民七十餘家先行殺害」。

正在張之洞為難之際，直隸總督李鴻章建議一方面查禁反洋教宣傳品，一方面調查周漢的「別項劣跡，奏明酌量辦理」。不久，總理衙門收到駐英公使薛福成報告，說英國政府也看到了周漢的《書圖歌說》，想借端要挾。總理衙門急忙致電張之洞，要他加緊辦理此案，不能拖延。張之洞乃派湖北督糧道惲祖翼前往長沙查辦。周漢早已避匿，於是逮捕了他的幾個親戚及刻書商鄧懋華等人。他們供認周漢「近患痰疾，時發時癒，病劇時言語不清，有似癲狂」，並矢口否認有刊刻反教揭帖之事。惲祖翼返回武昌稟報張之洞。張之洞本來就不想深究，只將周漢革職，勒令查封曾為周漢印書的長沙南陽街書鋪鄧懋華堂、曾郁文堂、陳聚德堂，銷毀書版，然後將處理辦法上奏清政府，並通報各駐華公使。

周漢革職後，並未停止反洋教活動。他繼續撰刻新的揭帖。甲午戰爭結束後，周漢反洋教書畫又廣為流傳，南方各省均有刻印。西元1897年冬，膠州灣事件後，列強掀起了瓜分中國的狂潮。周漢憂憤不已，用「大清臣子孔徒」的筆名大量刊印〈齊心拚命〉等揭帖散布湖南各州縣，號召人民「悉將耶穌妖巢妖書妖器焚燒」，「並宜多方設法，嚴防妖灰再燃，妖根再發」。這些宣傳品迅速風靡全國。據英國公使致清政府的照會可知：周漢的書刊在五省印刷，有一種還是七省印行，每冊卷首都有「仿湖南原刻」字樣。對周漢的再次公開反洋活動，侵略者氣急敗壞。1898年初，英國駐漢口領事照會湖南巡撫陳寶箴，要求立刻拿押究辦周漢。湖南巡撫陳寶箴正銳意維新變革，期望有一個安定的社會環境，遂於3月中旬派員至寧鄉拘拿周漢。此時，寧鄉正舉行縣試，「童生千餘人哄縣

堂，以罷考脅知縣朱國華」。朱國華奏請巡撫准予保釋周漢，未獲准。

周漢被押至長沙受訊。周漢先後寫了三篇「供詞」，鳴冤叫屈，不僅不認罪，還要平反舊案。這三篇供詞不脛而走，迅速雕版印行，題為《天柱地維》，書末註明「湖南七十六州縣紳士庶民公刊」。官府自知周漢的辯解無懈可擊，但迫於輿論壓力，只好給他冠以「瘋癲成性，煽惑人心」的罪名，「照瘋病例」留按司獄長期監禁。民眾和紳士提出抗議，多方營救，陳寶箴也順水推舟，同意釋放周漢。但周漢秉性剛烈，堅持「沒有廷詔，誓死不出」。陳寶箴只好優待周漢，任其自由出入牢獄。周漢冤獄長達十數年，直到 1910 年，周漢病重，家人才將其強行抬回家中。次年 6 月，周漢病逝家中，湖南各府廳州縣幾乎都敬送輓聯，紀念這位反洋教英雄。其口供今藏於湖南圖書館。

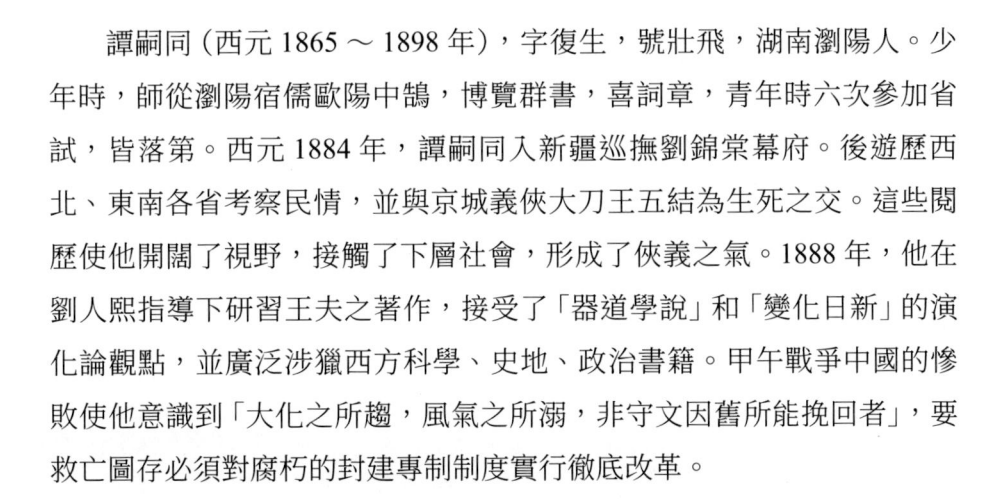

譚嗣同喋血

譚嗣同（西元 1865～1898 年），字復生，號壯飛，湖南瀏陽人。少年時，師從瀏陽宿儒歐陽中鵠，博覽群書，喜詞章，青年時六次參加省試，皆落第。西元 1884 年，譚嗣同入新疆巡撫劉錦棠幕府。後遊歷西北、東南各省考察民情，並與京城義俠大刀王五結為生死之交。這些閱歷使他開闊了視野，接觸了下層社會，形成了俠義之氣。1888 年，他在劉人熙指導下研習王夫之著作，接受了「器道學說」和「變化日新」的演化論觀點，並廣泛涉獵西方科學、史地、政治書籍。甲午戰爭中國的慘敗使他意識到「大化之所趨，風氣之所溺，非守文因舊所能挽回者」，要救亡圖存必須對腐朽的封建專制制度實行徹底改革。

第六章　湖湘變局：晚清至民國的風雨動盪

　　喪權辱國的《馬關條約》簽訂後，譚嗣同萬分憂憤，寫下了血淚詩行：「世間無物抵春愁，合向蒼冥一哭休。四萬萬人齊下淚，天涯何處是神州！」他認為變法維新的第一要務是「教育賢才」，首先要「興算學」。西元1895年8月，他與唐才常、歐陽中鵠籌建了瀏陽算學館，設史學、掌故、輿地等科。此後，各府、州、縣紛紛仿效，在書院中添設算學，研習算學之風漸起。誠如唐才常所言：「湘省直中國之萌芽，瀏陽直湘省之萌芽，算學又萌芽之萌芽耳。」

　　西元1896年2月，譚嗣同出任南京候補知府，結識康有為、梁啟超、翁同龢等人。1897年，他撰寫哲學著作《仁學》，提出自然界和人類社會都是不斷運動、變化和發展的，批判「天不變，道亦不變」的傳統思想，論證改革社會制度的合理性。他猛烈抨擊專制，提出君主專制是一切罪惡的淵藪，「彼君之不善，人人得而戮之」；並主張建立民主制度，發展工商業。同年，應陳寶箴之邀，譚嗣同回長沙創辦新政。他首先加強了時務學堂維新派力量，任唐才常為中文教習，在教學中大力宣傳變法革新理論，向學生散發《明夷待訪錄》、《揚州十日記》等書籍，灌輸革命意識，時務學堂由此成為培養維新志士的搖籃。他與黃遵憲、熊希齡、唐才常等人創辦《湘學新報》（旬刊）、《湘報》（日刊）、南學會、武備學堂及保衛局，並籌辦內河輪船、修築湘粵鐵路、開採礦產等，使湖南成為中國最富朝氣的省分。

　　西元1898年4月，由翰林院學士徐致靖推薦，譚嗣同進京就任四品卿銜軍機章京，與林旭、楊銳等人參與新政。9月，光緒皇帝向他表達了變法的決心和對維新派的信賴，並感慨西太后和守舊大臣的百般阻撓。譚嗣同為之感動，決心實現自己的抱負。9月18日，譚嗣同夜訪袁世凱，請其率兵入京除掉頑固派。袁世凱假意應允，並說「誅榮祿如殺

一狗耳！」譚嗣同信以為真。20日，袁世凱回天津向榮祿告密，榮祿奏擬西太后。21日，西太后發動政變，囚禁光緒帝，捉拿維新派。譚嗣同聞變後將生死置之度外，多方營救光緒，但為時已晚。梁啟超要他東渡日本避難，他慷慨陳詞：「不有行者，無以圖將來；不有死者，無以召後起。」日本使館也與他聯絡，願提供「保護」。他毅然回絕：「大丈夫不做事則已，做事則磊磊落落，一死何足惜！並且外國變法無不從流血而成，今日中國未聞有因變法而流血者，此國之所以不昌也。有之，請自嗣同始。」24日，譚嗣同在瀏陽會館被捕。在獄中，他意態從容，鎮定自若，作絕命詩：「望門投止思張儉，忍死須臾待杜根。我自橫刀向天笑，去留肝膽兩崑崙。」他將自己比作因反對漢代太后而蒙受不幸的張儉、杜根，視死如歸，只希望同志們能像崑崙山那樣屹立不倒，持續改革事業。

9月28日，譚嗣同、林旭、楊深秀、劉光第、楊銳、康廣仁「戊戌六君子」被押往宣武門外菜市口刑場。臨刑時，監斬官令譚嗣同向北謝恩，譚嗣同睜目叱責：「有什麼恩值得謝？」並高聲大喊：「有心殺賊，無力回天，死得其所，快哉快哉！」慷慨就義，年僅33歲。譚嗣同死後，其妻李閏賦詩哀悼：「前塵往事不可追，一成相思一層灰。來世化作採蓮人，與君相逢橫塘水。」康有為作輓聯：「復生不復生矣，有為安有為哉？」西元1899年，譚嗣同遺骸歸葬瀏陽南鄉牛石嶺石山下。墓呈半圓形，墓石上對聯：「亙古不磨，片石蒼茫立天地；一彎挺秀，群山奔赴若波濤。」1914年，在瀏陽城西門外修建了譚嗣同烈士祠，梁啟超題寫「為民先覺」匾額。瀏陽市北正街有譚嗣同故居，因其父譚繼洵曾任湖北巡撫，故稱「第官邸」或「大夫第」。譚嗣同在此居住多年，現為全國重點文物保護單位。算學館舊址瀏陽文廟奎文閣也整修一新，現闢為譚

第六章　湖湘變局：晚清至民國的風雨動盪

嗣同紀念館。譚嗣同曾孫譚志浩仍保存有譚嗣同生前用過的硯臺、墨盒和印泥盒三件遺物。這是迄今為止發現的譚嗣同留在大陸後代中的僅有遺物。

唐才常就義

唐才常（西元 1867～1900 年），字黻丞，後改佛塵，湖南瀏陽人，與譚嗣同並稱「瀏陽雙傑」。他出身於封建士大夫家庭，先後肄業於長沙校經、嶽麓及武昌兩湖書院。西元 1895 年，他與譚嗣同等在瀏陽創辦算學館，戊戌維新期間在長沙編輯《湘報》和《湘學報》，參與創辦時務學堂、南學會等，廣泛宣傳資產階級學說，提出了一整套資產階級改革方案，在政治上主張君主立憲制，在經濟上主張商辦廠礦，反對官府壟斷，並在家鄉舉辦銻礦、煤礦等。1898 年 8 月，唐才常應譚嗣同之邀赴京參與新政，行至漢口即得譚嗣同等六君子被殺的噩耗，悲憤不已，發誓要報仇雪恨。此後，他赴上海、香港、新加坡、日本等地，會見康有為、梁啟超等，廣泛聯絡流亡海外的志士，以圖匡救時艱。

西元 1899 年初，唐才常回國，在上海創辦《亞東時報》，以開發民智、激發忠君愛國之志為己任。夏天再赴日本，與康有為、孫中山取得聯絡。當時康有為正鼓動起兵勤王，孫中山也密謀在廣東發動起義，保皇黨和革命派都倚重唐才常在國內組織武裝起義。康有為給他三萬元活動經費，並表示願以三十萬元募款繼續支持。同年 5 月，康有為、梁啟超、唐才常等人在橫濱成立自立會，康有為任會長，梁啟超為副會長，並在《清議報》上發表〈自立會序〉，宣布維新保皇的政治宗旨。孫中山

與康、梁聯絡，倡議在長江地區共同發動起義，派吳祿貞、傅慈祥、畢永年等興中會成員直接參與其事。康有為一心保皇，拒絕與革命派合作。唐才常因受孫中山革命思想影響，願與革命派聯合起事，決心「冒死發難，推行大改革」。

唐才常肩負著革命派與改良派的雙重期望回到上海，於西元 1899 年冬在英租界成立正氣會，準備「糾合愛國正氣之仁人君子」，共舉大業。1900 年春，華北掀起了義和團反帝運動，孫中山決定乘機在惠州、廣州發動武裝起義。唐才常積極配合，改正氣會為「自立會」，印發「富有票」，廣泛聯絡會黨。自立會設軍事、政治兩部，中堅人物多來自湖南，他們聲稱「變舊中國為新中國，我輩之責任也。我輩宜亟謀皇帝復辟，而創立立憲帝國」。同年 7 月 26 日，唐才常邀集滬上名流在張園召開中國議會，其宗旨為「保全中國自立之權，創造新自立國；絕不承認滿洲政府有統治清國之權；請光緒帝復辟」，擬起義成功後以此為議政基礎。推容閎、嚴復為中國議會正副會長，唐才常為總幹事，湘陰的林圭、善化的沈藎擔任幹事。

自立會人士在長江流域奔走布置，以各省哥老會為基礎，組建了自立軍前、後、左、右、中及總會親軍和先鋒軍，共十萬餘人。唐才常為諸軍督辦，設總機關於漢口英租界李慎德堂。唐才常、林圭等人默察形勢，決定於 8 月 9 日湖南、湖北、安徽、江西同時發難，漢口自立軍先奪取漢陽兵工廠，一舉攻克武漢三鎮，然後揮師西安，救出光緒帝。

自立軍因等待康有為匯款接濟，延至 8 月 13 日才在長江北岸聚集。由於發動工作倉促，組織成員魚龍混雜，軍機外洩，秦力山、吳祿貞等人又未接到延期通知，在安徽桐城按原計畫先期發難，一舉轟毀大通鹽局，占領大通縣城，張貼自立軍總部的文告和法令。兩江總督劉坤一、

第六章 湖湘變局：晚清至民國的風雨動盪

安徽巡撫王之春急調湖北、安徽兩省清軍全力進剿，另派三艘兵輪駛入大通江面堵截。16日，唐才常從上海溯江西上，抵漢口指揮起義。因康、梁允諾的匯款遲遲未到，自立軍糧餉軍械無著，起義一拖再拖。秦力山、吳祿貞孤軍奮戰，且戰且退，堅持七晝夜，僅秦力山潛逃日本，其餘全部殉難。大通起義失利的消息傳來，右軍統領沈藎率部分自立軍在湖南臨湘灘頭一帶起義，湖北蒲圻、麻城、沙市、巴東和湖南常德、岳州等地自立軍亦舉義響應。湖南巡撫俞廉三聞訊，調遣大軍前往鎮壓。自立軍寡不敵眾，最後敗散。沈藎脫險後，輾轉至北京被捕，死於刑獄。

湖廣總督張之洞對自立軍活動早有了解。義和團興起後，英國一面拉攏張之洞結成「東南互保」，一面策動康有為指使自立軍擁立張之洞在長江流域宣布獨立，建立「東南自立之國」。唐才常、林圭等奉康有為旨意，也曾勸說張之洞宣布獨立，脫離清廷。在清廷、英國和自立軍三者之間，張之洞反覆權衡，態度曖昧。直到自立軍起事前，他才決計回到清廷懷抱，剿滅自立軍，並通告英國駐漢口領事傅磊斯。英國此前暗中支持唐才常，有意將自立軍作為肢解中國的一種工具。但當時八國聯軍正與清政府洽談媾和條件，對慈禧採取「保全主義」，英國也擔心自立軍起義會動搖其在長江流域的統治秩序，故而轉變態度，支持張之洞撲滅自立軍。

21日晚，張之洞派清兵包圍前花樓街寶順里唐才常住所以及英租界內自立軍總部。唐才常部下勸其避匿，他說：「予早已誓為國死，汝可行也。」不久，清兵趕來，唐才常神態自若，笑而受縛。他在供詞中稱：「因中國時事日壞，故效日本覆幕舉動，以保皇上覆權。今既敗露，有死而已」。23日凌晨，張之洞將唐才常、林圭、傅慈祥等二十餘名自立會骨

幹祕密殺害於武昌紫陽湖畔。臨刑前，唐才常口占一聯：「七尺微軀酬故友，一腔熱血濺荒丘」，時年33歲。唐才常之弟唐才中、靖港的譚翥等義士亦被俞廉三殺害於長沙瀏陽門外。兩湖志士被殺者數以千計，自立軍起義失敗。

自立軍起義是湖南民主革命黨人發動的第一次武裝反清抗爭，由於唐才常對列強和官僚抱有幻想，又未擺脫康、梁改良派的影響，對革命派若即若離，起義宗旨模糊，失敗不可避免。但它採取武裝抗爭形式廢除「所有清朝專制法律」，「變舊中國為新中國」，卻為辛亥武昌首義累積了寶貴經驗。正如章太炎所說：「唐才常，近代中國曾起進步作用之人物。」30年後，國民政府撥款重修唐才常墓，建立庚子烈士紀念堂，以紀念這些英勇獻身的愛國志士。

辰州教案

辰州地處湘西，古稱「四塞之地」，交通不便，民眾對外來文化抵制強烈。西元1888年，英國內地會傳教士祝德、郝亞當等來辰州籌劃傳教事宜，被百姓驅逐，無法立足。1897年，英國傳教士胡紹祖來辰州活動，無功而返。1899年，英國駐漢口領事館派傳教士管耀清前來辰州，他在下南門府倉巷租賃民房，設立福音堂，進行「布道」。半年之久，入教者僅兩人，管耀清溜回漢口。1901年，英國傳教士胡紹祖、羅國俞至辰州重建福音堂，並創辦醫院，試圖以行醫籠絡百姓入教。但他們在辰州與劣紳痞棍勾結，包攬詞訟，與寡婦蕭張氏私通。民眾鄙夷和痛恨傳教士的所作所為，既不入洋教，也不進醫院看病。

第六章　湖湘變局：晚清至民國的風雨動盪

　　1902 年 7 月，辰州發生瘟疫，患者上嘔下瀉，腳跟抽筋，腹內絞痛，高燒不止，死後遍身青紫。瘟疫傳播很快，「旬日之間，城廂皆通，蔓延及於四鄉，死人日多，人心惴惴，朝不保夕」。8 月，瘟疫繼續蔓延，城鄉死千餘人，人心惶恐，謠言四起，盛傳瘟疫是洋人「施毒水中，造成病害，以誘人前往醫院就診」。於是，城內城外，「水井都被木柵圍護，且派壯丁日夜巡守」。去沅江汲水者也要駕船至江心急流處，唯恐近岸江水被洋人投毒。8 月 15 日，蕭張氏在溪子口煙室抽吸鴉片，忽從身上落下一包藥粉，被人發覺。蕭張氏神色慌張，言語支吾。蕭張氏與傳教士有染，遭輿論非議，她見群情激憤，驚恐萬狀，情急之中謊稱受教民蔡華芹指使。眾人見「罪證確鑿」，怒不可遏，遂「縛以遊街，隨而和者百餘人」。經過上南門龍合順客棧時，看見了由岳州關稅務司派來辰州籌辦郵政局的供事薛亨在棧內。薛亨是廣東人，貌似洋人，習慣早起散步，百姓不解其意，「疑有異圖」，又疑與洋人同黨，對他有防範之心。因此，當一人大呼「棧內郵政局薛亨和洋人一樣壞」時，鄉民蜂擁而入，將薛亨扭住就打。賈三等率眾湧往福音堂，將胡紹祖毆斃。羅國俞逃往辰州營署躲避，但營弁「閉門不納，再逃至伍家坪，眾追及，亦擊斃」。

　　教案發生後，知府吳積璽深感大禍臨頭，痛恨百姓「鬧事」，咬牙切齒地說：「百姓要我前程，我便要百姓腦袋」，誣稱「土匪謀叛，報省請兵」彈壓。辰州鄉民聞訊，異常驚恐，謠言一日數起，或謂省兵將至，或謂洋兵將至，「環城十里，無分良莠皆剿」。民眾多數逃避藏匿。「時正秋收，村民散布田隴，偶見軍衣之人，即以為兵至，閧然而遁，禾稻盡棄。婦女夜聞呼聲，棄兒女赤體狂奔。臨驛路數十里，人食不下嚥、寢不安枕者半月。」湖南巡撫俞廉三迫於壓力，於 9 月 5 日下令將辰州

知府、沅陵知縣、總兵、參將、都司一律革職,並委派沅陵東關厘金局總辦何俊廷為知縣。何俊廷奉俞廉三令,緝捕無辜民眾三百餘人。

英國駐華公使向清政府提出抗議,決定由雙方派員共同處理。英國駐漢口副總領事翟蘭思、辰沅永靖兵備道莊賡良及洋務局督辦蔡乃煌會同處理辰州教案。他們到了辰州後,對何俊廷所捕百姓嚴刑逼供,誣斷張白狗、張永太、賈三、王大、尹牛兒、李老大、高老兒、何家二老等十人為「凶手」,定為死罪。其中何家二老年僅14歲,為茶館學徒。莊賡良審問他:「汝係乳臭小兒,亦敢毆斃洋人乎?」他說:「小的平日於洋人畏懼殊甚,焉敢無禮;唯洋人死後,曾踢彼一腳是實,不敢隱瞞。」翟蘭思厲聲喝道:「洋人已死,汝尚踢之,是何心肝?應速斬!」臨刑那天,翟蘭思任監斬官,莊賡良、蔡乃煌陪同前往,用大砲將張白狗等十人轟死,血肉橫飛,粉身碎骨,慘不忍睹!

英國並不甘休,要求嚴懲與教案有關的官吏。11月2日,俞廉三奉「上諭」宣布處理結果:辰州營都司劉良儒斬立決;統領毅字營總兵顏瓊林斬監候;參將張耀奎、趙玉堂革職,永不敘用;辰州知府吳積璽革職,永不敘用,並流放五年;前任知縣萬兆莘充發極邊,永不釋回;新任知縣陳禧年亦革職,永不敘用。此外,賠款英金一萬磅(約合白銀八萬餘兩);將天寧山前後大片土地劃歸洋人建房之用;為打死的傳教士立碑,一面刻英領事致清廷抗議書,一面刻清廷懲辦辰州文官武將的「上諭」。當地人稱之為「屈辱碑」。

辰州教案震驚朝野,影響甚巨。辰州教案之所以爆發,固然是由於列強深入侵略,激化了社會矛盾,更主要是中西文化衝突的緣故。鴉片戰爭以來,中國處處被動挨打,尤其是《辛丑條約》將中國推入了半殖民地社會深淵,每個中國人都有一種強烈的挫折感。幾千年來男耕女織的

第六章　湖湘變局：晚清至民國的風雨動盪

和諧生活被打破，一系列賠款使國家財政出現危機，使民眾稅賦加重，農村經濟凋敝。基督教在不平等條約保護下從沿海向內地迅速擴張。基督教和中國傳統的祖宗崇拜和多神教信仰有著巨大的文化差異，這種文化差異直接或間接激發了社會動亂，導致各地教案層出不窮。

教案起因亦無奇不有，遭水災了認為是教堂建得太高，擋了日頭；遇旱災了認為是有人信教惹怒了龍王爺。且傳教士庇護教徒，參預訟事，引發鄉村內部爭端。在辰州，自東漢至唐，縣衙設有「醫博」，明清設縣醫學訓科。世居於此的辰州人習慣於中醫的「望聞問切」，諳悉中藥的「膏丹丸散」。他們何曾見識過那貼著女人酥胸聽來聽去的「聽診器」？那刺入女人白嫩屁股的「針筒」？因此對那些紅眉綠眼的洋人一開始就懷有敵意。於是，辰州教案的發生就是遲早的事了。

謠傳傳教士投毒不過是愚昧民眾在恐慌情緒下的無端猜測，純屬子虛烏有。疑心蕭張氏那包白粉是傳播瘟疫的毒品也缺乏根據。雖然部分傳教士品行不正，但大多數傳教士是懷著宗教信仰的虔誠來中國傳播教義。兩位英國傳教士具有醫學知識，他們也深知瘟疫的危害性，不會輕易這樣做。當時，西方科學技術突飛猛進，醫學也有重大突破，但尚不能製造某種粉末狀的生化武器。倒是在西元1850年，英國人開始用漂白粉對水源消毒，以阻止霍亂傳播。因此，洋教士交給蕭張氏投往井中的白色粉末也許正是消毒用的漂白粉。辰州民眾卻不解其醫學原理，產生誤解，出現謠言。蕭張氏見自己觸犯眾怒，為了少受皮肉之苦，順著眾意承認是教徒指使，由此引發教案。由此看來，英國傳教士命喪辰州真的是一樁歷史冤案，他們和教案「凶手」一樣，都死於中西文化衝突之中。

辰州教案結案後，湘西傳教士勢力迅速發展。1907年，美國基督教

復初會利用「辰州教案」賠款修建永生堂，正式傳教，並陸續在花垣、茶洞、保靖、古丈、干城、所里和馬底驛、涼水井等地設立支堂和講道所。西班牙奧斯汀建立了沅陵天主教會。1925 年，辰州教區劃歸美國苦難會，轄辰溪、浦市、芷江、漵浦、龍潭、高村、鳳凰、王村、永綏、花垣、安江、保靖、沃溪、柳林汊等分堂。1924 年，國民革命軍師長賀龍炸掉了「辰州教案石碑」。

今沅陵城馬路巷內不到 500 公尺的範圍內，有天主堂、永生堂、清真寺及佛教自圓寺等，雖然這裡教眾信仰有別，所信教教義不同，但大家和睦相處，成為獨具特色的「沅陵宗教街」。可見，經過多年磨合，人們已能理智地對待中西文化差異，心態平和，不再如百年前那樣褊狹排外了。

長沙搶米

湖南為魚米之鄉，所產糧食除供應本省外，每年大量外運。自 20 世紀初岳州、長沙、湘潭、常德開埠以後，日本從湖南購運的稻米數量猛增。1909 年夏，濱湖一帶「淫雨兼旬」，「堤埦十潰八九」，岳、常、澧各屬縣大水災一直延續到秋冬之際。災民「扶老攜幼，男號女啼，遍野沿門，鳩形鵠面，食樹皮、草根、觀音土及糟糠而斃者，所在皆是，大都身無完膚，一息尚存者割以充飢」，甚至出現「生人相食，或殺同伴，或殺己孩，或易子相食」。但「奸商覷得厚利者，紛紛囤積居奇，而不肖官吏復陰與首尾，時時私運出境」。外國列強搶購穀米尤為猖獗。士紳王先謙等聯合布政使莊賡良，要求湖南巡撫岑春蓂禁運穀米出省。「岑撫畏

第六章　湖湘變局：晚清至民國的風雨動盪

外人甚」，沒有答應。此時，長沙四鄉的飢民越來越多，岑春蓂見事態嚴重，電請軍機處轉商外務部批准解除和日、美、英所訂購糧照約，通知各洋行禁運穀米。

按商約規定，禁令要在公布 21 天後才能生效，於是「華洋商販，爭相購運」，「趁此兩旬之內，盈千累萬，連檣下駛」。名為「禁運」，實則「速運」。湘米大量外流，湖南糧荒越益嚴重。此時，距新穀上市尚早，地主奸商囤積，米價扶搖直上，一日數漲。往年，長沙米價每石二三千文，此時猛增至七八千文，各米店皆懸牌書「早晚市價不同」。本地居民嗷嗷待哺，外地湧來的飢民更無食可乞。長沙街頭，「老弱者橫臥於巷，風吹雨淋凍餓以死者每日數十人」，「婦女無處行乞，母子相抱而泣，或將三五歲小孩忍心拋棄，幼孩餓極，便取街道糞渣食之」。數以萬計的飢民求生不能，只能鋌而走險。

1910 年 4 月 11 日，南門外有一位靠挑賣河水營生的貧民黃貴蓀，其妻攜八十文錢前往碧湘街戴義順碓坊買一升米，店主以其中有幾文錢是爛錢而拒收。黃妻又乞得幾文錢，再去買米，而此時米價又漲五文，仍無法買回一升米。氣憤之下，跳老龍潭自盡。黃某趕來，痛不欲生，攜小孩一同投水而死。這一悲劇激起民眾的無比同情和悲憤。翌日，一老婦在南門外碧湘街鄒姓碓坊買米時亦遭遇類似境況，老婦斥店主無理，店主反唇辱罵。鄰眾聞聲趕來，盛怒之下，搗毀碓坊，搶光稻米。巡防隊趕來彈壓，並稟報善化知縣郭中廣。郭至碧湖街被民眾團團圍住，眾怒難犯，只得婉言開導，「擔認平糶，約以翌午為期」，才得以脫身。

4 月 13 日，岑春蓂責令巡警道賴承裕緝拿「滋事」民眾。賴承裕率緝勇將劉永福送巡警公所收押。當局不開倉平糶反而拿人，民眾更加憤怒，擁至里仁坡鼇山廟巡警分局要求放人。賴承裕率兵勇前往訓示，並

威脅說「如不解散，當照亂民懲辦」。民眾怒不可遏，蜂擁向前，摘掉賴的翎頂官帽，將其捆吊在樹上，飽以老拳。副將楊明遠上前救護也被毆傷，所帶差勇潰散。此時，賴承裕一名親兵急中生智，脫去號衣混入人群中，詭稱毆之無益於事，不如將其扭送撫署找岑春蓂論理，隨即背起賴承裕奔馳入城。民眾不知是詐，跟著來到了巡撫衙門。憤怒的民眾忍無可忍，打轅門，毀照壁，鋸旗桿，搗石獅，有的人直向內堂衝擊。岑春蓂下令開槍，當場打死飢民十餘人，傷數十人。飢民憤恨至極，擁向街頭，一夜之間將長沙各家米店、碓坊堆疊存米一搶而空。警兵站崗的木棚也被搗毀，各業工人分頭至街道鳴鑼，囑咐各鋪戶次日一律罷業。

4月14日，撫院門前圍聚的民眾越來越多，有的擁入撫署大堂。岑下令軍隊開槍，打死二十餘人。憤怒的民眾火燒巡撫衙門，頓時撫署內號房、賚奏廳、文武巡廳、大堂、二堂等處濃煙滾滾，火焰沖天。之後，飢民對教堂和洋行等發動了全面衝擊，被焚燒搗毀的機構有四十餘處，如英國太古洋行和怡和洋行，德國德宜公司和立朋聚爾教堂，美國聖公會、遵教會、信義會等教堂以及英美菸草公司，挪威路德教堂，日本領事署、三井洋行、日本郵便局等。大清銀行、官錢局、長沙稅關、府中學堂及中路師範學堂也被焚燒或搗毀。據日清汽船會社上海支社報告：「統率各街亂民的，每處僅三四人，皆以青布包頭，身穿青色短衣，赤腳行走，身材短小精悍，又甚為矯捷，登高跳躍如履平地。其語言與長沙居民不同，不易與人交談，奔走時左手持石油罐，右手拿火把或鐵棍，若有居民請求他們停止放火，則僅點頭應之。」據載，4月15日「初更後，各段屋頂忽疾走有聲，居民登樓眺望，有匪人頭紮青巾，身穿青衣，兩手持有凶物，吆喝兜拿，竟以未能用武，逸去」。可見，這些頭裹青巾、身著青衣青褲、動作迅捷的青兵充當暴亂指揮，焚燒教堂、衙

第六章　湖湘變局：晚清至民國的風雨動盪

門、洋館，暴動一結束，一溜煙地失去了蹤影。據說，這些青兵就是十年前在京津地區反洋的義和團團民。

當官民衝突進入高潮時，布政使莊賡良一面慫恿王先謙等士紳電請清廷撤換岑春蓂，一面唆使嘍囉喬裝成「飢民」，扛著寫有「眾紳公議，平糶申冤，藩臺擔保，諸君請退」的高腳牌「遊街曉諭」，並應允撫卹死傷者，企圖以偽善手段籠絡人心，平息風潮，擠走岑春蓂，以取而代之。4月15日，莊賡良以代理巡撫身分對民眾進行殘酷鎮壓。劊子手們打著「放火搗亂者，就地立殺無赦」的高腳牌，在大街小巷肆意殺戮。數日內，「無辜受戮者，時有所聞」。風潮發生以後，清政府一面電令湖廣總督調派鄂軍，馳赴湖南，幫同鎮壓；一面令海軍處「速為酌派兵輪，多配砲彈，克日馳往長沙一帶」。4月16日，英、日、美、德等列強亦從上海、廈門、武漢調來十餘艘兵艦，幫同鎮壓。於是，轟轟烈烈的長沙搶米風潮被中外聯合血腥鎮壓下去。事平後，日、英、美、法、德、挪六國勒索八十八萬兩白銀，以常寧水口山、龍王山銀礦作抵，先由大清銀行墊付。

坡子街劣紳葉德輝

自1904年開埠後，長沙迅速成為湖南對外貿易的中心。長沙城外湘江沿岸碼頭遍布，帆船雲集。城內南區商業繁盛，坡子街為南區商業中心和交通要道。坡子街東起紅牌樓，西至德興街，直通小西門，門外即為日清輪船公司碼頭。從湘江上岸的旅客、官員和貨物進入城內大都經過坡子街。坡子街有很多會館和老字號，火宮殿和福祿宮是兩處最重要

的建築物，前者為市民公共活動場所，後者為長沙錢業組織，是長沙的金融中心。這裡，葉德輝家族的老字號「葉公和」實力雄厚。

葉德輝（西元 1864～1927 年），字奐彬，清末著名的版本學家和藏書家。其先祖從江蘇吳縣遷至長沙經商，世居於坡子街。為應考科舉，葉德輝曾捐得湘潭縣籍，於西元 1892 年中進士，任吏部主事，不久便乞養回湘，從此不再出仕，只擔任長沙商團團長。葉德輝曾自詡道：「鄙人自幼生長坡子街，祖遺商號葉公和，生聚於此者四世。前清光宣兩朝，即為本街之總理，遇有街團公事，經眾議定，向由葉公和偕同新舊值年，領銜對付，不自今日始也。」可見坡子街是葉家地盤。不僅如此，葉德輝還是長沙府城聲名顯赫的權紳。在當時長沙士紳中，權勢強大與資產雄厚方面首推張祖同、葉德輝，在文教領域名望著者首推王先謙和孔憲教。他們關係密切，在清末民初的坡子街地方政治變革中，演出了一幕幕爭權奪利的活劇。

西元 1895 年，陳寶箴出任湖南巡撫，推行維新改革。起初，王先謙和葉德輝予以支持，參與創辦和豐火柴公司與寶善成機器製造公司。1897 年初，王、葉對改革開始不滿，寶善成機器製造公司亦改為官辦。1898 年 7 月，陳寶箴仿效西方警察制度，廢保甲組織，創辦保衛局，以加強官府對地方的管治，這也是中國最早的警察局。根據《湖南保衛局章程》，保衛局下轄四分局，局長由同知通判擔任，副局長由紳商擔任。各分局下轄六所小局，小局下設小分局。各小分局設巡查長 1 人，巡查吏 2 人，巡查 14 人。巡查每日至轄區街道巡邏，逮捕盜賊，管理市容。保衛局經費主要來自商舖捐。保衛局的設定使地方官府管治權力延伸到了街道，也直接危及街團士紳的權威和利益。他們極力抵制，先在南門正街毆打巡警，繼而搗毀三處分局，還鼓動京官徐樹銘、黃均隆彈劾陳

第六章　湖湘變局：晚清至民國的風雨動盪

寶箴。同年9月戊戌政變，陳寶箴革職，各項新施政隨之取締。保守派暫時獲勝，但葉德輝與地方政府的關係日漸惡化，其權力和地位不斷受到挑戰。

辛丑年後，清廷推行新政改革。原來受迫害的趙爾巽、陳寶箴及其部下重新起用。1904年，湖南巡撫趙爾巽成立湖南礦務總公司，由黃篤恭、蔣德鈞、黃忠浩分任各路經理，逐漸將王先謙等人排擠出湖南礦業。在湖南立憲籌備初期，王先謙曾是重要的領袖。在1909年湖南省諮議局正式成立時，王先謙和葉德輝等人卻被排擠在外。原因是曾被革職的熊希齡得以免罪重新起用，並出洋考察憲政，他參奏了王、葉的胡作非為。在隨後的保路運動中，王先謙和葉德輝的影響力不斷衰減，與地方政府的關係日益疏遠，矛盾越益尖銳。長沙搶米風潮則是葉德輝等人利用手中的經濟勢力對官府的反擊。

1910年4月13日，民眾不滿米價高漲，聚集於長沙城南，要求地方政府干預米價。長沙警察企圖鎮壓，結果巡警道被民眾毆打。翌日，全城罷市。長沙知府邀集葉德輝組織城廂各都團在席氏家祠開會，商討善後辦法，結果不歡而散。葉德輝等為報復官府，拒絕平抑米價，反而興風作浪，不斷漲價，藉民眾暴動向地方政府施加壓力，使其改組。正如時評所說：「湘省頑舊之士，對於是變，頗存幸災樂禍之意，將藉以洩其舊忿」，此「不唯為官民衝突之問題，而實為新舊交戰之現象」。由於官府無力平抑米價，暴亂升級，市民搗毀米店，搶劫外商機構，衝進巡撫衙門，焚毀衙署。巡撫岑春蓂請旨被撤職，布政使莊賡良在同鄉葉德輝支持下繼任。4月15日，莊賡良與團紳開會，要求團紳對暴亂民眾格殺勿論，出動巡防營和新軍重整治安，局面逐漸平定。但朝廷並不希望士紳插手平亂，改任湖北布政使為湖南巡撫，從湖北抽調新軍至湖南鎮

壓，追究當事人責任。湖廣總督端方奏請朝廷嚴辦葉德輝等人。朝廷以葉德輝積穀不肯平糶，為富不仁，革其功名，交地方官看管。王先謙及其同黨被革除功名，降職處分。

長沙光復之初，焦達峰任湖南都督。隨即，譚延闓發動政變，殺害焦達峰，繼任都督，立憲派控制了湖南政局。黃興為穩定局面，要求革命黨人支持譚延闓。1912年10月31日，黃興返抵長沙，像開國元勛一樣受到歡迎。輪船抵岸，譚延闓親率各界代表至江邊迎接，鳴禮炮二十一響，三呼萬歲。黃興從小西門上岸，騎馬經坡子街進入長沙城。為表示對他的尊敬，譚延闓特將小西門改稱黃興門，將坡子街改稱黃興街。在此後50天期間，黃興開展各種政務活動，會見湖南各界名流，發表演說，對實業、鐵路和市政提出諸多建議，結果又激化了地方政府與葉德輝等街團紳士的矛盾。

1913年1月初，譚延闓按黃興建議，撥銀六萬元為創辦經費，以城區糞肥捐為常辦經費，由新派紳士龍璋負責，將城隍廟改辦為貧民工藝廠。糞肥捐是街紳的重要財源，城隍廟是士紳權力的象徵物，因此此舉激起了葉德輝的強烈反對。葉德輝遍發傳單，250團團總召集七百餘人集會於火宮殿，商議辦法。他們致函都督，反對設立貧民工藝廠，要求保護城隍廟。由於葉德輝的阻撓，貧民工藝廠被迫改建於城東瀏城橋側。可見，葉德輝在街區內仍有很大聲望。

1913年3月，宋教仁被刺，長沙的國民黨人紛爭不已，譚延闓統治並不穩固。葉德輝卻幸災樂禍：「湘省亂後，焦、陳皆熟人，皆入洪會，久不通來往。新軍將領、報館主筆，皆有知交間接，故無人侵犯。近自宋教仁被刺，湘亂餘孽倡言獨立，兵柄已落此輩之手。舊時統兵，或解散，或出鎮，以致若輩橫行，譚延闓俯首聽命。數月以來，累有謠言，

第六章　湖湘變局：晚清至民國的風雨動盪

欲與輝及葵園先生為難，近已從鄙人發露。」5月，葉德輝撰寫〈光復坡子街地名記〉，並使人沿街派發。該文首先說坡子街為長沙繁富之地，不能以一人之緣故輕易改名；接著暗罵黃興並非開國君主，斷無以其名命街道之理，並說長沙很多地方以婦女、名妓、雞鴨等命名，藉此諷刺黃興。葉德輝如此囂張，矛頭既指向國民黨人，也譏諷譚延闓無能。

1913年5月26日，譚延闓命唐蟒率兵至坡子街捉拿葉德輝。在押送途中，「所過街市，街眾無不駭異，登時聚議，首先具一保狀，由各街鋪蓋用圖記，一面聚眾尾追。適過巡警南署，葉即大聲呼救，奔入署中，兵士亦隨之入署。街眾數百人亦先後擁入，齊向署長宣告，謂葉某為全城商團團長，火宮殿為全城商團公廟，今葉某無論犯有何罪，請由街團擔保，暫行接至火宮殿，如都督定要到案，再由街團交出云云。署長見人數眾多，亦不敢負此責任，遂督同警長，將葉送至火宮殿，有街團前後擁護。兵士亦隨後追趕至該廟，已有數千百人，紛紛聚議，有謂須全體罷市者，有謂須與械鬥者，頗有暴動之勢」。最終，葉德輝在商人保護下安全離開長沙，避往漢口。不久，袁世凱爪牙湯薌銘督湘，葉德輝返回長沙。

此後，葉德輝還風光過一陣，仍為坡子街領袖，左右地方事務，出任湖南籌安會、湖南教育會會長。1927年，北伐軍到達長沙，成立農會，請時任長沙總商會會長的葉德輝撰寫對聯。他居然一揮而就：「農運方興，稻粱菽麥黍稷，一班雜種；會場擴大，馬牛羊雞犬豕，六畜滿堂。」革命黨人將其捉拿處決。

民主鬥士宋教仁

宋教仁（西元 1882～1913 年），字遯初，號漁父，常德桃源縣八字路鄉上坊村（今漁父村）人。17 歲入桃源漳江書院，淡泊科舉功名，關心天下大事，萌生反清思想。1903 年，他以優異成績考入武昌普通中學堂，加入吳祿貞組織的反清革命團體。是年 8 月，黃興從日本歸國，途經武昌，與宋教仁相識，並結為摯友。不久，黃興因在兩湖書院發表激烈反清言論，被驅逐出境。宋教仁也與黃興回湖南開展革命活動，並在長沙、常德一帶聯絡。1904 年 2 月，宋教仁參與籌創華興會。同年 7 月，宋教仁至武昌以「科學補習所」作掩護，在新軍和學校中開展革命活動。是年，華興會策劃於慈禧七十壽辰時在長沙、岳州、衡陽、寶慶、常德同時起義，宋教仁負責常德的組織發動工作。10 月初，他在常德筆架城被會黨推為龍頭，指揮起義。後起義失敗，宋教仁經武漢、上海潛赴日本。

1905 年 6 月，宋教仁入日本政法大學學習，在東京創辦《二十世紀之支那》，鼓吹革命。8 月，在孫中山倡導下，宋教仁參與創立了中國同盟會，將《二十世紀之支那》改為同盟會機關報《民報》。1906 年 2 月，宋教仁入早稻田大學預科班。翌年春，宋教仁回國籌建同盟會遼東支部，策動瀋陽起義。在此期間，他獲悉日本企圖吞併「間島」，於是查閱大量典籍，撰寫《間島問題》，充分論證間島及延吉地區自周秦以來即中國固有領土。日本政府聞知此事，欲以五千巨金索購書稿。宋教仁將書稿轉遞袁世凱，清廷如獲拱璧，對日談判獲勝。袁世凱酬謝兩千圓，宋教仁將錢資助窮困留日學生，聲名大振。

1910 年底，宋教仁返抵上海，于右任聘其為《民主報》主筆，他以

第六章　湖湘變局：晚清至民國的風雨動盪

「漁父」為筆名撰文宣傳革命。次年7月，宋教仁與譚人鳳、陳其美在上海組建同盟會中部總會，任總務幹事。他派人往來於上海、兩湖之間，發展中部同盟會分會，籌餉，購買軍械，推動了武昌起義的爆發。武昌首義後，宋教仁在上海大造聲勢，敦促各國政府對中國革命嚴守中立，並爭取民眾支持。10月28日，宋教仁與黃興抵達武漢，著手地方政權建設，起草《鄂州約法》。這是中國歷史上第一部共和制性質的憲法，展現出近代民主精神。11月13日，宋教仁赴南京開闢新局面。12月7日，成立江蘇都督府，宋教仁任政務廳長。1912年元旦，南京臨時政府成立，宋教仁任法制院院長，起草《中華民國臨時政府組織法》，為《臨時約法》藍本。

孫中山讓位袁世凱後，宋教仁就任唐紹儀內閣農林總長。為實現其政黨政治的理想，他籌辦《亞東新報》，以「監督政府，指導國民，鞏固共和政體，注重民國主義」。7月上旬，因不滿袁世凱破壞《臨時約法》，辭農林總長職務。21日，同盟會本部召開夏季大會，宋教仁當選為總務部主任幹事，成為同盟會的實際主持人。8月25日，宋教仁以同盟會為核心，聯合國民公黨、國民共進會組成中國國民黨，選孫中山為理事長，宋教仁當選為理事，主持北京國民黨本部。10月18日，宋教仁南下省親，沿途宣傳自己的政治主張，誓與專制獨裁勢不兩立。此時，各地選舉有利於國民黨，最終獲勝似成定局，宋教仁當選為內閣總理的呼聲也很高。

1913年3月，國民黨在國會選舉中獲大多數席位。袁世凱感到來自宋教仁和國民黨的威脅。為拉攏宋教仁，袁世凱先請他任內閣總理，條件是放棄政黨內閣主張，繼而用金錢賄賂，都被堅決拒絕。袁世凱於是派爪牙在報刊上惡意攻擊宋教仁，並密謀以暗殺手段除去政敵。1913年

3月上旬，宋教仁剛抵達上海，便接到袁世凱「即日赴京，商決要政」的急電。3月20日晚10時，他在上海火車站與送行的黃興、于右任、廖仲愷等人握別後，正要登車，被袁世凱的刺客擊中。22日凌晨，宋教仁與世長辭，時年32歲。孫中山聞此噩耗悲痛欲絕，作輓聯哀悼：「作公民保障，誰非後死者？為憲法流血，公真第一人！」25日，孫中山從日本趕回上海，宣布興兵討袁。黃興輓聯怒斥袁世凱：「前年殺吳祿貞，去年殺張振武，今年又殺宋教仁；你說是應桂馨，他說是趙秉鈞，我說確是袁世凱。」譚人鳳稱頌宋教仁「破壞建設一身肩，有思想，有學問，有才能」，為一大政治家。梁啟超譽他為「中國現代第一流政治家」。

宋教仁之死，宣告了辛亥革命黨人在中國實行民主憲政的失敗，導致了國民黨的瓦解，也宣告了革命黨人與袁世凱的徹底決裂，引發了二次革命與護國戰爭。宋教仁在20世紀初年掀起了一股民主旋風，成為中國民主憲政史上一道最壯麗的風景，其英名將永載史冊。

百年湘雅

「北協和，南湘雅」。早在1925年，長沙湘雅與北京協和就是中國兩所條件最優越的西醫學院。湘雅的「湘」即湖南簡稱，「雅」即美國雅禮會縮寫。湘雅醫學院是湖南與雅禮會合作的結晶。

美國基督教雅禮會前來長沙辦醫院，是由湖南人特殊的排外情緒激引過來的。19世紀末期，湖南的反洋運動非常激烈，尤其是寧鄉人周漢刻印散發了大量漫畫、彈詞等反洋教宣傳品，流布全國，影響極大。他宣稱世間只有儒、釋、道三種正教，其餘皆為「邪教」、「妖教」，號召國

第六章　湖湘變局：晚清至民國的風雨動盪

人崇正黜邪，殺身報國，衛道保種。其宣傳品曾對義和團滅洋風潮產生過巨大煽動作用，也極大地刺激了湖南的反洋教運動。1900年，八國聯軍占據京津，湖廣總督張之洞、兩江總督劉坤一、兩廣總督李鴻章推行「東南互保」，南方各省大都平靜，唯獨湖南接連發生了衡州教案、辰州教案、賀金聲反洋教運動等，表現出強烈的仇洋情緒，這與周漢的反洋教宣傳密切相關。

湖南人頑固排外的名聲遠播，在大洋彼岸的耶魯大學（創辦於西元1701年的教會大學）有一群倔強的年輕人，發誓要在中國最保守排外的湖南將基督教精神發揚光大，並在1902年募集1.7萬美元，制定了耶魯中國計畫（Yale in China），仿照牛津、劍橋大學在印度設立傳教會的方式在中國設立雅禮會。「雅禮」二字出自中國儒家經典《論語·述而》「詩、書、執禮，皆雅言也」，恰好和「耶魯」（Yale）諧音。他們認為在湖南直接傳教肯定行不通，必須採取迂迴之術，可以先行創辦醫學校，傳播醫學，以此為掩護，最終達到傳播基督教、使「中華歸主」的目的。

20世紀初年，雅禮會先後派遣德士敦（John Lawrence Thurston）和畢海瀾（Harlan Page Beach）博士來中國考察創辦醫學校的可行性。1903年，在湖南的十個基督教會代表集議邀請耶魯大學傳教會來湘辦學，以「啟迪民智」。雅禮會經深入論證，認為湖南地處華中腹地，轄區內有2,100萬人口，並可影響全國，方案可行。於是先派曾在明德中學任教的席比義（Warren Seabury）前來與長沙教育界人士接洽。但他尚未來得及在長沙辦醫學校，就在廬山牯嶺休假時溺水身亡。

雅禮會繼而聘請在印度孟買行醫的愛德華·休謨博士（Edward H. Hume）。休謨在孟買生活多年，在當地創辦了醫院，已視印度為第二故鄉，起初不願意前往陌生的湖南。雅禮會承諾為休謨在長沙創辦一所設

施完備的現代化醫院，將來甚至可以與其母校美國約翰·霍普金斯醫學院相比。年輕有為、事業心強的休謨怦然心動，於1905年攜妻兒乘輪船而來，時年29歲。他首先請長沙人楊熙少為家庭教師，學習漢語，熟悉長沙民俗風情。他還取了一個中國式名字：胡美，即「湖南－美國」的合稱，也與Hume諧音。他謙和有禮，與中國人交流時常躬身自我介紹：「敝人姓胡，名美。」

胡美初來乍到，事業起步艱難。1905年以後，湖南相繼爆發了抵制美貨運動和萍瀏醴會黨起義，胡美第一次見識了湖南人排外意識的激烈。湖南巡撫俞廉三迫於民眾壓力，頒布了不得將長沙城內土地售予洋人的禁令，胡美只得租賃小西門西牌樓的中央旅館，稍加修葺，掛出了雅禮醫院的牌匾，並謹慎地在門前裝上了高大的鐵柵欄，以防「暴民」的衝擊。接著，他又在雅禮醫院對面創辦了雅禮學堂，首期招收53名男生，是為今天長沙雅禮中學前身。胡美兼任醫院院長、唯一的醫生、雅禮學堂校長，他的妻子洛塔是唯一的助手。

由於湖南人出了名的保守以及中西醫迥異的治療方式，胡美起初居然找不到治療對象。他先是邀請窮人免費為其治病，但窮人寧願忍受病痛折磨，也不願意受洋人「宰割」。胡美經常到街上「拉客」。他堅信只要有一人讓他治了病，就不愁沒有第二個人來。終於從街上拉來了一位患癤毒的乞丐，胡美為其切開膿瘡，排膿消毒，上藥包紮。不少市民早已聞風而至，前來圍觀。如果乞丐萬一發生意外，他們就要找胡美算帳。後來，乞丐頭上雖留下了淺紅的疤痕，卻痊癒了。人們開始對胡美的醫術半信半疑，有些膽大的則偷偷溜進來找他診治中醫久治不癒的病症，胡美由此聲名遠播。最初四年的工作卓有成效，經他治癒的病人奔走相告，口碑很好。1910年，長沙爆發搶米風潮，不少洋行、教堂、領館、

第六章　湖湘變局：晚清至民國的風雨動盪

學校被砸毀，胡美及雅禮學堂卻在民眾的保護下安然無恙。

不久，雅禮會又物色到了在耶魯留學的顏福慶，派他前來做胡美的助手。顏福慶出生於上海江灣一個牧師家庭，曾赴南非金礦為華工擔任礦醫，1909年在耶魯大學醫學院攻讀博士學位。其時，他遇到了經濟困難，獲雅禮會資助，條件是畢業後去長沙雅禮醫院工作。顏福慶的到來，使孤軍奮戰的胡美大受鼓舞。

1911年長沙光復後，譚延闓執掌湖南軍政大權。其時，譚延闓母親李太夫人患了大葉性肺炎，多方延醫問藥毫無效果。譚延闓為此憂心如焚。有人建議他延請西牌樓洋醫試試，於是胡美和顏福慶來到了譚府，聽診，量體溫，詢問病史，開了些消炎退燒藥，囑咐病人靜臥休養並多飲水。幾天後，李太夫人痊癒。譚延闓大喜過望，視胡、顏為「神醫」，到處宣揚。從此，三人結為莫逆，並籌劃在長沙創辦醫科大學。

1913年7月，譚延闓以省政府名義與雅禮會簽訂草約，計劃在長沙創辦湘雅醫科專門學校，省政府支銀二十萬元，以後每年支銀五萬元，雙方共同在北門外麻園嶺購地七十畝，建築校舍。當譚延闓將草約呈報北洋政府備案時，卻遭到湖南留日歸來的醫護人士的強烈反對。北洋政府以地方政府尚無與外僑團體訂約的先例，不予批准。譚延闓聯絡35名湘籍名流、政要成立了湖南育群學會，決定以民間團體名義與雅禮會合作辦校，繞開北洋政府禁令。

1914年9月，湖南育群學會代表省政府與雅禮會實踐前約，在潮宗街創辦湘雅醫學專門學校，顏福慶出任校長，胡美任湘雅醫院院長兼學校教務長。胡美和雅禮會的夢想經過八年的努力終於實現。胡美隨即攜妻子返回美國，以募集更多的辦學經費。他首先鎖定了耶魯校友、大慈善家哈克尼斯。經他耐心誘導，哈克尼斯慷慨解囊，並建議按最高標準

（即歐美甲種醫科大學標準）將湘雅創辦成世界一流的醫學院。胡美馬到成功，在哈克尼斯資助下，購買了大量先進的醫療設備。

當胡美趕回長沙時，譚延闓已被袁世凱解職，新任都督是北洋系湯薌銘。經視察後，這位曾留學日本的湯都督對湘雅醫學院非常滿意，答應按前任的承諾繼續資助。不久，袁世凱垮臺，譚延闓回湘主政。但好景不長，皖派傅良佐和張敬堯先後督湘。湘雅醫學院就在這種動盪的政局中艱難發展，增辦了護士學校，招收女生。至「五四」運動前夕，湘雅的教學和實驗條件基本上接近了霍普金斯醫學院的水準，有扎實的基礎課程、合格的專任教師、完善的實驗設備、充足的實習課時、良好的臨床基地，並全部採用英語教學。首批學生已畢業，由於要求嚴格，淘汰率很高，張孝騫就是其中的佼佼者。1920年，醫學專科學校遷入麻園嶺新校區，各年級合計近50人，他們成了中國現代醫學的火種。

其時，湘雅學校推行誠實制度（Honor System），即每次考試時無人監考，教師出好試題後就離開，由最後的學生收齊試卷送交教師。一般無人舞弊，但一旦發現舞弊，則處罰嚴厲，甚至開除學籍。透過這種誠信教育，讓學生養成自制、自尊、誠實的品格。湘雅還教育學生尊重生命和人格。上解剖課時，師生首先要對死者鞠躬致敬，由此潛移默化，培養學生高尚的醫德。

「五四」時期，湘雅學生領袖李振翩主辦《新湖南》。因言論激進，《新湖南》被當局查封。他們組織代表團赴京請願。1920年，張敬堯離開湖南，譚延闓回湘主政。不久，趙恆惕繼任，仍然執行與雅禮會的合約，每年撥款。1924年十年合約期滿，經北京政府核准，續約十年。1925年，上海發生五卅慘案，湘雅學生罷課兩天，由於有趙恆惕庇護，胡美未受衝擊。

第六章　湖湘變局：晚清至民國的風雨動盪

　　1926年7月，唐生智率北伐部隊攻取長沙，學潮高漲，長沙學生聯合會決定槍決頗具影響的胡美。顏福慶女兒得知此事，轉告胡美。湘雅董事會議決所有外籍人士迅速撤離長沙，湘雅事務由顏福慶主持。在趙恆惕士兵的護送下，胡美等人搭火車撤往武漢。此後，胡美輾轉回國，趙恆惕下野，顏福慶也前往北京協和醫學院，湘雅醫學院停辦。直到1929年，何鍵為湖南省長，湘雅重新招生，湘雅首屆畢業生張孝騫擔任醫學院院長。

　　雅禮會原本是要在湖南傳播基督福音，卻種瓜得豆，在這塊原不知西醫為何物的土地上留下了現代醫學的火種。這微弱的火種在日後仍要歷經磨難，但再也不會熄滅。抗日戰爭中，湘雅遷往貴州，1945年遷回長沙，在廢墟上從頭再來。多年來，湘雅成了湖南人的驕傲，成了無數患者的救星。今天，不知還有多少人記得胡美，知曉湘雅的來歷？

蔡鍔韜光養晦

　　蔡鍔（西元1882～1916年），原名艮寅，字松坡，出生於邵陽縣親睦鄉（今邵陽市大祥區蔡鍔鄉蔡鍔村）一貧寒家庭。5歲時，舉家遷往武岡州山門洪廟（今洞口山門鎮）。蔡鍔10歲時讀完「四書」、「五經」，能出口成章，被譽為「神童」，13歲中秀才。西元1898年，蔡鍔考入湖南時務學堂，在同班40名學生中年齡最小，每次月考成績皆優，所作試卷曾在《湘報》發表，為教習梁啟超、唐才常等人器重。他積極參加以「講愛國之理，求救亡之法」為宗旨的南學會活動。戊戌政變後，他應梁啟超之邀東渡日本，先入東京大同高等學校學習日語，研究政治、哲學，稍後又考入

橫濱華商創辦的東亞商業學校，受西方民主學說影響，思想日趨激進。

1900年秋，蔡鍔回國參加唐才常組織的「自立軍」，準備發動反清起義。不料事洩，唐才常遇難。蔡鍔十分悲痛，改名「鍔」，取「砥礪鋒鍔，重新做起」之意。同年，他重返橫濱，投筆從戎，轉入陸軍成城學校。1902年，蔡鍔畢業於成城學校，與黃興結交，參與《遊學譯編》編撰活動。同年2月，他在《新民叢報》發表〈軍國民篇〉，強調普及國民軍事教育，習兵尚武，實行軍事救國。8月入仙臺騎兵第二聯隊實習，11月考入東京陸軍士官學校（第三期）。他思想活躍，成績突出，與同學蔣百里、張孝准合稱為「士官三傑」。

1904年，蔡鍔回國，在上海應章士釗之邀，參加華興會。次年正月返湘，應巡撫端方之聘，任新軍教練處幫辦，兼武備、兵目兩學堂教官。他講解精闢，技藝嫻熟，要求嚴格，深受官兵敬佩，被譽為「人中呂布，馬中赤兔」。1910年，蔡鍔任廣西講武堂監督，以「淡泊明志，夙夜在公」為座右銘。1911年7月，蔡鍔為新軍第19鎮第37協協統（旅長），開始按自己想法改造和訓練滇軍。武昌首義之後，蔡鍔發動「昆明重九起義」，被推為雲南軍政府都督。他積極革除弊政，整頓財政，裁減軍隊，興辦教育，開發實業，使雲南萬象更新。針對列強覬覦西南地區，他制定《五省邊防計畫》，對滇、黔、桂、粵、川五省在抗擊英法時的任務分割槽、兵力部署等提出了具體方案。

1913年，袁世凱當政，為削奪蔡鍔兵權，將其調入北京，委以虛職，暗加監視。蔡鍔仍認真修訂了以前所作《軍事計畫》，編譯中外經界圖籍，撰寫《經界法規草案》，短期內編纂了《中國歷代經界紀要》、《各國經界紀要》等書。1915年，袁世凱為復辟帝制，接受日本提出的「二十一條」，並指使籌安會鼓吹「君主較民主為優」。蔡鍔對袁世凱的倒

第六章 湖湘變局：晚清至民國的風雨動盪

行逆施非常氣憤，決心以武力「為四萬萬人爭人格」。他與雲南都督唐繼堯信使往返，密電聯絡，準備反袁；又託病至天津就醫，與梁啟超密約：「失敗就戰死，絕對不亡命。成功就下野，絕對不爭地盤。」並擬定了赴雲南發動武裝討袁的策略部署：「雲南於袁氏下令稱帝後即獨立，貴州則越一月後響應，廣西則越兩月後響應，然後以雲貴之力下四川，以廣西之力下廣東，約三四個月後，可以會師湖北，底定中原。」這是符合當時客觀實際、頗具膽識的策略構想。

此後，蔡鍔精心策劃了種種假象，迷惑袁世凱，以逃出其掌控。他將自己裝扮成一個浪蕩之徒，搓麻將，喝花酒，逛妓院，與雲吉班名妓小鳳仙整日廝混，還與小鳳仙對聯傳情：「不信美人終薄命，古來俠女出風塵」，「有美一人鳳兮鳳，與卿同夢仙乎仙」，「此地之鳳毛麟角，其人如仙露明珠。」由於蔡鍔母親與夫人都在北京，對其出逃非常不便。他有意利用與小鳳仙的關係，製造家庭不和的假象，甚至請求袁世凱親信為自己找房子，聲稱要「金屋藏嬌」。同時，他還經常在公共場所與夫人吵架，夫人趁機賭氣與母親回了湖南。袁世凱得知這些情況，覺得蔡鍔墮落成性，昏然無能，實在不足為慮，戲稱他為「風流將軍」。

蔡鍔見時機已基本成熟，便開始實施逃離計畫。1915年11月11日，蔡鍔攜小鳳仙至中央公園來今雨軒飲茶，跟蹤的密探裝扮成遊客坐在旁邊茶桌。少頃，蔡鍔佯裝上廁所，密探見其衣物留在原地，料他不會走遠。豈知蔡鍔直奔府右街同鄉曾鯤化家中，男扮女裝，由曾家廚師和馬夫用轎子抬到崇文門火車站，送上直達天津的列車。袁世凱得知消息後，仰天長嘆：「我一生騙人，不料竟被蔡松坡騙過了！」不久，蔡鍔在孫中山、黃興等革命黨人幫助下，東渡日本，又經上海、香港、越南輾轉回到雲南，途中多次擺脫袁世凱刺客的阻擊。

1915年12月12日，袁世凱稱帝，改用「洪憲」年號。12月25日，蔡鍔與唐繼堯宣布雲南獨立，武裝討袁，唐繼堯任雲南軍政府都督，蔡鍔任護國軍第一軍總司令。1916年元旦，袁世凱正式登基。蔡鍔抱病率部北伐，在川、黔護國軍配合下，運用近戰和迂迴包抄等戰術，擊敗數倍於己的北洋軍。在他影響下，各省亦紛紛樹旗反袁。袁世凱眾叛親離，被迫於3月22日宣布取消帝制，6月6日抑鬱而終。蔡鍔作聯語譏諷袁世凱：「辛亥革命，你在北，我在南，野心勃勃，難容正人，懼我怕我，竟欲殺我；海內興師，上為國，下為民，雄師炎炎，義無反顧，罵你笑你，今天弔你。」7月6日，黎元洪總統任蔡鍔為四川都督兼署民政長。7月29日，蔡鍔到成都視事，全城掛國旗，各界人士列隊歡迎。他著手整編川軍，統一財政。終因積勞成疾，喉疾惡化，於9月赴日本就醫。11月8日上午，蔡鍔病逝於福岡醫院，年僅34歲。

　　噩耗傳來，舉國悲痛。12月21日，國會追認蔡鍔為上將軍。孫中山親書輓聯：「平生慷慨班都護，萬里間關馬伏波。」小鳳仙聞蔡鍔逝世，悲痛欲絕，作輓聯：「萬里南天鵬翼，君正扶搖，那堪憂患餘生，萍水姻緣成一夢；幾年北地胭脂，自悲淪落，贏得英雄知己，桃花顏色亦千秋」。1917年4月12日，以國葬典禮將其遺體安葬於嶽麓山。蔡鍔墓占地1,620平方公尺，由塚、碑、石祭器等組成，花崗石墓碑高6公尺，正面嵌銅板，上刻「蔡公松坡之墓」。墓四周嵌有24副當時軍政要人撰寫的輓聯。白鶴泉下有蔡鍔墓廬，布置文物圖片。蔡鍔墓現為中國國家級文物保護單位。1937年，長沙築蔡鍔路。2007年初，蔡鍔路開闢共和廣場，樹立蔡鍔銅像。洞口縣也闢有蔡鍔廣場。洞口山門的蔡鍔故居武安宮原為寶慶商幫會館，建於西元1682年，蔡鍔好友曾募資將其擴建，命名為「蔡鍔公館」，現闢為蔡鍔紀念館。

第六章　湖湘變局：晚清至民國的風雨動盪

黎氏八駿

　　湘潭縣曉霞鎮石潭壩黎莊有黎松庵（西元 1873 ～ 1953 年），名培鑾，晚清秀才。其妻黃賡，慈祥溫順，知書達理，擅長家政和書法。夫婦俩生育八個兒子，分別為黎錦熙、黎錦暉、黎錦耀、黎錦紓、黎錦炯、黎錦明、黎錦光、黎錦揚。八兄弟卓有成就，被譽為「黎氏八駿」。

　　黎錦熙（西元 1890 ～ 1978 年），中國注音字母之父、語言學泰、國學大師、著名教育家，在文字改革、現代漢語語法研究和辭典編纂三方面有卓越貢獻。他早年參加同盟會，辛亥革命後在長沙創辦《湖南公報》。1913 年，在湖南第四師範任教，與楊昌濟、徐特立創辦「宏文圖書編譯社」。1915 年，黎錦熙受聘為教育部教科書編審員及文科主任，提倡白話文，推行注音字母。1916 年，黎錦熙組織中華國語研究會，提倡「國語統一」（推廣國語）、「言文一致」（普及白話文）。黎錦熙先後擔任北平女師大、北平大學、西北聯大教授，北平師大文學院院長。曾主持編纂《中國大辭典》，先後出版《國語辭典》、《漢語辭典》等十餘種辭書。

　　黎錦暉（西元 1891 ～ 1967 年），中國傑出音樂家、兒童文學家、中國歌劇創始人。他畢業於長沙優級師範繪畫音樂科，1929 年，在上海創辦「明月歌劇社」，率領黎明暉、王人美、黎莉莉等著名演員赴東南亞各國演出。創作《麻雀與小孩》等 12 部兒童歌舞劇以及《老虎叫門》等 24 首兒童歌舞表演曲，撰寫《明月歌曲 128 首》及《黎錦明兒童歌舞劇選》等著作。抗戰爆發後，黎錦暉以滿腔愛國熱情創作了大量抗日救亡歌曲。1950 年代初，他在上海電影製片廠工作，為多部卡通作曲配樂。

　　黎錦耀（西元 1895 ～ 1954 年），著名採礦專家。畢業於湖南高等工業學校採礦冶金科，曾任南京中華礦學社主事及《中華礦學雜誌》主編。

抗戰時回湘潭，為發展家鄉採礦事業，曾變賣家產開採煤礦、鹽礦。1950 年代初，黎錦耀任湖南工業廳高級工程師。1953 年，花甲之年的黎錦耀率隊赴海南探礦。次年，在海南島礦藏考察工地上以身殉職。

黎錦紓（西元 1898～1954 年），著名教育家。畢業於湖南高等工業學校，曾留學德國，與朱德為留德同學，獲柏林大學哲學博士學位。回國後長期從事教育工作，對於促進全國平民教育作出傑出貢獻。1950 年代初，任職於湖南教育廳。1954 年，他任人民教育出版社副總編輯，不久病逝。

黎錦炯（西元 1901～1981 年），著名鐵道和橋梁專家。畢業於唐山交通大學鐵路及造橋工程系，曾參與設計和修建中國北方第一座大型鐵路橋——灤河鐵橋。抗戰時因保護工人，被日本憲兵隊關押，出獄後在北大任教。1949 年後，在鐵道部工作，任總工程師。1965 年，他制定了西藏鐵路設計規畫。

黎錦明（西元 1905～1999 年），現代文學家。畢業於北平師範大學。1924 年開始文學創作，宣揚愛國主義，批判傳統思想。1926 年，在廣東海豐中學任教，參加農運。他一生創作短篇小說九十多篇、中篇小說四部，編成世界短篇小說翻譯集一部、論文集三部。

黎錦光（西元 1907～1993 年），著名作曲家。畢業於上海中華歌舞專門學校。大革命時期在北伐軍總政宣傳隊工作。後在上海長期從事音樂演奏與創作工作，擔任百代唱片公司編輯、導演，創作有〈採檳榔〉、〈送你一枝玫瑰花〉等著名歌曲。其中，《天涯歌女》及電影《春江遺恨》插曲〈夜來香〉傳唱海內外。

黎錦揚（西元 1915～2018 年），美籍華裔作家。畢業於抗戰時期的西南聯大，後留學美國耶魯大學，旅居美國數十年，長期從事文學創

第六章　湖湘變局：晚清至民國的風雨動盪

作，寫過《花鼓歌》等九部英文小說，成為美國第一位亞裔暢銷書作者。《花鼓歌》曾作為音樂劇在美國百老匯上演。黎錦揚曾多次回國，致力於中美文化交流。

　　良好的家庭教育是人才成長的重要條件。黎氏八兄弟之所以能夠取得成就，與良好的家庭教育密不可分。父親黎松庵思想開明，並有強烈的愛國精神。甲午戰爭，中國慘敗，他曾發表言論抨擊當權者腐朽無能，主張學習西方先進科技，「師夷長技以制夷」。這對黎氏八兄弟愛國與開放精神的形成有很大影響。西元 1895 年，黎松庵在祖居建藏書樓「誦芬樓」，與齊白石、王仲言、黎承禮、黎雨民、譚子銓、胡立三等人在誦芬樓成立「羅山詩社」，齊白石任社長，黎松庵任副社長，七人吟詩、作畫、刻寫，常集會於此，盛極一時。1911 年以後，黎松庵在誦芬樓創辦家學──長塘杉溪學校，聘請有秀才功名兼有「新學」的教師，開設中西課程，為黎氏兄弟的成長打下了堅實基礎。

　　黎松庵夫婦非常重視對子女的培育，尤其是培養他們的愛國主義情操和頑強的奮鬥精神。他們對子女要求嚴格，既不溺愛，又不刻板，讓他們廣泛接觸社會，接觸新知識，自由閱讀各種有益的書報，參加各種有益的課外活動。良好的家教使黎氏兄弟養成了堅忍不拔的毅力和高度的專注力，對於事業「只問耕耘，不問收穫」，堅持不懈地奮鬥下去。這種家庭教育方式在今天仍有借鑑意義。

　　「黎氏八駿」為中國科技、文化、教育和藝術的發展做出了傑出貢獻，他們是湖湘文化哺育出來的時代菁英。黎氏後人散居長沙、北京、上海、香港以及日本、澳洲、美國等地。黎氏故居「誦芬樓」保存完好，正屋兩進 13 間，正廳懸有北洋政府總統徐世昌所書「美意延年」匾額。湘潭市政府已將其列為湘中文化遺產保護單位，並撥款予以修繕。

武俠鼻祖向愷然

中國有一種獨特的武俠文化傳統。韓非的《五蠹》第一次有了「俠」的概念。司馬遷《史記》的「游俠列傳」可謂中國武俠文學的最早源頭。魏晉、六朝盛行雜記體神異、志怪小說，唐代流行「豪俠」傳奇，明清武俠文學成型。今天金庸的武俠小說更是風靡全球，只要有華人的地方，就有數不清的金庸迷。香港作家查良鏞（西元1924～2018，金庸為其筆名）是中國當代最有名的「武俠大師」。在他出生前一年，湖南平江的向愷然創作了中國近代第一部武俠小說《江湖奇俠傳》。因此，向愷然可謂中國「現代武俠文壇鼻祖」。

向愷然（西元1889～1957年），筆名平江不肖生，出生於岳陽市平江縣長江源（今甕江鎮四合村杜公組）一貧苦農家，其先祖為北宋太宗、真宗時宰相向敏中，祖父向國恭、同輩向少榮都精通武術。向愷然自幼聰穎勤奮，文武兼習。他初從私塾先生學巫家拳，後考入省城楚怡工業學校和長沙高等實業學堂，1906年，因參與「公葬陳天華」，被開除學籍。1907年，向愷然赴日本東京宏文書院攻讀政法，並從王志群學八卦掌等武技，與日本柔術家、劍術家切磋技藝，功夫大進。

1911年，向愷然回國後，開始創作小說，處女作《拳經講義》刊載於《長沙日報》。兩年後，他與王潤生在長沙創辦「湖南國技學會」，旋參加「二次革命」。討袁失利後，他再次赴日，考入東京帝國大學政治經濟系。1914年，向愷然開始以清末留日學生為題材創作譴責小說《留東外史》，1916年5月，以「平江不肖生」的筆名發行。隨後，他相繼創作《留東外史補》、《留東豔史》，均暢銷海內外。1917年，向愷然在上海創設「中華拳術研究會」。1922年，應上海世界書局之約，開始潛心創作武俠

第六章　湖湘變局：晚清至民國的風雨動盪

小說。他不喜歡交遊應酬，在狹窄的小樓裡，每至半夜便開始動筆，一直寫到天亮。用蠅頭小楷寫在不到一尺的紙上，每行寫 160 餘字，非常整潔，為現代文人之奇觀。

　　1923 年 1 月，平江不肖生以湖南奇俠柳森嚴的故事為原型，創作了中國近代第一部長篇武俠小說《江湖奇俠傳》，在上海《紅》雜誌和《紅玫瑰》週刊上連載，後又結集出版，一共出了九集。《江湖奇俠傳》長達一百多萬字，繼承羅貫中《三遂平妖傳》和清初《濟公傳》的劍俠、神怪傳統，糅合清末的鄉野傳奇，建構成一個有飛劍、法寶、俠客、術士的「江湖世界」。該書以湖南平江、瀏陽兩縣百姓分別在崑崙、崆峒兩派劍俠支持下爭鬥田地為線索，引出無數緊張熱鬧、生動有趣的故事場景。作品一炮打響，奠定了向愷然在近代武俠文壇中的地位。同年 6 月，平江不肖生在上海《偵探世界》連載《近代俠義英雄傳》。這是一部寫實的「武俠傳記文學」，故事以大刀王五與譚嗣同為引子，帶出大俠霍元甲，再由霍家武藝稱霸江湖而引出清末各派英雄豪傑，如山西老董、王東林、海空和尚農勁蓀等，最後以霍元甲遭倭人毒死而結束。全書共 84 回一百多萬字，堪稱武俠鴻篇。

　　1928 年春，《江湖奇俠傳》中的「火燒紅蓮寺」一節被上海明星電影公司翻拍成電影，是為中國首部武俠電影，風行全國。影片講述長沙紅蓮寺的智圓和尚道貌岸然，實則為非作歹，在寺中暗布機關，被女俠陸小青發現，卻不慎中計，幸為柳遲所救。殊料卜巡撫亦誤入紅蓮寺，柳遲奉呂宣良之命破案救人，最後火燒紅蓮寺。《火燒紅蓮寺》紅極一時，隨之興起了「火燒片」的熱潮，出現了《火燒青龍寺》、《火燒白雀寺》、《火燒七星樓》、《火燒劍峰寨》、《火燒刁家莊》、《火燒平陽城》等影片。從《江湖奇俠傳》和《近代俠義英雄傳》的連載到《火燒紅蓮寺》的走紅，

這是平江不肖生的武俠時代。

　　1932 年，向愷然應湖南省主席何鍵之召，回長沙振興國術，任湖南國術俱樂部、湖南國術訓練所祕書。1933 年，任湖南國術館祕書長，並主持籌辦了全國武術擂臺大賽。一時各地武術名家薈萃長沙比武競技，轟動全國。1937 年，抗日戰爭爆發，向愷然投筆從戎，隨桂軍總司令廖磊赴安徽抗日前線，就任總部辦公廳少將主任暨戰區軍眷管理處處長，殫精竭慮，勞績卓著。他平時勤於習武，嚴冬酷暑亦不懈怠，並多次打敗日本柔道挑戰者，皖北遊勇土匪亦聞聲隱遁。1947 年冬，向愷然回到湖南。1949 年他參與程潛起義，向愷然任湖南省文史館員和政協委員。在 1954 年全國首屆武術運動會上，向愷然被中國國家體委（今國家體育總局）主任賀龍聘為裁判長。後出家為僧，1957 年因腦溢血病逝於長沙。

　　向愷然一生著述很多，有武俠小說《江湖奇俠傳》、《近代俠義英雄傳》、《江湖怪異傳》、《江湖小俠傳》、《江湖異人傳》、《現代奇人傳》、《煙花女俠傳》、《奇人杜心武》、《鐵血英雄》、《丹鳳朝陽》、《夜半飛頭記》、《獵人偶記》、《雙雛記》、《豔塔記》14 種。其作品受湖南浪漫主義文學傳統影響，寫實與神怪相結合，情節引人入勝，饒有興趣。向愷然不僅創作武俠小說，還著有《拳術》、《拳術見聞錄》、《拳術傳薪錄》、《拳師言行錄》、《拳經講義》、《太極經中經》、《國術大觀》等專著，展現出他深厚的武術理論功底。近代武俠小說的重要概念、思想或由他提出，或由他發揚光大。如他最先提出將武功分為「內家」和「外家」，即今天所謂「內功」和「外功」。他指出霍元甲武藝高超，威猛無比，卻英年早逝，就是「內功」沒練好，一拳打出去，固然將對手傷得很重，但自己內臟也受損，時間一長，就會積勞成疾，最終變成不治之症。新派武俠小說大師

第六章　湖湘變局：晚清至民國的風雨動盪

金庸在《倚天屠龍記》中闡述的謝遜「七傷拳」傷人先傷己的理論，就是繼承了向愷然的「內外功」說。

沈從文的湘西世界

沈從文（西元 1902～1988 年），原名岳煥，湖南鳳凰人，現代著名作家、歷史學家、考古學家。沈從文出生於行伍世家，祖父曾是湘軍篤軍將領，獲提督銜。沈從文從小立志從軍，小學畢業後便投身行伍，隨部隊輾轉沅水各地，對川、湘、鄂、黔四省邊區的民俗風情非常熟悉。1923 年，沈從文離開湘西，前往北京「找理想，讀點書」。他先報考燕京大學，因只有小學學歷，未被錄取，於是去北京大學旁聽。1924 年，開始發表作品，與胡也頻合編《京報副刊》和《民眾文藝》週刊。1928 年，他在上海與胡也頻、丁玲編輯《紅黑》、《人間》雜誌。翌年，受胡適聘請任教中國公學。1930 年起，沈從文先後在武漢大學、青島大學任教。1933 年 9 月，返回北京接編《大公報・文藝副刊》，並主持《大公報》文藝版。抗日戰爭爆發後，任西南聯合大學教授。抗戰勝利後繼任北京大學教授，並主編《大公報》、《益世報》文學副刊。1949 年後，沈從文至中國歷史博物館從事文物、工藝美術圖案及物質文化史研究工作。1957，年放棄了文學創作。1978 年，調任中國社會科學院歷史研究所研究員，致力於中國古代服飾史研究，著有《唐宋銅鏡》、《龍鳳藝術》、《中國古代服飾研究》等。

沈從文是一位多產作家，從 1926 年出版第一本創作集《鴨子》開始，一生出版了 30 多種作品集，有短篇小說集《蜜柑》、《阿黑小史》、《八

駿圖》,中篇小說《邊城》,長篇小說《舊夢》、《長河》,散文集《記胡也頻》、《記丁玲》、《從文自傳》、《湘行散記》、《湘西》等。沈從文在龐大的作品集中構築了他獨特的、世外桃源般的「湘西世界」。他透過帶有強烈地域色彩和非主流歷史觀念的獨特視角,審視逐漸向現代文明靠攏的中國社會。他筆下的「湘西世界」雖然也有醜與惡、血腥與暴力,但都是籠罩在自然純樸的民風民俗中,呈現出一幅幅或溫婉或蒼涼的風俗人情圖景,不論是水手、軍官、礦工,還是弱女孤雛、多情的婦人,都不乏優美和悲憫,使讀者讀後或欣然忘俗,或黯然神傷。

　　沈從文的作品曾被翻譯成多國文字出版,他本人兩度被提名為諾貝爾文學獎候選人。遺憾的是,評審快要結束時他離開了人世。諾貝爾文學獎資深評審委員、瑞典漢學家、瑞典文學院院士馬悅然曾說:「沈從文曾被多個地區的專家學者提名為這個獎的候選人。他的名字被選入了1987年的候選人終審名單,1988年他再度進入當年的終審名單。學院中有強大力量支持他的候選人資格。我個人確信,1988年如果他不離世,他將在10月獲得這項獎。」沈從文作品在國內外廣為流傳,其中《邊城》名氣最大。

　　《邊城》是一首美好的抒情詩,一幅秀麗的風景畫,也是支撐沈從文湘西世界的堅實柱石。長久以來,「邊城」已成湘西鳳凰的代名詞。沈從文作品大都從人性、人生、人與自然的關係這些角度取材立意,而非政治、經濟、文化或倫理的角度。在《邊城》中,沈從文有意迴避1930年代舊中國尖銳、複雜的社會矛盾與民族矛盾,對現實人生加以理想化,盡情歌頌和讚美人生中純樸、美好的一面,追求寬鬆、和諧、真誠的人際關係和充滿愛與善的幸福美滿生活。

　　作品主角是湘西邊境「茶峒」的一個老船夫及其外孫女翠翠,此外還

第六章　湖湘變局：晚清至民國的風雨動盪

有船總順順及其兩個兒子天保、儺送等。他們雖經濟上有貧富之別，地位上有高低之分，卻都很善良、純樸，重義輕利，互相尊重、信任，和睦相處，從不爭權奪利，爾虞我詐。如撐渡船的老船夫五十年如一日，迎來送往，從無怨言，即使生病，也仍然堅持。儘管他生活清苦，卻自甘淡泊，不要一分不義之財。翠翠天真活潑，美麗善良，「如山頭黃麂一樣，從不想到殘忍事情，從不煩惱，從不動氣」。船總順順，雖然出身和地位比老船夫高，但也純樸善良，大方灑脫，「喜歡交朋結友，慷慨而又能濟人之急」。他兒子天保和儺送雖然結實如老虎，卻和氣可親，不驕懶浮華，不仗勢欺人。

後來，天保、儺送同時愛上了翠翠，他們不是按當地風俗進行決鬥，而是以對歌的方式來解決。哥哥知道唱不過弟弟，主動棄權。弟弟為了公平，代替哥哥去唱。總之，作品雖寫到兄弟、朋友之間難免有矛盾和利益衝突，但他們不是互相爭鬥，而是互相謙讓，保持和睦團結，順其自然。這就是作者所肯定和嚮往的理想人性。另外，作品又融入了作者對湘西下層人民不能把握自己命運而一代代繼續著悲涼人生的哀傷與感嘆。儘管翠翠與儺送的愛情健康優美，最後卻是悲劇；儘管這裡人際關係和諧美好，卻無法避免天保被淹、老船夫憂慮而死的悲劇。

沈從文曾說：「我要表現的本是一種『人生的形式』，一種『優美、健康、自然而又不悖乎人性的人生形式』。我主意不在帶領讀者去桃源旅行，卻想借重桃源上行七百里路酉水流域一個小城小市中幾個愚夫俗子，被一件普通人事牽連在一起時，各人應有的一份哀樂，為人類『愛』字作一恰如其分的說明。」在用文學救民乃至救國的問題上，沈從文與魯迅目標一致，但方法有別。魯迅以批判國民劣根性的否定型途徑來「薦軒轅」，沈從文則以肯定型方式正面勾描了理想的人生形式。

香港司馬長風曾高度評價《邊城》的藝術成就：「每一節是一首詩，連起來成一首長詩，又像是二十一幅彩畫連成的長卷。」《邊城》是「古今中外最別緻的一部小說，是小說中飄逸不群的仙女。她不僅是沈從文的代表作，也是三十年代文壇的代表作」。他認為「沈從文在中國有如 19 世紀法國的莫泊桑，或俄國的契訶夫，是短篇小說之王」。

國際義士何鳳山

在電影《辛德勒的名單》中，商人辛德勒冒著生命危險救助猶太人的義舉令無數人油然而生敬意。但鮮為人知的是，中國也有一個「辛德勒」，他在「二戰」期間冒著生命危險向奧地利的猶太人簽發了上萬份「生命簽證」，使他們逃脫納粹的魔爪倖免於難。他就是湖南益陽的何鳳山博士。

何鳳山（西元 1901～1997 年），益陽縣天成垸鄉（今赫山區龍光橋鎮）葉家河村人。幼時家貧，入益陽挪威路德教信義會就讀，後以優異成績考入長沙雅禮中學、雅禮大學。1926 年，何鳳山考取德國慕尼黑大學公費留學生，獲政治經濟學博士學位，能流利使用德語、英語。1935 年，他擔任南京國民政府外交官，開始了外交生涯。

1937 年，何鳳山任中國駐奧地利公使館一等祕書。其時，德國納粹黨肆虐橫行，掀起反猶太人惡浪。1938 年 3 月，德國吞併奧地利。5 月，中國駐奧大使館降格為領事館，何鳳山任總領事，手下僅一名隨員。奧地利是歐洲第三大猶太人聚居地，約居住 18.5 萬猶太人，且 90％ 居住在維也納。當時，奧地利猶太人已陷入孤立無援的困境，納粹大屠殺已

第六章 湖湘變局：晚清至民國的風雨動盪

經開始，除非他們得到一個逃往非歐洲國家的簽證，否則將落入納粹魔掌。不少國家都藉口「自身困難」，對猶太人簽證亮起紅燈。求生的欲望促使猶太人每天奔走於各國領事館之間，但大都沒有結果。富有同情心的何鳳山不忍心猶太人在維也納等死，伸出了援助之手，許多求助無門的猶太人在這裡拿到了去上海的「生命簽證」，從而逃離歐洲去了中國，或轉道上海去了美國、巴勒斯坦、澳洲、巴西等地。

何鳳山成批地發放簽證給猶太人，引起了納粹當局的不滿。納粹黨以中國總領事館房屋係猶太人財產為由，徵收了館舍。何鳳山自掏腰包，將領事館搬到了一處很小的房屋裡，繼續發放簽證。1938 年，納粹黨發動「十一月大屠殺」，申請簽證的猶太人更多了。至 1939 年 9 月，70%的奧地利猶太人已經外逃，上海成為全球唯一向猶太人敞開大門的城市，收容的猶太人有 1.8 萬人，至 1941 年 12 月珍珠港事件之時，仍有 2.5 萬名猶太難民棲身上海。當時國民政府對於是否接納猶太難民發生了爭論，蔣中正因與德國軍方關係密切，僱用德國軍事顧問，購買德國武器，其子蔣緯國也在德國學軍事，因而不敢與納粹黨交惡，於是 1940 年 5 月撤維也納領事館。何鳳山回重慶後，投身抗日戰爭，後又擔任國民政府駐埃及、土耳其等國大使館大使。

何鳳山一生淡泊名利，很少對外人提及這段救助猶太人的歷史。他跟女兒何曼禮談及此事時就說：「我對猶太人的處境深感同情，從人道主義立場出發，我感到幫助他們義不容辭。」在《我的外交生涯四十年》中，他對這件事也著墨不多，只寫道：「富有同情心，願意幫助別人是很自然的事。從人性的角度看，這也是應該做的。」因此，何鳳山救助猶太人的義舉一直不為世人所知。

1973年，何鳳山從臺灣退休，移居美國舊金山，1980年代曾多次回大陸觀光、探親，並於1986年11月應邀參加了長沙雅禮中學八十週年校慶。1997年9月28日，96歲高齡的何鳳山在美國舊金山與世長辭。何曼禮在訃告中提及父親曾在維也納向猶太人發放簽證。訃告在《波士頓環球報》刊出後，猶太裔歷史學家艾立克·索爾獲悉此事，並找到了一些猶太人倖存者及當年的簽證。各國媒體爭相報導此事，何鳳山救助猶太人的義舉終於公之於世。2000年1月，瑞典斯德哥爾摩舉辦了名為「生命簽證」的展覽，著重介紹了何鳳山的義舉。2001年1月23日，以色列政府授予何鳳山「國際正義人士」榮譽稱號，並在耶路撒冷為其建立紀念館。

　　美國億萬富翁、曾任世界猶太人大會祕書長以色列·辛格（Israel Singer）的父母曾是何鳳山救出來的，辛格感激地說：「我的父母是何博士救的，他是一位真正的英雄。我一定要把他介紹給全世界的人。」維也納愛樂樂團首席小提琴演奏家海因茨·格林伯格，6歲時曾隨父母逃難至上海，並在上海接受音樂啟蒙，學會拉小提琴。他對何鳳山的幫助十分感激，說自己的生命和事業都是何鳳山給的。2004年2月19日，以色列「茲瓦特迪克」基金會授予何鳳山人道主義獎章。

　　為紀念這位國際人道主義衛士，弘揚其維護人類和平、正義與人道主義的崇高精神，2001年9月10日，在何鳳山先生百年誕辰之際，益陽市舉辦了系列紀念活動，何鳳山子女及家人應邀回國。目前，益陽市政府正籌劃在會龍山公園修建何鳳山紀念館和紀念墓，以實現他「葉落歸根，魂歸故里」的遺願。

第六章　湖湘變局：晚清至民國的風雨動盪

芷江受降

「烽火八年起盧溝，受降一日落芷江。」1945年8月21日至23日，日軍副總參謀長今井武夫飛抵芷江談判投降事宜。「芷江受降」，宣告了日本帝國夢的破滅，寫下了中國近現代史上抵禦外敵入侵取得完全勝利的光輝一頁。芷江也以「受降城」聞名於世，芷江受降紀念坊被譽為「中國凱旋門」、「八年抗戰的偉大句號」、「抗日民族戰爭的歷史豐碑」。

芷江始建於漢高祖五年，因屈原詩句「沅有芷兮澧有蘭」而得名，有「西南門戶，黔楚咽喉」之稱，歷來為兵家必爭之地。抗戰時期，芷江建有4,000畝的飛機場，駐紮美國飛虎隊和國民黨第三、第四集團軍。1944年4月，日軍發動「豫湘桂戰役」，衡陽、桂林、柳州等機場相繼淪入敵手，芷江機場的地位和作用因而變得尤為重要。盟軍飛機由此頻頻出擊，數月間擊毀日軍飛機近200架、船艦1,000餘艘、戰車300多輛、軍用倉庫兩座。日機多次對芷江機場進行襲擊，必欲除之而後快。1945年4月上旬，日軍調集8萬兵力發起旨在摧毀芷江機場、建構西南大通道的「湘西大會戰」。蔣中正命令何應欽率王耀武第四方面軍、湯恩伯第三方面軍、廖耀湘新六軍以及芷江中美空軍共20萬兵力迎戰。經過兩月的浴血奮戰，擊斃擊傷日軍2.8萬人，繳獲甚多，取得了湘西戰役的勝利。此後，日軍已成強弩之末，再也無力發動大規模進攻了。

1945年8月15日，裕仁天皇宣布無條件投降。蔣中正急電日軍駐華最高指揮官岡村寧次，要求日軍「保持現有態勢」，「聽候中國陸軍總司令何應欽之命令」。17日晚，蔣中正致電岡村寧次，決定受降地點定在湖南芷江。18日，蔣中正致電岡村，規定日方代表前來會談的相關事宜。20日，廖耀湘、張發奎、盧漢、余漢謀、王耀武、顧祝同、湯恩伯、孫

蔚如、杜聿明等軍政要員數十人抵達芷江，陸軍總司令何應欽、總司令部參謀長蕭毅肅、副參謀長冷欣及隨員、記者五十餘人從重慶趕來。

8月21日11時15分，日本降使飛機降落芷江機場。今井武夫等四名降使被送往七里橋洽降會場。沿途擠滿了軍民，高呼「審判戰爭罪犯」、「血債血還」等口號。下午3時30分，今井武夫、參謀橋島芳雄和前川國雄、翻譯木村辰男進入會場。蕭毅肅在逐一介紹中國官員和美軍參謀長柏德諾後，要求今井武夫出示投降代表身分證。今井武夫呈上「受任之命令書」，並遞交日軍在中國、越南、臺灣兵力配置及戰鬥序列的詳細表冊。何應欽宣讀了致岡村寧次的投降命令，交今井武夫簽收。當晚繼續洽談具體的受降條款。此後連續兩天談妥了一些具體受降事宜。23日下午2時15分，今井武夫等人搭原機離去，結束了在芷江52小時的投降談判。他曾哀嘆：「我們這幾天的一切舉動，好像是發生在另一個世界上的事，是由另外的一些人扮演的，我只是沉痛地陷於傷感之中。」當天，中國陸軍總司令部發表公報，公布芷江受降經過以及日軍具體的分布情況。9月2日，日本向盟軍正式簽字投降。9月9日，中國戰區日軍投降儀式在南京舉行。至此，中國人民的抗日戰爭以日本的徹底失敗而告終。

為紀念芷江受降這一重大事件，1946年8月31日，國民政府在芷江修建「受降紀念坊」。紀念坊由青磚和石塊砌成，高8.5公尺，寬10.64公尺，四柱三拱結構呈「血」字形。門上鑲嵌著紅色「V」字，刻有206字的〈芷江受降坊記〉。蔣中正題寫楹聯：「克敵受降威加萬里，名城攬勝地重千秋」，橫額「震古鑠金」。李宗仁題：「得道勝強權，百萬敵軍齊解甲；受降行大典，千秋戰史記名城。」何應欽、白崇禧、于右任、孫科等各有題詞。

第六章　湖湘變局：晚清至民國的風雨動盪

　　1985 年,「受降紀念坊」整修一新,1996 年被列為省級文物保護單位。1995 年,增建了「中國人民抗日戰爭勝利受降紀念館」。2003 年 11 月,首屆中國芷江‧國際和平文化節成功舉辦,在芷江和平園安放世界和平鐘。該鐘以銅鑄造,總高度 10.24 公尺,象徵 1945 年聯合國的成立日;鐘體高 9.21 公尺,象徵 9 月 21 日世界和平日;鐘底寬 5.8 公尺,鐘體重 138 噸,創下金氏世界紀錄。2005 年 7 月,芷江機場通航,芷江和平廣場竣工,陳納德與飛虎隊紀念館對外開放,芷江抗戰勝利展覽館與法國漢斯受降紀念館結成友好博物館。是年 9 月 6 日,第二屆中國芷江‧國際和平文化節在芷江機場舉行。次日,美國「飛虎隊」和「駝峰航線」的中外二戰老兵相聚芷江,共植和平樹,放飛和平鴿。目前,芷江受降紀念館樹立了芷江受降主官蕭毅肅將軍半身銅像,正籌建蕭毅肅將軍紀念廳。

芷江受降

嶽麓書聲，湖南文脈 —— 理學思潮的崛起與傳播：

人物群像 × 遺跡考察 × 學術發展 × 觀念演變，從上古至近代，推動歷史進程的湘楚氣魄

編　　著：	王佩良，張茜，曾獻南
發 行 人：	黃振庭
出 版 者：	崧燁文化事業有限公司
發 行 者：	崧燁文化事業有限公司
E-mail：	sonbookservice@gmail.com
粉 絲 頁：	https://www.facebook.com/sonbookss/
網　　址：	https://sonbook.net/
地　　址：	台北市中正區重慶南路一段 61 號 8 樓 8F., No.61, Sec. 1, Chongqing S. Rd., Zhongzheng Dist., Taipei City 100, Taiwan
電　　話：	(02)2370-3310
傳　　真：	(02)2388-1990
印　　刷：	京峯數位服務有限公司
律師顧問：	廣華律師事務所 張珮琦律師

-版權聲明-

本書版權為旅遊教育出版社所有授權崧燁文化事業有限公司獨家發行電子書及繁體書繁體字版。若有其他相關權利及授權需求請與本公司聯繫。

未經書面許可，不得複製、發行。

定　　價：450 元
發行日期：2025 年 04 月第一版
◎本書以 POD 印製

Design Assets from Freepik.com

國家圖書館出版品預行編目資料

嶽麓書聲，湖南文脈 —— 理學思潮的崛起與傳播：人物群像 × 遺跡考察 × 學術發展 × 觀念演變，從上古至近代，推動歷史進程的湘楚氣魄 / 王佩良，張茜，曾獻南 編著 .-- 第一版 .-- 臺北市：崧燁文化事業有限公司，2025.04
面；　公分
POD 版
ISBN 978-626-416-539-6(平裝)
1.CST: 人文地理 2.CST: 歷史 3.CST: 湖南省
672.64　　　　114004425

電子書購買

爽讀 APP　　　臉書